Bo... e

Całun z Manoppello

Paul Badde

Boskie Oblicze
Całun z Manoppello

tłumaczenie: Artur Kuć

POLWEN

Polskie Wydawnictwo Encyklopedyczne
Radom 2006

Tytuł oryginału: *Das Muschelseidentuch.*
Auf der Suche nach dem wahren Antlitz Jesu

Korekta: Bożena Kowaliszyn
Projekt okładki: Paweł Wojcieszek
Fotografie: za pozwoleniem Autora
Redakcja techniczna: Anna Korba

ISBN 83-89862-68-9

Polskie Wydawnictwo Encyklopedyczne
26-606 Radom, ul. Wiejska 21
tel./fax (48) 366 56 23, 384 66 66
e-mail: polwen@polwen.pl
http://www.polwen.pl

Druk i oprawa:
OPOLGRAF
www.opolgraf.com.pl

Dla Josepha

Wyrazy głębokiej wdzięczności składam o. Carmine Cucinellemu OFMCap, o. Germanowi Franco di Pietro OFMCap, o. Emiliowi Cucchielli OFMCap, o. Linowi Pupattiemu OFMCap, s. Blandinie Paschalis Schlömer OCSO i jej siostrom, o. Heinrichowi Pfeifferowi SJ, o. Herbertowi Duteil CSSp, Karlheinzowi Dietzowi, Chiarze Vigo, Antoniowi Biniemu, Dorothei Link, Josefine Schiffer, Raphaeli Pallin, don Antoniowi Tedesco, Stefanowi Meierowi, Cornelii Schrader, Geraldowi Goeschemu, Gerhardowi Gnauckowi, Bernhardowi i Martinowi Müllerom, Hansowi D. Baumannowi, Andreasowi Löhr, mojemu bratu Hansowi-Peterowi i wielu, wielu innym osobom, na których barki co i raz składałem ciężar pracy nad tą książką, by mimo nawału spoczywających na mnie obowiązków mogła ona powstać. Wybaczcie, że tak bezlitośnie obarczałem Was tym ciężarem. Szczególnie dziękuję Ellen, żonie, towarzyszce i radości moich starych oczu, która jest największym szczęściem mojego życia – Bogu niech będą dzięki.

Rzym, 12 lutego 2006

Spis treści

Słowem wstępu

Zobaczyć Boga, doświadczyć Jego obecności, spotkać Go – to odwieczne pragnienia i tęsknoty ludzi. Powracają one z nową siłą na przełomie wieków i tysiącleci. Człowiek noszący je w sobie pyta: „Co robić, aby spotkać Boga?". Podobne pytania stawiali i wciąż stawiają również ludzie Kościoła, na czele z Janem Pawłem II.

Gdy Kościół na przełomie trzeciego tysiąclecia zadaje pytanie, podobne do tego, które postawiono św. Piotrowi w Jerozolimie zaraz po jego mowie wygłoszonej w dniu Pięćdziesiątnicy: „Cóż mamy czynić?" (Dz 2,37), papież Jan Paweł II w liście apostolskim *Novo millennio ineunte* odpowiada krótko: „Na nowo rozpoczynać od Chrystusa". Nieco dalej Ojciec Święty wyjaśnia: „Nie trzeba zatem szukać «nowego programu». Program już istnieje: ten sam, co zawsze, zawarty w Ewangelii i w żywej Tradycji. Jest on skupiony w istocie rzeczy wokół samego Chrystusa, którego mamy poznawać, kochać i naśladować, aby żyć w Nim życiem trynitarnym i z Nim przemieniać historię, aż osiągnie swą pełnię w niebiańskim Jeruzalem" (NMI 29).

Aby poznawać, kochać i naśladować Chrystusa, aby żyć z Nim w komunii i z Nim przemieniać historię, trzeba w Chrystusa się wpatrywać, trzeba kontemplować Jego postawy, trzeba zapatrzeć się w Jego Oblicze. Książka nosząca tytuł *Boskie Oblicze. Całun z Manoppello* pragnie nam w tym pomóc.

Już w Starym Testamencie poszukiwano Bożego Oblicza. To poszukiwanie jest postawą, która angażuje całego człowieka.

„Ja zaś w sprawiedliwości ujrzę Twe oblicze, powstając ze snu, nasycę się Twoim widokiem" (Ps 17,15).

Dopiero Jezus Chrystus objawił nam prawdziwe Oblicze Boga. On powiedział nam, że Bóg posiada Imię i woła po imieniu. Jest Osobą i szuka osoby. Posiada Oblicze i szuka naszego oblicza. Posiada Serce i szuka naszego serca. Dla Niego nie jesteśmy funkcją w maszynerii świata – właśnie ci, którzy nie są funkcją, należą do Niego. Imię oznacza „nazwalność", wspólnotę. Jezus Chrystus jest sam imieniem Boga, „nazwalnością" Boga, jako Ty, jako Osoba i Serce. Przykładem kontemplacji Bożego Oblicza jest Matka Boża, która miała przywilej tej kontemplacji od żłóbka aż po krzyż.

Życzę gorąco, aby czytelnicy tej książki zrozumieli, że zbawienie nie polega na zanurzeniu się w tym, co bezimienne, lecz w „nasyceniu się" Obliczem Boga, co staje się naszym udziałem w chwili „duchowego przebudzenia". Chrześcijanin wychodzi naprzeciw temu przebudzeniu, naprzeciw temu uczuciu nasycenia w patrzeniu na Ukrzyżowanego, w patrzeniu na Jezusa Chrystusa. Miłość bliźniego widzi zaś Oblicze Ukrzyżowanego w ubogich, słabych, cierpiących. Miłość ta potrafi zobaczyć w nich Jezusa. Co więcej! – Miłość jest naprawdę „sercem" i „obliczem" Kościoła. Doświadczyła tej prawdy św. Teresa z Lisieux: „Zrozumiałam, że Kościół ma Serce i że to serce płonie Miłością... że w Miłości zawierają się wszystkie powołania, że Miłość jest wszystkim". Tak więc Jezusa możemy rozpoznać w ubogich tylko wówczas, gdy poznaliśmy wcześniej Jego Oblicze, a ono staje się nam szczególnie bliskie w tajemnicy Eucharystii – „poznali Go przy łamaniu chleba" (Łk 24,35).

+ Zygmunt Zimowski
Przewodniczący Komisji Nauki Wiary
Konferencji Episkopatu Polski

Radom, 13 maja 2006 roku
we Wspomnienie Matki Bożej Fatimskiej

Dentro da sé, del suo colore stesso,
mi parve pinta de la nostra effige;
per che 'l mio viso in lei tutto era messo.

* * *

W nim, ale własnym malowany świtem,
Zjawił się Twarzy Człeczej Wizerunek...
Źrenice w niego wpoiłem z zachwytem.

Dante Alighieri
Boska komedia, Raj, Pieśń XXXIII, ww. 130-132
(w przekładzie Edwarda Porębowicza)

Potęga obrazu

Rzymska Bazylika Świętego Piotra o poranku

Burza na Placu Świętego Piotra i film oglądany
od końca: przez Scala Regia *i* Sąd Ostateczny Michała
Anioła *do* Obrazu nad obrazami.

W porannym słońcu marmury Bazyliki Świętego Piotra mienią się złotem i czerwienią. W tej niezwykłej chwili nawet pałace Niebieskiego Jeruzalem nie mogą być piękniejsze. Błękit wstającego poranka jak ogromny namiot rozpina się nad kopułą, tworząc sklepienie Wszechświata. Chociaż z bruku Placu Świętego Piotra emanuje nocny chłód, czuję, że może to być pierwszy dzień nadchodzącego lata. Stojąc przy jednej z kolumn, odchylam głowę i spoglądam w górę, ku dwóm żeglującym po niebie chmurom. Kiedy patrzę pod tym kątem, widzę, jak krąg kolumnady otwiera się u swego szczytu, podobny do krateru kosmicznego wulkanu, z którego centrum wyrasta ku gwiazdom obelisk – niczym wskazówka wymierzona w inny świat. To jedna ze sztuczek, którymi zwykłem zaskakiwać moich rzymskich turystów. Jednak tym razem nic nie jest jak zwykle. Tym razem leżę w kręgu kolumnady jak znokautowany bokser.

Wysoko w górze przez brzask poranny przedziera się samolot, błyskając kolorowymi światłami. Gołębie śpią jeszcze na gzymsach, lecz jaskółki już polują, wznosząc się ku górze i gwałtownie opadając w porannym powietrzu. Maszyna zamiata z łoskotem czarny bazalt. Mam za sobą męczące tygodnie, wypełnione feerią obrazów, które musiałem dzień i noc relacjonować dla mojej berlińskiej gazety. Od chwili lądowania na Księżycu nigdy tak wielu ludzi nie patrzyło z taką uwagą na jedno miejsce, jak w owym czasie na ten plac, który rozpościera się teraz przed moimi oczami. Wyznawcy judaizmu świętują dziś Paschę: święto „Przejścia Boga". Lecz trzy dni temu byliśmy tu świadkami Przejścia, jakiego ludzie naszej epoki, epoki medialnej, nigdy jeszcze nie widzieli. Od śmierci Jana Pawła II do dnia wyboru Benedykta XVI ten plac stał się sceną, na której rozegrał się kolejny akt wielkiego spektaklu dziejów świata. Dzięki zrządzeniu Niebios znów stał się „Miejscem Proroków", jak nazwali to wzgórze Rzymianie, używając zapożyczonego od Egipcjan słowa – „Watykan".

Wznoszący się na środku placu obelisk stał tu już wówczas, gdy w cyrku Nerona krzyżowano Apostoła Piotra. W naszych czasach przemienił się w niebiańską antenę, która przez kilka tygodni bez przerwy wysyłała w świat coraz to nowe obrazy z niezwykłej galerii dziejów. Przeżyliśmy prawdziwy renesans obrazu.

To tu właśnie doświadczyłem ostatniego, niemego błogosławieństwa Jana Pawła II. Potem uczestniczyłem w owej nadzwyczajnej „paradzie miłości", która jak żywa ludzka rzeka spływała do Rzymu z całego świata, by towarzyszyć papieżowi w jego ostatnich godzinach. Kiedy gasło jego światło, znów stałem pod tym samym oknem – zanurzony w huku oklasków, jakie spontanicznie rozległy się na wieść o jego „powrocie do domu Ojca". Wraz z innymi śpiewałem *Litanię do Wszystkich Świętych*, która towarzyszyła jego ostatniej procesji z Placu Świętego Piotra do portalu bazyliki. Wiatr, który kilka dni później rozwiewał ornaty zgromadzonych na placu kardynałów i przerzucał karty leżącego na trumnie ewangeliarza, targał również moje włosy.

Stałem w Bazylice Świętego Piotra, kiedy kardynał Joseph Ratzinger, odziany w purpurowy ornat, sprawował ostatnią mszę przed wyborem następnego papieża. Tego samego wieczora, stojąc przed portalem, ujrzałem unoszący się w niebo czarny dym, by następnego wieczora ujrzeć dym biały – w deszczu, pośród tłumu zgromadzonego pod *loggią*, na której wkrótce pojawił się ten sam, co kilka dni temu człowiek – tyle że ubrany na biało – i rozłożywszy radośnie ramiona, pozdrowił stłoczonych na placu wiernych. Wciąż mam w uszach ciężki dźwięk dzwonów i łopotanie złotej szaty papieża Benedykta XVI, w której trzy dni później wychodził z portalu bazyliki, by wkroczyć w nową epokę dziejów Kościoła i świata. Z wysokości krzyża spoglądała na niego gotycka figura Ukrzyżowanego z rozchylonymi ustami. Zdarzało się, że przelewając te wszystkie obrazy na papier, nie miałem nawet czasu, aby przystanąć, czy usiąść, nie mówiąc o spokojnym śnie. Pisałem tekst za tekstem. W sumie mogłaby z nich powstać gruba księga. To były chwile prawdziwego przełomu.

Właśnie przejechały obok mnie dwa małe traktory, na które uprzątnięto ostatnie krzesła, rozstawione tu na czas uroczystości. Z okna papieskiej *loggii* zniknął czerwony aksamit. Powoli wraca codzienność. Za kilka godzin kolejni przybysze z całego świata będą mogli podziwiać plac i bazylikę, a potem udać się do grobu Jana Pawła II. Nie słychać jeszcze żadnych ludzkich głosów. Szumią tylko fontanny Berniniego. Lampy powoli gasną. Dwaj policjanci snują się z prawej strony kolumnady. Raz jeszcze opieram głowę o kolumnę, spoglądam ku górze, na poranne niebo, a potem na policjantów, powoli zbliżających się do ciężkiej, spiżowej bramy. Wczoraj byłem tam z moją żoną – krocząc na spotkanie z obrazem, w którego cieniu miały zniknąć wszystkie rzymskie obrazy minionych tygodni.

Rok wcześniej złożyłem u arcybiskupa Piera Mariniego, szefa Urzędu Papieskich Nabożeństw Liturgicznych, podanie z prośbą o możliwość obejrzenia przechowywanego w jednym z watykańskich pałaców „najstarszego wizerunku Oblicza Jezusa Chrystusa", tak zwanego „Mandylionu z Edessy". Jak czytałem, ów „prawdziwy portret" Chrystusa uważa się za model, który „bez wątpienia stał się archetypem wszystkich późniejszych obrazów Chrystusa". Zalicza się go do powstałych rzekomo jeszcze za życia Jezusa „obrazów, których nie namalowała ludzka ręka", cudownych wizerunków „pochodzących wprost z Nieba". W jakimś sensie można powiedzieć, że jest to „pierwsza ikona". Jej widok musiał się odbić w sercu i umyśle Jana Pawła II niczym pieczęć – w swej prywatnej kaplicy papież miał ją nieustannie przed oczami. Edessa była w starożytności ważnym miastem we Wschodniej Anatolii; na jej ruinach dziś wznosi się tureckie miasto Sanliurfa. Jak się dowiedziałem, mimo że można dość dokładnie prześledzić dzieje obrazu aż do VI, a może nawet III wieku po Chrystusie, do dziś pozostaje zagadką, w jaki sposób starożytny wizerunek przywędrował z Edessy do Rzymu. Bardzo chciałem ten obraz zobaczyć na własne oczy. Tym bardziej że na zdjęciach „Mandylion z Edessy" wydaje się zwykłym kawałkiem czarnej tkaniny.

Z pierwszego listu, jaki otrzymałem z sekretariatu arcybiskupa Mariniego, dowiedziałem się, że wizerunek znajduje się aktualnie poza Rzymem, w Kalifornii. Na kolejną prośbę otrzymałem odpowiedź, że eksponat poddawany jest właśnie pracom konserwatorskim. Jednak dzień po zakończeniu obchodów „Wielkiego Przejścia", niespodziewanie dostałem faks z *Capella Sistina* z informacją, że mogę zobaczyć „Mandylion". Szczegóły miałem poznać przy *Portone di Bronzo*. W czasie rozmowy telefonicznej dowiedziałem się, że może mi towarzyszyć żona. Kilka dni później Ellen założyła więc swój sznur pereł i czerwony, aksamitny żakiet, a ja wyciągnąłem z szafy mój świąteczny garnitur. Przy Spiżowej Bramie gwardziści szwajcarscy zasalutowali, jakby oczekiwali naszego przybycia. Od oficera dowiedzieliśmy się, że mamy pójść prosto schodami na górę. Tam miał nam wskazać drogę inny gwardzista. Mieliśmy przed sobą *Scala Regia*, „królewskie schody": kaskadę stopni, które wznoszą się za portalem, prowadząc wprost do Watykanu. Arcydzieło Berniniego jest zazwyczaj niedostępne dla zwykłych śmiertelników, ale mnie przejęciem napełniał nie tyle widok tej „niebiańskiej drabiny" czy przywilej kroczenia po jej niezwykłych stopniach, ile poczucie, jakbym raz jeszcze oglądał obrazy z ostatnich tygodni, widziane oczami widzów na całym świecie – tyle że wstecz, jak na filmie puszczanym od końca. Nagle znów ujrzałem przed sobą ciało zmarłego Jana Pawła II, które przed trzema tygodniami przy śpiewie *Litanii do Wszyst-kich Świętych* znoszono po tych schodach: *Sancta Maria, ora pro illo*!, i dalej: *Sancte Petre, Sancte Paule, Sancte Andrea, Sancte Ioannes, Sancte Thoma, Sancte Bartholomae, Sancte Thaddae, Sancta Maria Magdalena: ora pro illo* – „Święta Maryjo, módl się za niego, święty Piotrze, módl się za niego, módl się za niego, módl się za niego...". Szliśmy na górę, skąd wyruszała procesja. Na końcu schodów dwa razy skręciliśmy. Tu przeżyliśmy zapierającą dech w piersiach zmianę perspektywy. Nagle przez okna ujrzeliśmy z góry fasadę Bazyliki Świętego Piotra, a dalej wzgórze Gianicolo i rzymskie kopuły, spowite oparami porannych mgieł. Faks w moich rękach otwierał przed nami zaklęty skarbiec Sezamu. Wreszcie stanęliśmy przed drzwiami arcybiskupa Mariniego, skąd mogliśmy spojrzeć na leżący pod naszymi stopami Plac Świętego Piotra.

Po chwili pojawił się młody mężczyzna z pękiem kluczy, jak się okazało – przysłany przez arcybiskupa. Miał przeprowadzić Ellen i mnie przez labirynt pałacowych korytarzy do miejsca, gdzie przechowywano obraz Chrystusa. Przeszliśmy przez *Sala Ducale, Sala Regia*. Miałem ochotę zatrzymać się, by obejrzeć ogromny fresk przedstawiający bitwę morską pod Lepanto. Odwracałem głowę za każdym dziełem sztuki, moje oczy wędrowały po ścianach i sufitach; miałem uczucie, jakbym spacerował we śnie. Zapomniałem zapytać naszego młodego przewodnika, jak się nazywa, a wkrótce potem, kiedy ciężkim kluczem otworzył drzwi, za które chciałyby się wcisnąć setki ludzi, zapomniałem o całym świecie. Stanęliśmy na progu Kaplicy Sykstyńskiej, który kilka dni wcześniej przekroczyli kardynałowie wchodzący na konklawe.

W ciągu ostatnich dni telewizja wiele razy pokazywała te drzwi. „Stoję przy wejściu do Sykstyny" – napisał przed dwoma laty Jan Paweł II w jednym ze swoich wierszy. *Extra omnes!* – zawołał kilka dni temu przed tymi drzwiami mistrz ceremonii konklawe, kiedy przed wyborem papieża kaplicę mieli opuścić wszyscy obecni poza kardynałami: – „Wszyscy na zewnątrz!". „Może to wszystko łatwiej było wypowiedzieć językiem *Księgi Rodzaju* – pisze dalej Jan Paweł II. – Ale Księga czeka na obraz. I słusznie. Czekała na swego Michała Anioła".

Poczułem, że zaczyna mi się kręcić w głowie. Do kaplicy powrócił zwykły rytm muzealnego porządku i w świętym miejscu pojawiały się coraz to nowe grupy zwiedzających. Wystarczyło, że spojrzałem przez chwilę na Sędziego świata z *Sądu Ostatecznego* Michała Anioła, a już musiałem szukać w cisnącym się wokół tłumie naszego przewodnika. Chwyciłem Ellen za rękę i ruszyłem pod prąd, ku ołtarzowi – tam, gdzie nasz młody towarzysz otwierał właśnie drzwi, ukryte w grupie potępionych; drzwi prowadzące „przez *Sąd Ostateczny*" do sławnego „Miejsca łez". Żadna kamera nie miała prawa śledzić poczynań kardynała Ratzingera, gdy ten wszedł do tego pomieszczenia, by zamienić swą kardynalską purpurę na biel papieskich szat. „Miejsce łez" to właściwie małe, asymetryczne przejście: schody, wnęki, kolumny i skromna terakota w brązowym, sieneńskim trawertynie. „Tam leżały szaty, a tu stały buty" – uśmiechnął się nasz *cicerone*, wskazując na mały szezlong w kącie, po czym poprowadził nas dalej, piętro wyżej, gdzie otworzył ostatnie drzwi po lewej stronie; stanęliśmy na progu *Sacrestia della Capella Sistina*.

Chłodna przestrzeń mało przypominała zakrystię. Siedząca przy komputerze młoda kobieta skinęła w naszym kierunku. Przy ścianie stał regał z książkami, a na zewnątrz było widać rosnące pod oknem jasnoróżowe łubiny. Poprzez ich pędy prześwitywał mur ze starej rzymskiej cegły. Kiedy bezradnie rozglądałem się po komnacie w poszukiwaniu ciężkich barokowych ram, w których w Roku Jubileuszowym 2000 wystawiono „Mandylion z Edessy" w watykańskim pawilonie Światowej Wystawy w Hanowerze, nasz towarzysz otworzył leżący na jednym ze stołów płaski karton i zdjął okrywającą obraz bibułę: *Ecco la*! –„Oblicze Chrystusa".

To właśnie był „Mandylion z Edessy". Należący do papieża wizerunek Chrystusa! Matka wszystkich ikon. Nie był czarny, lecz trzeba było na niego trzy, cztery, pięć razy spojrzeć, by dostrzec rysy twarzy. Wyglądał inaczej niż na zdjęciach. Wyjęto go z barokowych ram. Błyszcząca, złota blacha okrywała brzegi płótna, tak że obraz przypominał stare okno, przez które patrzy na nas On. Stare gwoździe łączyły metalową ramę z brzegiem obrazu. Na dole załamane wycięcie w złotej „sukience" znaczyło czubek brody, a dwa załamania po lewej i po prawej stronie – spływające ze skroni włosy. Przez to niezwykłe „okno" patrzył na nas obraz z zaświatów – tak daleki, a jednocześnie tak bliski, tak ciemny, a zarazem prawdziwy. Pochyliliśmy się nad nim. „Wyjmij latarkę" – poprosiła Ellen. Wróciliśmy specjalnie spod bazyliki, by zabrać z mieszkania małą latarkę, na wszelki wypadek. Teraz Ellen włączyła ją i zapytała, czy możemy oświetlić obraz. Młody przewodnik skinął głową, a nawet zaoferował się, że sam nam poświeci, byśmy mogli lepiej obejrzeć Oblicze Jezusa. Mogliśmy się skoncentrować wyłącznie na kontemplacji obrazu – patrzyliśmy na długi nos, usta, brwi, oczy. Z każdego miejsca, na które padało światło, emanowała łagodna poświata. W prawym dolnym rogu odkryłem fragment nie pomalowanego lnu; poza tym cała powierzchnia była pokryta tym samym, ciemnym odcieniem farby.

Dobre dwadzieścia pięć lat temu widziałem podobny odcień na obrazie „Czarnej Madonny" na Jasnej Górze w Częstochowie. Pojechaliśmy tam, kiedy Karol Wojtyła został papieżem. „Wygląda tak, jakby do farby dodano złotego albo brązowego proszku" – powiedziała Ellen. Tak, wyglądał dość specyficznie, lecz kontemplacja obrazu wyczerpała moje siły. „Zmierzmy go" – powiedziałem. Siedząca przy biurku młoda kobieta podała nam miarkę. Cały obraz mierzył 33 na 22,2 centymetra, wewnętrzna powierzchnia – 28 na 17 centymetrów, zaś twarz – 24,5 centymetra od najwyższego punktu czoła do czubka brody i 14,3 centymetra od lewego do prawego policzka. Zanotowałem wszystko, bo nie wiedziałem, który wymiar jest najważniejszy. Nie widać było uszu, a brody można się było jedynie domyślać. Papieska ikona! „Mandylion z Edessy"! Westchnąłem głęboko, zmówiliśmy z Ellen *Ojcze nasz* i *Zdrowaś Maryjo*, ucałowałem wizerunek na wysokości czoła i wyprostowałem się. Nie mogłem jednak oderwać od niego oczu. Oczy Chrystusa patrzyły na mnie, a ja na Niego.

Znałem te oczy, znałem to spojrzenie. Ostatni raz widziałem je zaledwie trzy tygodnie temu – na obrazie, którego kopią jest „Mandylion z Edessy". Nie, nie w Rzymie, nie w Pałacu Apostolskim, lecz w zapomnianym niemal zakątku Północnych Włoch. Dokładnie dwadzieścia dwa dni wcześniej widziałem tę twarz na pewnym wzgórzu w pobliżu górskiego miasteczka, które odwiedziłem w towarzystwie Ellen i kardynała Joachima Meisnera z Kolonii. Dla tej krótkiej chwili i tego spojrzenia wyjechaliśmy z Rzymu wcześnie rano, by przejechać sto siedemdziesiąt kilometrów, na drugą stronę „włoskiego buta". Był 4 kwietnia 2005 roku. Dwa dni wcześniej zmarł Jan Paweł II. „Dziś spotkałem Wielkanocnego Pana" – powiedział tego samego popołudnia koloński kardynał dziennikarce jednego z amerykańskich czasopism. Jak zauważyli inni kardynałowie, pamięć o tym spotkaniu napełniała go podczas burzliwego konklawe siłą lwa.

Jednak pod wpływem tego wspomnienia cofam się w duchu w jeszcze dalszą przeszłość – o całe miesiące, lata, dziesięciolecia. Najpierw wracam myślą w góry. Prawie wszyscy korespondenci zajmujący się niedawnym „początkiem nowej epoki" wyjechali już z Wiecznego Miasta. Większość moich rzymskich kolegów po wyczerpujących tygodniach intensywnej pracy wyjechała na urlop lub się pochorowała – albo jedno i drugie. Ja leżę wyczerpany przy kolumnie na Placu Świętego Piotra. I chociaż bolą mnie stawy i palą członki, chcę – a właściwie muszę – jeszcze raz, całkiem na nowo i od samego początku, opowiedzieć niewiarygodną historię odkrycia Oblicza niewidzialnego Boga. Jest to historia mojego spotkania z ludźmi poszukującymi, żyjącymi na przestrzeni wielu stuleci. Przede wszystkim jednak jest to historia odkrycia maleńkiej miejscowości nad włoskim Adriatykiem. Miasteczka o znamiennej nazwie: Manoppello – „ręka pełna kłosów".

Święte Oblicze

Kościół „Świętego Oblicza" na wzgórzu Tarigni koło Manoppello

Oblicze umęczonego Człowieka w kościele
nad stromym wąwozem niedaleko Manoppello,
małego miasteczka w Abruzji.

Przez pół nocy szczekały psy. Najpierw jeden, potem dwa, trzy, coraz więcej i więcej – aż ich dobiegające z dolin i pagórków głosy złączyły się w jeden wielki chór, koncertujący aż do świtu. Zanim umilkły psy, odezwały się koguty, a wraz z pierwszym promieniem porannego słońca swoje lauda rozpoczęły pod oknem ptaki, śpiewając słodko i radośnie, jak w dniu stworzenia.

Odwróciłem się na drugi bok. Śniłem, że Bóg od początku przeznaczył poszczególne gatunki drzew i krzewów dla różnych ptasich rodzin – bluszcz dla szpaków, winorośl dla sikorek, oliwki dla słowików, akacje dla kosów – a migdałowce i róże dla motyli. Kiedy o siódmej z sąsiadującego z domem pielgrzyma kościółka rozległy się wzywające na poranną mszę dzwony, musiałem chyba znów zapaść w sen. O dziewiątej na pagórek wrócił codzienny spokój. Przed hotelową kawiarenką parkował tylko jeden samochód – mój. Wiatr, który pieścił łagodne zbocza pagórka, przyniósł ze sobą zapach bliskiego morza. Obok hotelu wzgórze urywało się nagle nad stromym, porośniętym drzewami wąwozem. Pełna serpentyn droga prowadząca do miasteczka to tylko pozór cywilizacji. Kiedyś była tu prawdziwa dzicz. Ktoś, kto chciałby ukryć skarb, uznałby to miejsce za wymarzoną kryjówkę. Tu z pewnością byłby on nie do wytropienia.

Wzgórze Tarigni, na którym wznosi się kościół „Świętego Oblicza", jest jedną z odnóg masywu Majella. Wzniesienie znajduje się nieco na uboczu, z dala od miasta, które niczym korona zdobi szczyt sąsiedniego pagórka. Jak wyczytałem w jakiejś cienkiej książeczce z lat sześćdziesiątych, już w średniowieczu Petrarka nazwał Majellę „Świętymi Górami", a Manoppello „Małą Jerozolimą". Jednak w odróżnieniu od wielu innych okolicznych miejscowości próżno by szukać tej nazwy w przewodnikach turystycznych, opisujących zabytki Włoch, a nawet samej tylko Abruzji.

W miasteczku jest tylko ten mały, sąsiadujący z kościołem hotelik; poza nim, nieco niżej na zboczu – schronisko i trzy tanie restauracje. Zarówno hotel, jak i schronisko otwarte są wyłącznie w sezonie letnim. Z samochodów sprzedaje się świeże ryby morskie; handlarze zwołują tutejsze gospodynie przez megafony. Jeszcze trzydzieści lat temu miasteczko chlubiło się największym w okolicy targiem, lecz odkąd zbudowano autostradę, i kupcy, i kupujący szybciej niż na ten pagórek dojadą do Chieti, Pescary czy Sulmony. Gdyby w Manoppello nie było „Świętego Oblicza", miasteczko zostałoby całkowicie zapomniane. Niedaleko stąd, za najbliższą przełęczą, leży Lanciano – miasteczko, w którym w IX wieku dokonał się najstarszy cud eucharystyczny; w tamtejszym kościele do dziś przechowywana jest stara monstrancja, a w niej Hostia, cudownie przemieniona we fragment ludzkiego mięśnia sercowego o grupie krwi AB. Do niezwykłego wydarzenia doszło, gdy pewien mnich, odprawiając mszę świętą, zwątpił, że po przeistoczeniu rzeczywiście Hostia staje się przemienionym Ciałem Chrystusa. Wraz z monstrancją przechowuje się kryształowy kielich z grudkami zakrzepłej krwi, w którą zamieniło się wino pod wpływem wypowiedzianych przez tegoż mnicha słów przeistoczenia. Abruzja pełna jest zapomnianych, położonych na uboczu osiedli i klasztorów. W żadnym innym kraju nie ma tylu zabytków i relikwii, co we Włoszech. Tutaj, pod Apeninami, z hukiem zderzają się pływające na oceanie magmy płyty tektoniczne Eurazji i Afryki. Kiedy dochodzi do zderzenia i jedna z takich płyt dostaje się pod drugą, zanurzając się w ocean lawy, następuje trzęsienie ziemi. W całym Manoppello nie ma domu, na którym nie widniałyby rysy spowodowane przez częste tu kataklizmy. Podczas ostatniego trzęsienia wszyscy mieszkańcy miasteczka pobiegli do świątyni, gdzie spędzili noc na głośnych błaganiach do „Świętego Oblicza".

Kiedy przekraczam próg prawego portalu, wnętrze kościoła jest zupełnie puste. Gwardian miejscowych kapucynów otwiera świątynię o szóstej rano, by koło południa zamknąć ją na czas sjesty; wieczorem kościół jest otwarty do osiemnastej, w okresie letnim – do dziewiętnastej. Gdy wchodzę do świątyni, nie ma już śladu po garstce kobiet przychodzących codziennie na poranną mszę. Również opiekujący się kościołem kapucyni udali się już do klasztoru, aby zająć się swymi codziennymi pracami. Idąc środkiem głównej nawy, wpatruję się z uwagą w prostokątną monstrancję, umieszczoną za pancerną szybą nad głównym ołtarzem. Poranne światło sprawia, że rozpięty w ramach przezroczysty Welon ma łagodną, mlecznożółtą barwę.

Od samego początku, od chwili, gdy znalazł się w miasteczku, obraz nazywano *Il Volto Santo* – „Świętym Obliczem". Obchodzę ołtarz z lewej strony, wchodzę po znajdujących się za nim schodach i opieram głowę o szybę, jak to miałem w zwyczaju jeżdżąc pociągami i jak to czynię dziś przy starcie i lądowaniu samolotu; uwielbiam to uczucie, gdy świat za szybą pędzi do tyłu.

Teraz wpatruję się w małe okienko monstrancji, z którego spogląda na mnie żywe Oblicze, wyglądem i spokojem przypominające stare ikony Maryi. Widzę twarz brodatego mężczyzny z lokami na skroniach i złamanym, wąskim nosem. Prawy policzek jest spuchnięty, broda częściowo wyrwana.

Mężczyzna ma rzadką, młodzieńczą brodę, tak że widać niemal każdy włos, i delikatne, prawie kobiece brwi. Na środek wysokiego czoła opada mały kosmyk. Kiedy się dokładnie przyjrzeć, widać, że skóra wokół ust, na policzkach i czole ma intensywnie różowy odcień świeżo zadanych ran; można jednak odnieść wrażenie, że odcień ten kryje się gdzieś „we wnętrzu włókien", jak na hologramie. Podobne plamy znajdują się pod oczami i na opuchliźnie prawego policzka. Na obrazie nie widać szyi ani uszu, które znikają pod włosami. Z szeroko otwartych oczu emanuje niewytłumaczalny spokój. Zaskoczenie, zdziwienie, zdumienie. Łagodne miłosierdzie. Żadnego bólu, gniewu, przekleństwa na ustach. Twarz na obrazie przypomina oblicze człowieka, który właśnie zbudził się ze snu. Cienie pod oczami i na powiekach są tak delikatne, że sam Leonardo da Vinci nie byłby w stanie wznieść się na wyższy poziom malarskiego kunsztu. Kolor włosów i skóry oscyluje między brązem, miedzią i kasztanem. Usta są na wpół otwarte. Dolna linia górnej wargi jest wyraźnie zarysowana, jakby ołówkiem. Wyraźnie widać końcówki przednich zębów; dolne są jak maleńkie perełki światła. Można nawet określić dźwięk, który wydobywa się z tak uformowanych ust – to ciche „a". W prawym dolnym rogu przykleił się do obrazu mały kawałek stłuczonego kryształu. Twarz z obrazu spogląda na mnie jak żywa. Oczy mężczyzny patrzą na mnie, jakbym był starym znajomym.

Kiedy jednak ojciec gwardian otwiera główne drzwi, by przewietrzyć świątynię, Oblicze kieruje swe spojrzenie na plac przed kościołem i dalej – ku pobliskim domom i całej równinie Pescary. Obraz znika w świetle poranka. Ulatnia się jak sen; Welon staje się przezroczysty jak szyba. Ilekroć tu przyjeżdżam, mogę zostać sam na sam, jak długo zechcę – przed obrazem, przed którym niegdyś sam cesarz Bizancjum mógł przyklęknąć tylko raz do roku, i to w obecności najwyższych dostojników Kościoła, przygotowawszy się na tę chwilę przez spowiedź i przyjęcie komunii świętej.

Odegnałem natrętną muchę i znów spojrzałem ku obrazowi. Od blisko czterystu lat przechowywany jest w tym małym kościółku (rozbudowany w 1960 roku, jest dziś dwukrotnie większy niż kiedyś). Relikwię umieszczono nad ołtarzem dopiero w 1923 roku. Wcześniej Welon przez stulecia przechowywano w półmroku jednej z bocznych kaplic, gdzie oczy pielgrzyma mogły dostrzec jedynie grafitowoszare płótno relikwii. Obraz zdaje się oddychać. Lampy halogenowe wyraźnie oświetlają niemal niematerialne, delikatne jak tchnienie płótno. Ogromna rama ze srebra kryje w swym wnętrzu naruszone przez czas drewniane ramy, na których rozpięto niezwykły wizerunek. Dwie szklane płyty zabezpieczają obraz od przodu i od tyłu. Welon, który w tym świetle przypomina kliszę fotograficzną w kolorze brązu i sepii, ma 17 centymetrów szerokości i 24 wysokości. Złote i srebrne ramy zdobią kości do gry, bicz, gwoździe, drabina, młotek, cęgi – symbole różnych etapów męki Chrystusa – oraz kamienie: cztery szmaragdy oraz trzy wielkie i sześć mniejszych jasnozielonych ametystów.

Na opuszczonych drzwiczkach relikwiarza umieszczono tablicę z „Krótką historią Świętego Oblicza". „Tradycja głosi – napisano w niej – że któregoś niedzielnego popołudnia, latem 1506 roku, przybył do Manoppello tajemniczy pielgrzym". Przed kościołem świętego Mikołaja przybysz poprosił *dottore* Giacomantonia Leonellego, by wszedł z nim do środka. Tam wręczył mu zawiniątko, mówiąc z powagą: „Szanuj i czcij ten dar. Bóg odwdzięczy ci się wielkimi łaskami i ogromnym bogactwem, tak doczesnym, jak wiecznym". Rozwinąwszy paczuszkę, *dottore* Leonelli ujrzał Oblicze Pana na cienkim jak pajęczyna welonie. Kiedy odwrócił się, aby podziękować darczyńcy, okazało się, że ten zniknął. Nikt w wiosce nie znał przybysza, nikt też nigdy więcej go nie widział.

Przez sto lat relikwia przechodziła na kolejne pokolenia rodu Leonellich. W 1608 roku drogocenny skarb stał się przedmiotem sporu spadkobierców. Pancrazio Petruzzi, zawodowy żołnierz, a zarazem mąż Marzii Leonelli, siłą przywłaszczył sobie relikwię. Kiedy z niewiadomych powodów został wtrącony do więzienia w Chieti, jego żona, by wykupić męża, sprzedała Całun za cztery *scudi*. W ten sposób Welon przeszedł na własność niejakiego Donantonina De Fabritiis.

Tekst na tablicy jest streszczeniem obszernej *Vera et breve relazione historica d'una miracolosa figura...* – „Prawdziwej i krótkiej historii cudownego obrazu prawdziwego Oblicza Chrystusa, naszego umęczonego i udręczonego Pana, który znajduje się obecnie w konwencie kapucynów w Manoppello, jednej z miejscowości w Abruzji, w prowincji Królestwa Neapolu". W pochodzącym z 1645 roku dokumencie niejaki ojciec Donato da Bomba, „kaznodzieja kapucyński ze środkowej prowincji Abruzji", opisuje, jak to przeszło sto lat wcześniej „cudowna interwencja Niebios" sprawiła, że Welon znalazł się w Manoppello. Jest to chronologicznie pierwsze świadectwo, potwierdzające obecność niezwykłego obrazu w tutejszym kościele.

Ojciec da Bomba zanotował między innymi, że Całun jest delikatny „jak pajęczyna". Oryginał dokumentu – zapisane energicznym pismem zakonnika karty brązowego, łamliwego papieru – przechowywany jest w archiwum kapucyńskiego Konwentu Świętej Klary w Aquili; w Manoppello, w wieży kościoła świętego Mikołaja, znajduje się jednak odręczny odpis dzieła, którego pożółkłe karty pozwolono mi przestudiować. Niejaki ojciec Eugenio nadał temu – pochodzącemu z 1865 roku – pismu tytuł: *Preziosa Memoria* („Drogocenna Pamiątka"). Wszystkie księgi i pisma zgromadzone w chybotliwych szafach i regałach opuszczonej wieży, z której okien rozciąga się cudowny widok na wzgórza Abruzji, powołują się na świadectwo z 1645 roku. Przez całe stulecia właśnie relacja Donata da Bomby o „przekazaniu Całunu przez ręce anioła" uznawana była za dokument rozstrzygający o boskim pochodzeniu obrazu Chrystusa z Manoppello.

Ponieważ Welon znajdował się w opłakanym stanie – opowiada siedemnastowieczna kronika – De Fabritiis przyniósł relikwię do klasztoru kapucynów, „gdzie ojciec Clemente da Castelvecchio wyrównał jego postrzępione brzegi, a brat Remigio da Rapino rozpiął płótno na ramach z drewna orzechowego i umieścił je pomiędzy dwiema szybami". Gołym okiem widać, że brzegi płótna zostały odcięte, a w górnych rogach obraz uzupełniono fragmentami innego płótna. Lecz gdzie znajdują się odcięte fragmenty Welonu? Czy rzeczywiście były wystrzępione? Obraz miał być rzekomo przechowywany wcześniej w „magazynie zbożowym", co wyjaśniałoby „zły stan" płótna. Jednak to, co pozostało, jest w jak najlepszym stanie. Czy zatem brzegi rzeczywiście były postrzępione? W roku Pańskim 1638 *signore* De Fabritiis podarował Całun miejscowym kapucynom, którzy „w 1646 roku pozwolili okolicznej ludności oddawać mu należny kult".

Jakkolwiek dalszy ciąg historii zachowuje formę relacji ściśle historycznej, brzmi on wprost nieprawdopodobnie. W roku 1703 ojciec Bonifacio d'Ascoli postanowił wyjąć relikwię ze starych ram i oprawić w nowe, srebrne. Kiedy jednak umieścił obraz w nowej ramie, wizerunek zniknął. Po prostu wyparował – jak chmura na niebie. Pod dokumentem potwierdzającym to niezwykłe zjawisko widnieją podpisy wielu świadków. Płótno pozostawało puste, dopóki nie umieszczono go w starych, drewnianych ramach; wtedy wizerunek pojawił się z powrotem. Jedenaście lat później powtórzono próbę, tym razem pod nadzorem ojca Antonia – efekt był identyczny. Po tym wydarzeniu za sumę sześćdziesięciu trzech dukatów sporządzono srebrny relikwiarz, w którym umieszczono obraz wraz z drewnianą ramą. To ta sama, lekko naruszona przez korniki, konstrukcja, na którą teraz patrzyłem. Od tamtej pory obraz pozostał na płótnie.

Znam tę historię już prawie na pamięć, ze wszystkimi jej niewiarygodnymi szczegółami i zwrotami akcji. Pierwszy raz ujrzałem obraz jesienią 1999 roku. Przyjechałem z czystej ciekawości. Była ze mną Maria Magdalena, nasza najstarsza córka, która niestety bardzo się wówczas spieszyła, w związku z czym nie mogliśmy spędzić w kościele tyle czasu, ile byśmy chcieli. W podobnym pośpiechu oglądałem obraz pół roku później, w lutym 2000 roku, kiedy odwoziłem Ellen i Christinę, naszą najmłodszą córkę, na rzymskie lotnisko. Chciałem wtedy pokazać Ellen to „coś", co nie dawało mi spokoju od czasu mojej pierwszej wizyty w Manoppello. Być może chodziło o oczy, które patrzyły na mnie jak przed czterdziestu laty oczy mojego pierwszego, ukochanego nauczyciela. Tak, to właśnie one nie dawały mi spokoju. „To spojrzenie... – Powiedziała Ellen. – Te oczy są tak miłosierne, że prawie naiwne". „Tak" – skinąłem, szukając w duchu odpowiednich słów: pokora, łagodność, delikatność, spokój, powściągliwość, odwaga; odrzucałem te określenia jedno po drugim, ponieważ żadne nie oddawało w pełni tego, co kryło się w oczach Baranka, którego chrześcijanie czczą jako swego Pasterza.

Mieszkańcy Manoppello uwielbiają robić zdjęcia, na których widać umieszczoną za obrazem gazetę – tak wyraźnie, że można przeczytać fragmenty tekstu. W półmroku obraz jest ciemnoszary. Na czarnym płótnie widnieje Oblicze Jezusa w kolorze ołowiu. „Mroczne i przykre", jak napisała Julianna z Norwich, angielska zakonnica i mistyczka z XIV wieku, gdy pokazano jej w Rzymie „prawdziwy wizerunek" Chrystusa. Kiedy jednak oświetlimy delikatny Welon od tyłu, nabiera on ciepłych, miodowozłotych barw – tak w XIII wieku opisała oblicze Chrystusa Gertruda z Helfty. Z kolei światło padające z przodu nadaje obrazowi zielonkawożółty odcień. Wtedy też lepiej widać strukturę materiału, przypominającą delikatną płaskorzeźbę. W spolaryzowanych promieniach tak zwanych lamp Wooda obraz reaguje tak silnie, „jakby nie podlegał prawom fizyki". O ile mocne, przenikliwe światło wywołuje wokół Oblicza wielobarwne efekty, o tyle sama Twarz pozostaje zupełnie bez zmian. Całun jest tak delikatny, że wydaje się, iż po zwinięciu można by go zmieścić w łupinkę włoskiego orzecha. Gdyby tylko był rzeczywiście obrazem, namalowanym przy użyciu prawdziwych farb... Ale to niemożliwe! To nie może być ani obraz, ani rysunek. Na płótnie nie ma najmniejszego śladu farby.

Profesor Donato Vittore z uniwersytetu w Bari oraz profesor Gulio Fanti z uniwersytetu w Padwie odkryli na zdjęciach mikroskopowych, że żaden fragment płótna nie wykazuje obecności choćby śladowych ilości pigmentu. Nic. Ani śladu pędzla, ołówka, gruntowania – absolutnie nic. Tylko w czarnych punkcikach źrenic włókna wydają się osmalone, jakby wysoka temperatura przypaliła nici, choć nie da się tego dostrzec gołym okiem. Trudno też zauważyć rzęsy, które pojawiają się dopiero na powiększeniach. Chyba w ogóle pierwszy raz

dokładnie obejrzałem obraz właśnie na własnoręcznie wykonanych powiększeniach. Było to 8 marca 2004 roku, w pokoju
hotelowym w San Giovanni Rotondo w górach Gargano, po
moim trzecim spotkaniu ze „Świętym Obliczem".

W Rzymie lało wtedy jak z cebra. Jeden z berlińskich kolegów poprosił mnie, żebym pojechał na Półwysep Gargano,
do San Giovanni Rotondo, gdzie pewien znany architekt
wzniósł właśnie nowe sanktuarium pielgrzymkowe ku czci
świętego ojca Pio. Ponieważ była niedziela, postanowiliśmy
z Ellen pojechać nieco dłuższą trasą, przez Bari, gdzie chcieliśmy zjeść obiad w znanej nam od lat małej restauracyjce przy
starym porcie. Jednak w nocy rzymskie ulice zamieniły się
w prawdziwe potoki i obudziwszy się rano, stwierdziliśmy, że
przy takiej pogodzie podróż jest niemożliwa, przynajmniej
na razie. Miałem nadzieję, że oto wreszcie nadszedł dzień,
kiedy będę mógł poleżeć dłużej w łóżku, z książką w ręku,
czekając na poprawę pogody. Jednak o dziesiątej wciąż lało
i nic nie zapowiadało, żeby w najbliższym czasie coś się miało
w tym względzie zmienić. Wstałem i włączyłem komputer.
„Czekanie nic nie da – powiedziałem do Ellen po spraw-
dzeniu prognozy pogody dla Włoch. – Musimy jechać, i to
zaraz. Przez cały tydzień ma padać. Nie wezmę przecież
z tego powodu urlopu". Walizki były już spakowane, więc pół
godziny później siedzieliśmy w samochodzie, na który lały
się tak gwałtowne strumienie ulewy, że wycieraczki ledwie
nadążały je zgarniać. Z powodu opóźnienia nie mogliśmy
jechać przez Bari, lecz wybraliśmy pełną zakrętów, ale dużo
krótszą, wiodącą nieco bardziej na wschód, drogę przez
Pescarę. W Apeninach deszcz wreszcie ustał.

Około południa minęliśmy Sulmonę, za którą zobaczyliśmy na autostradzie znak wskazujący zjazd w kierunku Alanno i Scafy. „Zjedź tutaj – poprosiła Ellen. – Pojedziemy do Manoppello jeszcze raz zobaczyć «Święte Oblicze»". W restauracji przy autostradzie, gdzie wstąpiliśmy na kawę, byliśmy jedynymi gośćmi. Podobnie w leżącym dziesięć kilometrów dalej Manoppello. Kiedy po przerwie obiadowej otworzono główny portal, kościół był zupełnie pusty – jak podczas naszych poprzednich wizyt. Jednak tym razem nie ograniczał nas ani pośpiech, ani głód; gdy weszliśmy do świątyni, obraz bez reszty pochłonął naszą uwagę.

Na wysokich witrażach nawy głównej aniołowie trzymają narzędzia męki Chrystusa, podobnie jak na balustradzie rzymskiego Mostu Aniołów, którym przechodziłem dzień wcześniej. Jednak moje oczy były wpatrzone w mały, błyszczący czworokąt nad głównym ołtarzem. Kiedy tylko weszliśmy po ukrytych za ołtarzem schodach i stanęliśmy bezpośrednio przed obrazem, zrobiłem szczegółowe zdjęcia każdego detalu – od przodu i od tyłu: oczy, nos, usta, rama. Ponieważ nie miałem statywu, przyciskałem obiektyw aparatu do szyby, podczas gdy Ellen rozpościerała za mną swój płaszcz, by zasłonić padające z okna apsydy i odbijające się na szkle relikwiarza światło. Od przodu i od tyłu obraz był dokładnie taki sam, tyle że lewa strona była zamieniona z prawą, tak że opuchlizna na prawym policzku była po lewej stronie. Nie mogłem nasycić swych oczu. Pierwszy raz jakiś obraz tak bardzo mnie poruszył. Miałem wrażenie, jakbym widział Go – i był przez Niego widziany – pierwszy raz w życiu. Fotografowałem, aż skończyło się miejsce w pamięci mojego cyfrowego aparatu. Schowałem go więc, przyjrzałem się jeszcze raz wizerunkowi, zszedłem po schodach i ruszyłem w kierunku wyjścia. Ellen zatrzymała się jeszcze przez chwilę przy stoisku z prasą i ulotkami. Wróciłem po nią, ponieważ czas nas naglił. Mieliśmy przed sobą jeszcze dwieście kilometrów, a robiło się już późno. Zeszliśmy do wyjścia i otworzyliśmy drewniane drzwi dokładnie w chwili, gdy przez portal wchodziła zakonnica. „Siostra Blandina?" – zapytaliśmy równocześnie po niemiecku, chociaż byliśmy w samym sercu włoskiej Abruzji. „Tak, słucham!"– odpowiedziała, spoglądając na nas ze zdumieniem.

Wielkanocna siostra

Siostra Blandina Paschalis Schlömer OCSO

*Odkrycie dokonane przez niemiecką mniszkę z zakonu
trapistek, Blandinę Paschalis Schlömer, w infirmerii
klasztoru* Maria Frieden.

Ani moja żona, ani ja nigdy nie widzieliśmy siostry Blandiny Paschalis Schlömer OCSO, nawet na zdjęciu. Wiele
jednak o niej czytaliśmy i słyszeliśmy. Pochodziła z niemieckiego klasztoru *Maria Frieden* w Eifel[1], lecz przeniosła się
do Manoppello, gdzie obecnie wiodła życie pustelnicze. Na
chrzcie nadano jej imię Blandina, zaś przy wstąpieniu do
zakonu otrzymała drugie: Paschalis – „Wielkanocna". Jak
sama przyznaje, nie do końca była zachwycona tym wyborem. „OCSO" to skrót łacińskich słów *Ordo Cisterciensium
Strictioris Observantiae*, które oznaczają, że siostra należy do
Zakonu Cysterskiego Ściślejszej Reguły, tak zwanej refor-
mowanej gałęzi cysterek, powstałej w XVII wieku, która ze
względu na miejsce powstania – francuski klasztor La Trappe
– zwana jest również zakonem trapistek. Jest to wspólnota
ascetyczna, w której obowiązuje ścisła reguła milczenia i surowe praktyki pokutne, a śpiewać wolno „jedynie na Chwałę
Bożą". Poza tym siostry milczą. Stojąca przed nami zakonnica w czarno-białym habicie jest dyplomowaną farmaceutką

---

[1] Górski region w Środkowych Niemczech, rozciągający się nad Mozelą
i Renem (Nadrenia Palatynat) – (wszystkie objaśnienia zamieszczone
w przypisach pochodzą od tłumacza).

i malarką ikon. Jednak światu jest znana przede wszystkim jako osoba, która ponownie odkryła cudowny wizerunek „Świętego Oblicza".

Oczywiście rzemieślnikom, chłopom i adriatyckim rybakom z wybrzeża między Anconą a Tarentem nie trzeba udowadniać, że Całun jest autentyczny i przedstawia prawdziwe Oblicze Chrystusa. Oni wierzą w to niezachwianie od przeszło czterystu lat. Jednak siostra Blandina jako pierwsza zweryfikowała tę wiarę z iście niemiecką dokładnością – za pomocą aptekarskiej wagi i coraz dokładniejszych pomiarów, w trakcie których – jak twierdzi – odkryła i naukowo dowiodła, że obraz dokładnie odpowiada proporcjom i wymiarom portretu utrwalonego na Całunie Turyńskim. W samych Włoszech panuje dość powszechna opinia, że nikt nie nadał sprawie takiego rozgłosu, jak siostra Blandina. Gdyby nie ona, ani ja, ani nikt inny nie dowiedziałby się o istnieniu Całunu. Bez niej nie powstałaby też ta książka.

„To niemożliwe, że spotykamy siostrę właśnie w tym miejscu i w tym momencie – powiedziałem w przepierzeniu portalu, podczas gdy Ellen ściskała jej rękę. – Właśnie wyjeżdżamy". „A jednak to prawda" – uśmiechnęła się, po czym pochyliła głowę na bok i spojrzała na nas badawczo. Wyszliśmy na zewnątrz i przedstawiliśmy się. „To nie przypadek" – powiedziała. Przyznałem jej rację i obiecałem, że zjawimy się tu za dwa dni, w drodze powrotnej z San Giovanni Rotondo.

Dwa dni później obchodziłem pięćdziesiąte szóste urodziny. Zaczynałem nowy rok życia. Rano znad holenderskiej granicy zadzwonił na komórkę Wolfgang, mój brat, i złożył mi życzenia. Spacerując po San Giovanni, oglądałem zdjęcia z mojego aparatu. Odkryłem wtedy szczegóły, jakich nie widziałem w żadnej z przeczytanych dotąd publikacji na temat Całunu. W ciągu nocy dosłownie połknąłem książkę siostry Blandiny, w której już pięć lat wcześniej przedstawiła wyniki swych badań nad „Świętym Obliczem".

Urodzona w 1943 roku w czeskim Karlsbadzie, dwa lata później, niesiona na matczynych rękach, wraz z całą falą uciekinierów dotarła na zgliszcza Trzeciej Rzeszy. Dzieciństwo spędziła w Zagłębiu Ruhry. Ojciec, człowiek odznaczający się wielką pobożnością, urzędnik pocztowy, mimo wysokiego czesnego był w stanie zapewnić wszystkim pięciu córkom zdobycie akademickiego wykształcenia. Trzy z nich wstąpiły potem do zakonu, jedna została stomatologiem, a ostatnia poświęciła się sztuce. Blandina została i jednym, i drugim — i zakonnicą, i artystką. Początkowo chciała zostać zwykłą zakonnicą, „Misjonarką Krwi Chrystusa", lecz po dziesięciu latach postanowiła przejść do zakonu trapistek. W ciągu tych lat nauczyła się układać mozaiki, a w 1965 roku z jednej z książek dokładnie poznała historię i tajemnice Całunu Turyńskiego, o którego autentyczności — jak sama mówi — przekonują ją fakty. Wizerunek Chrystusa z Całunu wyrył się na jej sercu. Wciąż też maluje go na swoich ikonach.

W 1979 roku, gdy w klasztorze zapanowała epidemia grypy, siostrze Blandinie przypadło w udziale zadanie opiekowania się chorymi. U jednej z sióstr zauważyła wówczas nad łóżkiem krzyż, a na nim oblicze z Całunu Turyńskiego. „Och, siostra ma Jezusa z Całunu Turyńskiego!" — złamała regułę milczenia. Chora skinęła twierdząco głową. Jednak kiedy wyzdrowiała, położyła pod drzwiami siostry Blandiny gazetę, w której była mowa o innym wizerunku, utrwalonym na kawałku „gazy"; obok tekstu znajdowała się czarno-biała fotografia „Świętego Oblicza" z Abruzji. Był to grudniowy numer pisma „Znak Maryi", w którym niejaki Renzo Allegri opisywał „podobieństwa do Całunu Turyńskiego" oraz „zagadkowe, niemożliwe do wyjaśnienia właściwości" Welonu z Manoppello.

W zasadzie Allegri spisał wszystko, co było wówczas wiadomo na temat obrazu, ale siostra Blandina była wtedy negatywnie nastawiona wobec tego rodzaju rewelacji. „Byłam tak zła i zgorszona – wspomina dziś – że ze złością wetknęłam czasopismo pomiędzy książki. Jakiś inny wizerunek Chrystusa poza Turynem? Niemożliwe. To po prostu niemożliwe". Zapewne była to zwykła zazdrość. Jednak wkrótce wydarzyło się coś niezwykłego. Kiedy tego samego dnia krążyła po długich korytarzach klasztoru, kolejno odwiedzając chore siostry, wciąż miała przed oczami niezwykłe spojrzenie Człowieka z obrazu z Manoppello. Od tej pory spojrzenie to nigdy już nie dało jej spokoju. Wciąż je ma przed oczami. Wszędzie jej towarzyszy. I tak zostało aż do dziś. Jak mówi, wszystkie te lata były „wchodzeniem na górę Tabor", wspinaczką na górę, na której ziemski Jezus ukazał się swym najbardziej zaufanym Apostołom w „odmienionej" postaci. To początek miłości, która nigdy się nie skończy.

Tego samego wieczora Blandina wyjęła pismo z szafki i spokojnie, choć zarazem krytycznie przestudiowała cały artykuł. Sama dostrzegła podobieństwa do Całunu z Turynu, lecz wizerunek wciąż wydawał się jej obcy – do momentu, gdy odkryła, że w gazecie z jakiegoś powodu zamieszczono odwrotne odbicie. Wówczas zrozumiała, że Welon przypomina nie tylko grobowe płótno Jezusa, lecz również ikony Chrystusa, którymi od tylu lat się zajmowała. Od tej pory miało jeszcze upłynąć szesnaście lat, nim wreszcie zobaczyła Welon na własne oczy, lecz były to lata wypełnione dociekliwymi studiami na temat wizerunku z Abruzji – najpierw wcześnie rano i późno wieczorem, potem – w każdej wolnej chwili. Mieszkała wówczas w klasztorze *Maria Frieden* w Eifel, a następnie przez pewien czas – w celu zdobycia wykształcenia – w jednym z klasztorów w Prowansji, gdzie po dziś dzień w klasztornym sklepiku sprzedawany jest eliksir o nazwie ,,Blandinin''; opracowana przez nią w oparciu o rodzinną recepturę mikstura z esencji kasztanowej, olejku lawendowego i kropli gliceryny znakomicie pomaga na wszelkie bóle stawów i mięśni. Trzy lata spędziła siostra Blandina również w nowo ufundowanym klasztorze w Helfcie w Saksonii-Anhalcie, gdzie po upadku berlińskiego muru zakon chciał odnowić tradycję sięgającą świętej Gertrudy i świętej Mechthildy, trzynastowiecznych mistyczek, znanych ze swych wizji Chrystusa.

Przekonanie, że wizerunek z Manoppello jest prawdziwy i nie pochodzi z tego świata, towarzyszyło siostrze Blandinie dzień i noc, choć przecież nigdy osobiście nie widziała obrazu. Dzień w dzień spotykała się też z oporem, który jej miłość i fascynacja wywoływały w innych ludziach, najpierw w jej zakonnych siostrach, a potem w uczonych z całej Europy. Jest to – jak powiadają Francuzi – *amour fou*, ,,miłość szalona''. Niektórzy uważają ją za świętego prostaczka, których tak wielu spotyka się w Rosji, inni – wcale nie uważają jej za świętą. Przez wiele lat pozostawała osamotniona: sam na sam z odkryciem, które nie dawało jej spokoju. Studiowała, kserowała, zamawiała foliogramy obu wizerunków, które nakładała jeden na drugi. Miała wręcz bzika na punkcie „suprapozycji", jak sama nazywa tę metodę. Kiedy jednak opublikowano wyniki eksperymentu, dołączono do nich zdjęcie przesuniętych folii. Właściwą fotografię zamieszczono dopiero w 1999 roku. Do publikacji skłonił siostrę Blandinę profesor Andreas Resch, uznany ekspert paranormologii[2] z Innsbrucku, któremu trapistka pokazała właściwe wyniki „suprapozycji". Okazało się, że wizerunki na dwóch załączonych foliach – obrazu z Manoppello i z Turynu – nie tylko dokładnie się pokrywają, ale że foliogram Welonu, kładziony na ikonach Chrystusa, zdaje się wciąż na nowo odsłaniać i ukazywać Jego prawdziwe oblicze – jakby otwierał okno do wnętrza namalowanego obrazu.

Zjawisko to wystąpiło przy obrazach Zmartwychwstałego z „Ołtarza Hohenfurckiego" w Pradze, „Świętego Oblicza" z Nowgorodu, ikonie Chrystusa z klasztoru świętej Katarzyny na Synaju i mozaice „Chrystusa Pantokratora" z pochodzącej z IV wieku rzymskiej bazyliki „Pudentiana". Wydaje się to niewiarygodne: Welon, który odsłania i ukazuje, zamiast zasłaniać i ukrywać. Całun, który odkrywa, zamiast zakrywać – jakby w każdym człowieku i dziele, na które go nakładamy, odsłaniał prawdziwe oblicze. Tak, to nieprawdopodobne. Z takim samym niedowierzaniem spotkała się siostra Blan-

---

[2] Pojęcie stworzone przez Andreasa Rescha. Obejmuje nieco szerszą problematykę niż parapsychologia, zajmując się również badaniem cudów i cudownych obrazów.

dina u uczonych, wśród których próbowała rozpowszechnić wyniki swoich dociekań – może szczególnie wśród tych o największych nazwiskach. Jednym z nich był Werner Bulst, jezuita z Darmstadtu; ze względu na swe obszerne studium Całunu Turyńskiego zyskał on sobie w Niemczech miano „turyńskiego papieża".

W 1983 roku zakonnica wysłała do tego uczonego grubą kopertę z wynikami swoich „badań" (obiektu, którego do tej pory nigdy osobiście nie widziała). Ojciec Bulst dał sobie sporo czasu na przygotowanie odpowiedzi, po czym wreszcie przesłał siostrze Blandinie informację, że przekazał sprawę pewnemu zainteresowanemu nią historykowi sztuki z Rzymu, ojcu Heinrichowi Pfeifferowi, również członkowi Towarzystwa Jezusowego i wykładowcy Uniwersytetu Gregoriańskiego.

Kilka tygodni później siostra Blandina otrzymuje list z Rzymu. Ojciec Pfeiffer dziękuje w nim za ciekawy obraz Chrystusa, który – zgodnie z tym, co mu powiedziano – mógł powstać w równie tajemniczy sposób, co cudowny obraz Matki Bożej z Guadalupe w Meksyku. Tyle że z Całunem Turyńskim wizerunek z Manoppello nie ma nic wspólnego. Przeczytawszy list, trapistka wraca do swych badań: przez ponad pół roku przygotowuje powiększenia, kopie i jeszcze dokładniejsze „suprapozycje", aż wreszcie udaje jej się dokładnie dopasować wszystkie szczegóły i obrazy wzajemnie uzupełniają się, „tworząc jedno, nowe Oblicze". Wyniki robią na ojcu Pfeifferze wielkie wrażenie, lecz nie do końca go przekonują.

Jednak list siostry Blandiny skłania jezuitę do złożenia pierwszej wizyty w Manoppello. Kiedy wchodzi głównym portalem do kościoła i spogląda na wiszące w monstrancji nad głównym ołtarzem „Święte Oblicze", nie dostrzega zupełnie nic. Padające od tyłu światło sprawia, że płótno wydaje się białe jak śnieg. „Wygląda jak Hostia – to pierwsza myśl, która przebiega mu przez głowę. – Jak czworokątna Hostia". Od tej chwili ojciec Pfeiffer uległ czarowi Oblicza jak krzyżowiec tęsknocie za Jerozolimą. Do dziś też uchodzi w Rzymie za *Apostolo del Volto Santo*, a w oczach wielu swych kolegów po fachu – za niepoprawnego fantastę i oryginała.

Być może prawdą jest i jedno, i drugie. Być może rzeczywiście potrzeba niezwykłej fantazji, by wyobrazić sobie to, co niewyobrażalne – a o czym będzie tu mowa. Tak czy inaczej spojrzenie na „czworokątną Hostię" stało się początkiem ostatniego wielkiego rozdziału pracy badawczej ojca Pfeiffera, a zarazem zaciekłych sporów i waśni. Ojciec Bulst nie był bowiem zachwycony faktem, że jego uczony współbrat, stawszy się zwolennikiem wątpliwych wyników badań nieznanej nikomu zakonnicy, zaczął ją rokrocznie odwiedzać w konwencie w Eifel. Wcześniej Werner Bulst i Heinrich Pfeiffer napisali wspólnie książkę o Całunie Turyńskim, która w krótkim czasie stała się klasycznym dziełem na temat relikwii. Właściwym autorem był ojciec Bulst, zaś ojciec Pfeiffer – krytycznym recenzentem. Potem postanowili przygotować następną książkę, w której role miały się odwrócić. Wobec majestatycznego wizerunku z Całunu Turyńskiego, obraz z Abruzji był dla ojca Bulsta czymś tak mało znaczącym, że nawet nie zamierzał osobiście jechać do Manoppello. Uznał, że wystarczą mu różnego rodzaju ekspertyzy, które kazał sobie przygotować. Tak oto stara przyjaźń dwóch kapłanów i uczonych zakończyła się pełną goryczy i złości wymianą listów, z różnego rodzaju zarzutami i wzajemnymi oskarżeniami, z natury towarzyszącymi kłótniom naukowców. W spór włączył się wreszcie sam generał jezuitów, jednak nawet on nie był w stanie pogodzić zwaśnionych przyjaciół. Ukazała się wprawdzie ich ostatnia wspólna książka, lecz profesor Bulst zdystansował się wobec niej „ze względu na absurdalne dziwactwa" współautora. Aż do śmierci darmsztadzkiego jezuity nie udało się przywrócić nie tylko starej przyjaźni, ale nawet zwykłego, koleżeńskiego szacunku i prawdziwego, naukowego dialogu pomiędzy sławnymi współbraćmi. Siostrze Blandinie, która nie chciała dać spokoju – jak sama mówiła – „upartemu starcowi", ojciec Bulst kategorycznie odpowiedział, że odkryta przez nią „suprapozycja" jest zwykłą „iluzją". Kiedy jednak w 1983 roku zmarł, okazało się, że całe jego biurko zarzucone było zdjęciami z Manoppello.

Aż do 1995 roku siostra Blandina nie miała możliwości osobiście obejrzeć Całunu. Zakon trapistek nie jest wspólnotą, w której można sobie z dnia na dzień – albo choćby na rok naprzód – kupić bilet na samolot do Włoch. Dopiero w październiku tego roku, kiedy zachorowała jej rodzona siostra, również trapistka, mieszkająca w jednym z włoskich klasztorów, siostra Blandina mogła wreszcie w towarzystwie ojca Pfeiffera i dwóch innych sióstr odwiedzić Manoppello. Na fotografii, zrobionej przed wyjazdem z konwentu trapistek w Vitorchiano koło Viterbo, siostra Blandina niemal fruwa z radości. „«Osobiste» spotkanie z Welonem wywoływało we mnie niebywałe podniecenie – zapisała później w swoim dzienniku. – Zazwyczaj nie stajemy oko w oko z przedmiotami, które wykraczają poza obszar naszego doświadczenia... Trudno sobie wyobrazić coś bardziej niepozornego niż ten mały, biały Całun". Jednak ów kawałek płótna zawiera w sobie niezwykłe orędzie. Siostra Blandina jest absolutnie przekonana, że od IV wieku cesarze i artyści posługiwali się tym wizerunkiem oraz obrazem z Całunu Turyńskiego – odbiciem Żyjącego i portretem Umarłego – jako dwoma „niepisanymi dokumentami" wiary chrześcijańskiej. Istnieją dwa – a nie jeden – pierwowzory autentycznych wizerunków Chrystusa. W swych badaniach siostra Blandina oparła się na znanym twierdzeniu, że dwie wielkości, które są równe trzeciej, muszą też być równe sobie nawzajem. Wniosek nasunął się sam: z obu obrazów patrzy na nas jeden i ten sam, prawdziwy „Pan". Jednak z tego samego powodu trapistka doskonale rozumie przyczyny gwałtownego sprzeciwu wobec obrazu z Manoppello: w porównaniu ze wzniosłym i tajemniczym cieniem na wizerunku z Turynu, „na wskroś ludzki", konkretny i osobowy wizerunek z Abruzji może budzić opór. Byłoby lepiej, gdyby był mniej wyraźny. A może chodzi o coś innego? Może wyobrażenie Boga żywego jest bardziej „gorszące" niż Oblicze Chrystusa w śmiertelnym spoczynku?

„Musiało minąć sto lat – mówi siostra Blandina – by naukowcy uznali fakt, że każdy szczegół na Całunie Turyńskim dokładnie odpowiada ewangelicznym opisom męki Chrystusa – nawet niewidoczny dla oczu nalot z pyłków roślin kwitnących wiosną na wzgórzach wokół Jerozolimy. To właśnie ojciec Bulst położył na tym polu największe zasługi.

Dlatego nie powinno nikogo dziwić, jeśli badanie autentyczności jeszcze bardziej kontrowersyjnego obrazu z Manoppello potrwa kolejne sto lat. Fakt ten nie może jednak zachwiać głębokim naszym przekonaniem o prawdziwości wizerunku".

Siostra Blandina Paschalis Schlömer OCSO ma do wypełnienia misję – lecz wielu jest takich, którym jej działalność jest nie w smak. Z drugiej jednak strony, z jej inspiracji powstało w Niemczech stowarzyszenie o hebrajskiej nazwie *Penuel*, któremu siostra zawdzięcza regularne wsparcie dla swoich wysiłków. Z tą samą niefrasobliwością, z którą kłusowała na terenach zarezerwowanych dla uznanych naukowców, również w Abruzji niemiecka trapistka wtyka swój nos w sprawy, które jej „nie dotyczą". Pewnego razu zajęła się na przykład kwestią braku toalet dla przyszłych pielgrzymów. Interweniowała także w sprawie dzwonów, które milczą, gdy powinny dzwonić. Z tego też względu w 2003 roku przełożona jej opactwa wyraziła zgodę, by siostra Blandina, zachowując wierność złożonym ślubom, wystąpiła ze wspólnoty zakonnej i zaczęła wieść życie pustelnicze. Zakonnica przeniosła się do Manoppello, gdzie zamieszkała w małym domku zbudowanym na stoku nad kościołem. Po raz kolejny ruszyła w nieznane. W środku lata stanęła ze swymi walizami przed kościołem „Świętego Oblicza". W wieku sześćdziesięciu lat zaczęła się uczyć włoskiego. Teraz dzień w dzień klęczy przed obrazem w całkowicie opustoszałym kościele kapucynów. Każdy, kto widzi, z jaką bezinteresowną ofiarnością siostra Blandina bada każdy nowy ślad, który odkrywa w padających na Całun promieniach światła, zaczyna się obawiać, z czego siostra się utrzymuje – bo przecież z pisania i sprzedaży ikon nie da się wyżyć. „Potrafisz udawać, że nie słyszysz, mawiał mój ojciec" – odpowiedziała, kiedy zacząłem się z nią przy jakiejś okazji spierać. Potrafi się też rozpraszać. Regularnie spóźnia się na mszę, jak to zresztą czyniła jeszcze w klasztorze (a ponieważ pełniła funkcję kantora, każde spóźnienie wywoływało wesołość innych sióstr). Zdarza się, że kiedy staje w drzwiach domku, by zejść po zboczu do kościoła, przypomina jej się, że powinna jeszcze przeprasować welon, schować do lodówki stojący na stole słoik miodu albo szybko sprawdzić jakiś ważny fragment w książce, zanim go zapomni. Ma bóle stawów i aby pokonać drogę z pustelni do kościoła i z powrotem, musi używać kul. A po drodze przytrafia się czasem, że nagle staje i zapomina o bożym świecie, zauroczona majestatycznym widokiem pokrytego śniegiem Gran Sasso. Czasami śmieje się jak młoda dziewczyna, a czasami denerwują ją nawet muchy na ścianie. Zdarza się, że jej oblicze jest jak otwarte okno, za którym przesuwają się ławice chmur. Jej chyże palce wysyłają długie jak epistoły SMS-y – zachowując wszystkie reguły ortografii, wszędzie gdzie trzeba stawiając przecinki i kończąc zdania kropkami. „Chrześcijaństwo to nie forma kultury, ideologia albo jakiś system wzniosłych zasad czy wartości. Chrześcijaństwo to Osoba. Chrześcijaństwo to Obecność. Chrześcijaństwo to Oblicze: Jezus Chrystus! Jan Paweł II – tak brzmi pierwsza z jej długich *short messages*, wysłana do mnie 8 czerwca 2004 roku. – Czy to nie odpowiedź na nasze pytania? Serdeczne pozdrowienia! Blandina". Cztery dni wcześniej Jan Paweł II zostawił to przesłanie europejskiej młodzieży na zakończenie spotkania w Bernie. – „Proszę powiedzieć, siostro, siostra jest przecież trapistką – zapytałem ją pewnego razu. – Czy to nie jest zakon z jedną z najściślejszych reguł milczenia?". Uśmiechnęła się. „Tak. I wciąż umiem milczeć". Trudno w to uwierzyć. Kiedy rozmowa schodzi na temat „Świętego Oblicza", siostra Blandina tryska słowami jak żywe źródło. Śmieje się na cały głos: „Nie ma pan pojęcia, jak wiele można powiedzieć, milcząc: oczami, czołem, nosem, zębami, rękami, nogami".

Kiedy odwiedziliśmy ją w czerwcu 2004 roku, Manoppello pachniało jaśminem. W nocy ogród hotelu „Pardi" był wypełniony diamencikami fruwających świetlików. Jeden zabłąkał się do naszej sypialni. Rano usiedliśmy wspólnie przed Całunem. Na zakończenie siostra Blandina zaintonowała *Salve Regina*, starożytną łacińską pieśń do Królowej Niebios; w jej czystym głosie wciąż było słychać echa dawnej przewodniczki klasztornego chóru. Gdy skończyła, zapytałem: „Co siostra czuje, gdy śpiewa – tu, patrząc w te niezwykłe oczy – *et Iesum nobis post hoc exilium ostende*? Kiedy siostra prosi Maryję: pokaż nam po tym wygnaniu Jezusa! Czy znaczy to, że gdy siostra patrzy w te oczy, kończy się dla siostry wygnanie?". Znów się uśmiechnęła: „Sama się ostatnio nad tym zastanawiałam, śpiewając ten wers". Nie wątpię, że Blandina jest szczęśliwa jak niewielu ludzi na tym świecie – i to przy całym zgorszeniu, jakie wywołała.

Pewnego dnia, po latach spędzonych na kolejnych eksperymentach z nakładaniem foliogramów Welonu z Manoppello na kopie Całunu Turyńskiego i po przeprowadzce z niemieckiego klasztoru do abruzyjskiej pustelni, jedna z sąsiadek przyniosła do domku siostry Blandiny dziesiąty tom prywatnych objawień niejakiej Marii Valtorty i otworzyła księgę na stronie 352. Maria Valtorta była włoską wizjonerką, którą można porównać do mistyczek niemieckich: Anny Katarzyny Emmerich i Teresy Neumann, lub Francuzki Marty Robin. Papież Pius XII tak wysoce cenił swą rodaczkę, że zarządził, by po jej śmierci wydano drukiem wszystko, co usłyszała jako słowa Jezusa. W owych czasach na znacznym obszarze Włoch „Święte Oblicze" z Manoppello było jeszcze zupełnie nieznane. Siostra Blandina zaczęła więc mozolnie przekładać na niemiecki to, co Maria Valtorta zapisała 22 lutego 1944 roku w Isola del Liri jako słowa Jezusa: „Moje ostatnie cuda uczyniłem w Jerozolimie dla pocieszenia mej Matki: były to cud Eucharystii oraz Chusta Weroniki... Welon Weroniki jest również ościeniem dla waszych sceptycznych dusz. Porównaj oblicze z Chusty z obliczem na Całunie grobowym. To pierwsze jest obliczem Żyjącego, drugie – Umarłego. Lecz długość, szerokość, właściwości fizyczne, kształt, wszystkie cechy są identyczne. Połóż jeden obraz na drugim i zobacz, jak sobie odpowiadają. To Ja jestem. Ja, który chciałem wam przypomnieć, kim byłem i czym się dla was z miłości stałem".

Chusta Weroniki

Obraz przy VI stacji drogi krzyżowej w Manoppello,
majolika, około 1960 roku

Prawdziwy wizerunek Chrystusa na delikatnej tkaninie,
który uzdrowił cesarza Tyberiusza.

Tak zwana „Chusta Weroniki" przechowywana jest
w Rzymie, w Bazylice Świętego Piotra, najważniejszej świątyni chrześcijaństwa. Najstarsze świadectwa na temat tego
tajemniczego obrazu sięgają VI wieku. Już wówczas mówiono
o portrecie Chrystusa na delikatnej tkaninie, „obrazie,
którego nie namalowała ludzka ręka". Najstarsze syryjskie
źródło podaje, że wizerunek został „zaczerpnięty z wody".
Nikt nie potrafił wyjaśnić, jak powstał tajemniczy obraz.
Najpóźniej w VIII wieku Chusta znalazła się w Rzymie.
Przez długi czas była przechowywana w kaplicy świętej Weroniki, w starożytnej, konstantyńskiej Bazylice Świętego Piotra,
wzniesionej w 705 roku przez Jana VII, jednego z ostatnich
przedstawicieli „epoki bizantyjskiej" papiestwa. I to właśnie
tu, w Rzymie, powstała w średniowieczu legenda o Weronice, za pomocą której próbowano wyjaśnić – nawet jeśli nie
każdego to wyjaśnienie przekonywało – niezwykłą naturę,
powstanie i pochodzenie owego *vera eikon*, „prawdziwego
obrazu" Chrystusa. Rok przed śmiercią Marcin Luter, pisząc
o „diabelskich matactwach rzymskich papieży", zanotował:
„Mówiąc o Weronice, utrzymują, jakoby było to prawdziwe
Oblicze naszego Pana, utrwalone na chuście. Tymczasem
jest to czworokątny kawałek zwykłej, czarnej deski, a na niej

kawałek jasnego lnu, który podnoszą w górę, kiedy ukazują Weronikę. A biedni prostaczkowie nie widzą nic poza kawałkiem jasnego lnu na czarnej desce". Słysząc „te bezwstydne kłamstwa", Luter nie potrafił dostrzec na relikwii żadnego wizerunku. Prawdopodobnie nie chciał go dostrzec.

Tak czy inaczej, od czasów średniowiecza uważano, że podczas drogi na Golgotę Jezus spotkał kobietę o imieniu Weronika, która miłosiernie otarła Jego zakrwawioną twarz i której wdzięczny Chrystus zostawił na chuście odbicie swego oblicza. W rozważaniach drogi krzyżowej na Wielki Piątek 2005 roku kardynał Joseph Ratzinger napisał, że w postaci tej kobiety ucieleśnia się pragnienie pobożnych Izraelitów – a wraz z nimi wszystkich wierzących – by ujrzeć Oblicze Boga, jak o tym mówi Psalm 27: „Szukam, o Panie, Twojego oblicza, swego oblicza nie ukrywaj przede mną". Według innej, dużo starszej legendy, Weronika, nie mogąc stale towarzyszyć Jezusowi, wyprosiła u Niego cudowny wizerunek. Po śmierci Jezusa chory cesarz Tyberiusz miał się dowiedzieć o cudownym obrazie i wezwać Weronikę do stolicy imperium, by za pomocą Chusty „wypędziła z jego głowy gniazdo os". Ta przybyła do Rzymu i kiedy tylko cesarz ujrzał obraz, został uzdrowiony. Przed śmiercią Weronika podarowała Chustę papieżowi Klemensowi, trzeciemu następcy świętego Piotra. W ten sposób obraz miał się znaleźć w Rzymie.

W innych źródłach niewiasta z Chustą występuje pod imieniem Berenike, jednak jakkolwiek byśmy ją nazwali, w Ewangeliach nie ma o niej ani słowa. Drogi krzyżowe, podczas których, począwszy od średniowiecza, chrześcijanie co piątek przemierzają czternaście „stacji", opłakując poszczególne cierpienia i śmierć Jezusa, sprawiły, że wzruszające spotkanie Weroniki ze skazanym na śmierć i umęczonym Mesjaszem zostało utrwalone na tysiącach obrazów i rzeźb, rozsianych w świątyniach całej Europy. Nie ma chyba na świecie katolickiego kościoła, w którym staroświecki lub nowoczesny obraz nie przedstawiałby postaci tej odważnej kobiety: słabej niewiasty, która pośród przemocy i gwałtu, na oczach oprawców i gapiów odważnie staje po stronie Ofiary. Do dziś panuje w Kościele głębokie przekonanie, że tej współczującej mieszkance Jerozolimy Jezus podarował swój prawdziwy wizerunek. Samo imię „Weronika" pochodzi zresztą od łacińsko-greckiej zbitki *vera eikon*: „prawdziwy obraz" lub „prawdziwa ikona"[3].

Jak wynika z osobistych zapisków Marca Polo, około 1350 roku Niccolò i Matteo Polo, ojciec i wuj wielkiego podróżnika, mieli z jednej ze swych podróży przywieźć ze Wschodu pierwszy w Europie kawałek azbestu. Był to dar władcy Mongołów, Kublaj Chana, dla papieża, mający chronić „Weronikę" na wypadek pożaru. *Tu es Petrus et super hanc petram aedificabo ecclesiam meam* – głosiły słowa Jezusa, wypisane złotymi literami na drogocennej szkatule: „Ty jesteś Piotr i na tej skale zbuduję mój Kościół". Sam azbest zaginął gdzieś w wirach dziejów. Położony w 1506 roku kamień węgielny pod budowę nowej Bazyliki Świętego Piotra zamierzano uczynić zarazem skarbcem, w którym miała być przechowywana najcenniejsza relikwia chrześcijaństwa. Świątynię budowano przeszło sto lat. Od tej pory Chusta leży w filarze Weroniki, chroniona grubym murem i skomplikowanym systemem pięciu zamków.

---

[3] Inne możliwe wyjaśnienie to *pherenike* – „niosąca zwycięstwo".

Wokół ołtarza znajduje się pięć masywnych kolumn, na których spoczywa kopuła bazyliki. Wewnątrz tego kręgu umieszczono cztery kunsztownie wijące się kolumny z brązu, podtrzymujące baldachim nad głównym ołtarzem świątyni, wzniesionym nad grobem świętego Piotra. Na te cztery kolumny zużyto cały brąz ze starożytnego Panteonu. Artyści z całej Europy ubiegali się o prawo uczestnictwa w budowie tego Bożego Pałacu. Każda z czterech kolumn została stworzona na wzór filarów podtrzymujących kopułę. Cztery górne balkony są ozdobione kolumnami, nad którymi można zauważyć jeszcze osiem podobnych, choć o wiele mniejszych, wijących się marmurowych filarów. Kiedyś nazywano je „kolumnami Salomona", ponieważ są to rzekomo części starożytnej Świątyni Jerozolimskiej. Orientalny marmur oplatają pędy winorośli z pełnymi gronami. Rzymianie przez długi czas utrzymywali, że zostały one zabrane ze Świątyni Jerozolimskiej i przywiezione do Rzymu przez cesarza Tytusa – wraz z siedmioramiennym świecznikiem z Przybytku i całym złotem świątynnego skarbca. Stało się to po zdobyciu i zburzeniu zbuntowanej stolicy Prowincji Judejskiej. Mają to być słupy, przy których stał Jezus, nauczając zebrane na placu świątynnym tłumy. To właśnie na nich wzorował się Gianlorenzo Bernini, tworząc kolumny podtrzymujące baldachim.

Filary otaczają więc nie tylko grób świętego Piotra, lecz również największe skarby, jakie poza szczątkami Apostoła znajdują się w posiadaniu rzymskiego papieża. Na jednej z kolumn – za ołtarzem, po prawej stronie – znajduje się wykonana z białego marmuru figura kobiety trzymającej wzniesiony ku górze krzyż. U jej stóp leży świeża róża. To cesarzowa Helena, matka cesarza Konstantyna Wielkiego, która w 324 roku odnalazła w Jerozolimie krzyż Chrystusa. Wraz z „prawdziwym krzyżem Chrystusa" cesarzowa przywiozła do Europy inne bezcenne relikwie: koronę cierniową, gwoździe, stół z wieczernika, a nawet kamienne schody z pałacu prokuratora Judei Poncjusza Piłata, po których skazany na śmierć Jezus zszedł chwiejnym krokiem, by wziąwszy na ramiona krzyż, udać się na miejsce kaźni. W miedzianym krzyżu, wieńczącym obelisk na Placu Świętego Piotra, do dziś znajduje się duży fragment odnalezionego przez Helenę oryginału. Inna część relikwii doznaje czci w Poitiers, jeszcze inna – w Jerozolimie. Najważniejszy i największy fragment przechowywany jest jednak tu, w Bazylice Świętego Piotra.

Na drugim filarze, naprzeciwko świętej Heleny, Bernini umieścił posąg rzymskiego setnika z włócznią. Rozwiane szaty wyrzeźbionej z kararyjskiego marmuru figury wykonane zostały z takim mistrzostwem, że postać sprawia wrażenie, jakby była odlana z miękkiego wosku. To Longinus, rzymski oficer, który potwierdził śmierć Chrystusa, przebijając włócznią Jego bok. Według starożytnych pism, ów żołnierz rzymskich wojsk okupacyjnych został potem jednym z pierwszych chrześcijan, a następnie sam został stracony ze względu na wyznawaną przez siebie nową wiarę. Jego lanca, zwana „Świętą Włócznią", odgrywała w średniowieczu ogromną rolę jako klejnot koronny i insygnium władzy królewskiej. Według tradycji, już Apostoł Juda Tadeusz zabrał relikwię z Jerozolimy, by przez Edessę przewieźć ją do małej miejscowości w Armenii, w okolice dzisiejszego Erewania, gdzie znajduje się słynny klasztor *Geghardavank*. W 1492 roku sułtan Bajasid podarował „Świętą Włócznię" papieżowi Innocentemu VIII. I choć jej ostrze znajduje się w Paryżu, powszechnie uznaje się, że to w Rzymie przechowywana jest „włócznia, która przebiła Chrystusa".

Po lewej stronie kolumny Longinusa znajduje się filar świętego Andrzeja, upamiętniający trzecią z najcenniejszych relikwii Watykanu. Andrzej był rodzonym bratem Piotra i tak jak on – oraz Jakub i Filip – pracował jako rybak nad jeziorem Genezaret. To właśnie Andrzeja Jezus powołał jako pierwszego z grona swych uczniów. W 1208 roku szczątki Apostoła przeniesiono do Amalfi, a w 1462 roku jego czaszka znalazła się w Rzymie, gdzie pozostała przez następne czterysta lat. Papież Paweł VI zwrócił relikwię Grekom. Umieszczono ją w świątyni w Patras, portowym mieście, w którym Apostoł został w 60 roku stracony.

Jednak kości czy włócznię można podmienić – w całości lub części; podobnie kawałki starego drewna, o którym mówi się, że pochodzą z krzyża Chrystusa. Największe relikwie niejako z natury otacza aura podejrzeń o fałszerstwo. Podejrzenia te nie dotyczą jednak czwartej, a może raczej pierwszej i najważniejszej z przechowywanych w Bazylice Świętego Piotra relikwii chrześcijaństwa: „Chusty Weroniki". „Prawdziwego Oblicza" nie da się sfałszować. O randze tego obrazu świadczy najlepiej fakt, że właśnie pod czwartym filarem ołtarza papież Juliusz II 18 kwietnia 1506 roku umieścił kamień węgielny pod budowę nowej bazyliki. Donato Bramante przekształcił potem wnętrze kolumny w najbezpieczniejszy skarbiec Watykanu, odpowiadający randze przechowywanej w nim relikwii. Nie zburzono jeszcze starej, pochodzącej z czasów Konstantyna bazyliki, a kolumna przeznaczona na skarbiec – jako pierwsza z czterech – już była gotowa. Planowano, że będą tu przechowywane wszystkie cztery relikwie. „Prawdziwy Obraz Chrystusa" zasługiwał na najwspanialszy z kościołów „Stolicy Świata" – zwłaszcza, że muzułmanie dla jednego włosa z brody Proroka wznieśli w Kairze wspaniały meczet Al-Hussein.

Sancta Veronica Ierosolymitana głosi napis na potężnej kolumnie: „Święta Weronika Jerozolimska". Z umieszczonego wyżej portretu spogląda Mateusz Ewangelista, który tak przejmująco opisał pogrzeb Jezusa: Marię z Magdali, siedzącą „naprzeciw grobu", i Józefa z Arymatei, oddającego ciało Jezusa ziemi, z której został wzięty. Nad inskrypcją kobieta z marmuru trzyma w rękach Welon z wizerunkiem twarzy Chrystusa. Mogliśmy ją podziwiać, kiedy 18 kwietnia kardynał Ratzinger przewodniczył mszy świętej rozpoczynającej konklawe. Francesco Mochi wyrzeźbił posąg w 1646 roku, jednak nigdy nie był on tak sławny jak dziś, kiedy figura nad zatroskanym kardynałem stała się milczącym, marmurowym proroctwem. Porywisty wiatr rozwiewa szatę kobiety i Całun w jej dłoniach – jak Duch Święty, który znów wkracza w dzieje Kościoła, niczym w święto pierwszej Pięćdziesiątnicy, aby ponownie przemówić językiem zrozumiałym dla całego świata. Łacińska inskrypcja głosi: *SALVATORIS IMAGINEM VERONICAE SUDARIO EXCEPTAM UT LOCI MAIESTAS DECENTER CUSTODIRET URBANUS VIII PONT MAX CONDITORIUM EXTRUXIT ET ORNA-*

VIT ANNO IUBILEI MDCXXV – „Dla godnego zachowania majestatu obrazu Zbawiciela, odbitego na Chuście Weroniki, papież Urban VIII wybudował i ozdobił to miejsce w roku jubileuszowym 1525". Urban VIII – wcześniej kardynał Maffeo Barberini – to twórca barokowego Rzymu i szczodry mecenas Berniniego. Nad inskrypcją znajduje się *loggia*. Piętro wyżej aniołowie trzymają Całun z Obliczem Chrystusa, również z marmuru. Zwieńczeniem arcydzieła są figurki aniołów w złotej apsydzie, trzymające pofałdowany transparent; z trudem i tylko przez lornetkę mogę odczytać widniejący na nim fragment Psalmu 45: *VULTUM TUUM DEPRECABUNTUR* – „Z pokorą uciekają się do Twego oblicza"[4].

Do czasu wybudowania nowej Bazyliki Świętego Piotra to właśnie Chusta Weroniki ściągała do Rzymu rzesze pielgrzymów. Relikwia była oczywiście źródłem wielkich dochodów. W ciągu każdego roku jubileuszowego w każdy piątek i we wszystkie święta, a potem także w każdą niedzielę i przez cały Wielki Post wynoszono obraz przed kościół i ukazywano oczom wiernych. W roku 1450 napór pielgrzymów był tak wielki, że na Moście Aniołów doszło do tragedii, która pochłonęła życie stu siedemdziesięciu dwóch ofiar. Do Rzymu pielgrzymowano wówczas nie ze względu na papieży, lecz po to, by ujrzeć Oblicze niewidzialnego Boga. W tamtych czasach pielgrzymi wracający z Jerozolimy zdobili się gałązkami palmy, zaś znakiem rozpoznawczym pielgrzymów do świętego Jakuba w Composteli do dziś pozostała

---

⁴ W przekładzie Biblii Tysiąclecia: „Możni narodów szukają Twych względów" (Ps 45,13).

muszla. Rzymscy pielgrzymi, wracając do ojczyzny, przypinali sobie do peleryny małe obrazki z Całunem Świętej Weroniki Jerozolimskiej, *Sancta Veronica Ierosolymitana*. Kopiści obrazu Weroniki byli w Rzymie oddzielną grupą zawodową, na tyle liczną i znaczącą, że tworzyli własną gildię. Od czasu jednak, gdy wzniesiono nową bazylikę, można odnieść wrażenie, jakby świątynia połknęła sławny filar wraz z ukrytą w nim najcenniejszą relikwią chrześcijaństwa.

Zaryglowane wrota

Inskrypcja w fundamentach kolumny świętej Weroniki w Bazylice
Świętego Piotra w Rzymie, pierwsza połowa XVII wieku

Bezowocne próby zobaczenia relikwii i śledztwo
w sprawie obrazu, który można zobaczyć tylko raz
do roku i tylko z daleka.

Niestety nie dysponujemy żadną fotografią Chusty Weroniki. To tak jakbyśmy nie mieli żadnego zdjęcia Całunu Turyńskiego, który przecież, poczynając od 1898 roku, był wielokrotnie fotografowany przez najlepszych fachowców w tej dziedzinie. Można wręcz powiedzieć, że nowożytne dzieje Całunu rozpoczynają się wraz z narodzinami fotografii, która pozwoliła stwierdzić, że odbity na nim „obraz" jest negatywem fotograficznym. Zwykły śmiertelnik nie może z bliska obejrzeć Chusty Weroniki – w odróżnieniu od Całunu Turyńskiego. Zbliżyć się do relikwii mogą tylko kanonicy Bazyliki Świętego Piotra. Dlatego wiosną 2004 roku zwróciłem się do kardynała Francesca Marchisano, wikariusza generalnego Watykanu i archiprezbitera Bazyliki Świętego Piotra, z zapytaniem, czy w związku z przygotowywanym przeze mnie artykułem na temat ukrytej w kolumnie relikwii nie mógłbym jej osobiście obejrzeć. 31 maja 2004 roku nadszedł utrzymany w przyjaznym tonie list z sekretariatu kardynała. Dostojny kanonik napisał w nim, że bardzo chciałby mi przekazać pozytywną odpowiedź, lecz niestety musi mnie z przykrością zawiadomić, że „z biegiem lat obraz bardzo wyblakł". Do listu załączono obszerny artykuł Daria Rezzy, innego kanonika Bazyliki Świętego Piotra, który w 2000 roku opisał dzieje Chusty, wspominając przy tej okazji, że obraz od dawna przechowywany jest w górnej części kolumny świętej Weroniki. W artykule bardzo szczegółowo opisano to, co jeszcze widać na obrazie: „zarys męskiego oblicza o wymiarach 13 na 25 centymetrów. Na ciemnym tle, w górnej części obrazu widać kilka brązowych plam, które można uznać za czoło i zarys włosów. Analogicznie na dole znajdują się trzy utrzymane w tym samym kolorze plamy, które przypominają brodę". Autor pisze ponadto, że natura i pochodzenie „ikony" wciąż stanowią tajemnicę, a dzieło z pewnością należy wiązać z tradycją „obrazów, których nie namalowała ludzka ręka".

Spodziewałem się podobnej odpowiedzi. W ramach obchodów ogłoszonego przez Jana Pawła II Roku Jubileuszowego Biblioteka Watykańska zorganizowała w Rzymie wystawę, na której zgromadzono wszystko, co miało związek z tematem ekspozycji zatytułowanej: „Oblicze Chrystusa". Nie pokazano jednak przy tej okazji przechowywanego w kolumnie świętej Weroniki najważniejszego obrazu Chrystusa. Fakt ten nie wywołał zresztą wielkiego zdziwienia. Wielowiekowe milczenie zaowocowało zapomnieniem i obojętnością. Nawet kiedy krótko przed wybuchem wojny trzydziestoletniej polska królowa Konstancja poprosiła papieża Piusa V o kopię obrazu, cały rok zwlekano z odpowiedzią, by wreszcie w 1617 roku przekazać rzeczoną kopię wraz z przeprosinami za zwłokę: „ponieważ długo zastanawialiśmy się, w jaki sposób spełnić Twe pobożne życzenie. Musisz bowiem wiedzieć, że nie możemy tego dzieła zlecić zwykłemu malarzowi. Tylko kanonik czcigodnej bazyliki może wejść do skarbca, w którym przechowywana jest drogocenna relikwia". Wreszcie znaleziono jednak odpowiedniego kandydata, który – jak sam napisał w załączonym do obrazu liście – bardzo jest kontent z ostatecznego efektu swych zabiegów. Obraz – jak pisze – jest niemal identyczny z oryginałem. Fakt ten można zresztą dziś potwierdzić w skarbcu wiedeńskiego zamku Hofburg. Dzieło odnalazł i zidentyfikował angielski pisarz Ian Wilson. On też odkrył imię autora kopii: Pietro Strozzi, szlachcic florencki. W ciężkich, złotych ramach – i na wzór ikon pokryty złotą blachą – obraz ukazuje cień Świętego Oblicza: dwoje oczu, długi nos i usta. Aby dostrzec zarys wizerunku, trzeba się dokładnie przyjrzeć. Mimo to widać wyraźnie, że oczy są zamknięte! Warto w tym miejscu wspomnieć, że kiedy powstawał obraz, w Europie zaczynała się właśnie epoka geniuszy. W XVII wieku pojawili się artyści i myśliciele tej klasy, co Rembrandt i Rubens, Bernini i Cervantes, Kartezjusz i Szekspir, Galileusz i Newton. Dobra kopia to absolutne minimum, jakiego należałoby oczekiwać od tej epoki.

Wkrótce potem papież Urban VIII zakazał wykonywać kopie Weroniki. Nie znaczy to jednak, że oryginał zniknął z Watykanu; oznacza to tylko, że nikt nie mógł go już oglądać. W 1849 roku miało jednakże dojść do jeszcze jednego cudu. Całun sam z siebie zabarwił się i przez trzy godziny ukazywał „cień Boskiego Oblicza" Chrystusa: „było ono trupioblade, z zapadniętymi oczami i wyrazem głębokiej udręki". Sto pięćdziesiąt lat temu, z okazji ogłoszenia dogmatu o Niepokalanym Poczęciu Maryi, papież Pius IX kazał umieścić przechowywaną w ukryciu relikwię na głównym ołtarzu Bazyliki Świętego Piotra. Chusta była wystawiona na widok publiczny przez pięć dni, od 3 do 7 grudnia 1854 roku. Nie zachowały się niestety żadne zdjęcia ani opisy tej wyjątkowej ekspozycji. W 1892 roku flamandzki historyk sztuki Andreas de Waal otrzymał zgodę na obejrzenie i fachowe opisanie Weroniki. Sporządzona przez niego opinia zachowała się do naszych czasów: „Całe płótno pokrywa złota płyta (31 na 20 centymetrów), odkryte jest tylko Oblicze. Można rozpoznać zarys oczu, nosa i ust, nic więcej. Jedynie wyżej widać brązową plamę, zapewne włosy. Broda to dwie, tej samej barwy, szpiczaste plamy; również na policzku znajduje się brązowa plama".

Przed osiemdziesięciu laty niemiecka pisarka Gertrud von Le Fort napisała powieść, której punktem wyjścia był moment dorocznego błogosławieństwa relikwią: *Das Schweißtuch der Veronika* („Chusta Weroniki"). Na stronie 199 autorka krótko, w dwóch wersach, opisuje to wydarzenie: „Usłyszałam dochodzący z balkonu dźwięk dzwonków i ujrzałam jasny blask kapłańskich szat; podniesiono w górę tajemniczy przedmiot, lecz niczego na nim nie dostrzegłam. – «Wstań! – napomniała babcia swą wnuczkę. – Nawet nabożna cześć nie usprawiedliwia klękania, jeśli nie wiesz, przed czym klękasz»".

Nie wiem, jak często po przeczytaniu tej – napisanej dość trudnym językiem – powieści przychodziłem i stawałem u wejścia do kolumny świętej Weroniki. Mieszkam w pobliżu Bazyliki Świętego Piotra i siedząc przy biurku, doskonale słyszę jej dzwony. Tam, gdzie w 1920 roku Gertrud von Le Fort „niczego nie dostrzegła", dziś wyraźnie widać, że od pięciuset lat istnieje w Watykanie zwyczaj raczej ukrywania niż ukazywania „Prawdziwego Oblicza", owego magnesu, który aż do połowy ubiegłego tysiąclecia przyciągał do Rzymu rzesze pielgrzymów.

„Dlaczego nikt nie może z bliska obejrzeć watykańskiej Weroniki?" – zapytałem pewnego wieczora profesora Brandmüllera. Siedzieliśmy w jego biurze, z którego okien rozciągał się cudowny widok na cały Watykan. Czcigodny *monsignore*, kanonik Bazyliki Świętego Piotra, wzruszył ramionami i potarł wskazującym palcem czubek nosa, po czym oparł brodę na dłoni i podniósł brwi. Podobną odpowiedź otrzymałem na pytanie, dlaczego nie istnieje żadne zdjęcie relikwii. Przewodniczący Papieskiego Komitetu Nauk Historycznych okazał się jednak niezwykle uprzejmy i usłużny. Już wiosną powiedział mi, że Całun z Manoppello nie może być prawdziwą Chustą Weroniki. Dlaczego? „Osobiście oglądałem to płótno – odpowiedział. – Wyraźnie widać, że jest to malowidło". Gdy zapytałem, kiedy Weronika zostanie wystawiona na widok publiczny, sięgnął po słuchawkę telefonu – „Żebym nie dał panu błędnej odpowiedzi" – i wybierając odpowiedni numer, przedarł się przez pałacowy labirynt kabli na drugą stronę ulicy. Już słysząc słowa wypowiadane przez *monsignore* do słuchawki, zrozumiałem, że relikwia nadal jest co roku wystawiana nad *loggią* filaru Weroniki – podczas nieszporów piątej niedzieli Wielkiego Postu; poczynając od tego nabożeństwa, przez całe dwa tygodnie w codziennej liturgii wspominana jest Pasja Chrystusa. W żadnym ze znanych mi przewodników po Watykanie nie było na ten temat najmniejszej choćby wzmianki. Czy wystawieniu Weroniki towarzyszy jakaś specjalna oprawa liturgiczna? Owszem, ale nie chodzi przecież w tym momencie o śpiewane przy tej okazji pieśni. Również mój rozmówca dostąpił już zaszczytu błogosławienia relikwią; słyszałem o tym kilka lat wcześniej, zanim jeszcze się dowiedziałem, o co właściwie w tej uroczystości chodzi. Już w czasie naszej pierwszej rozmowy – w kwietniu – profesor Brandmüller wyjaśnił mi, że „w żadnym wypadku" nie ma szans, bym obejrzał obraz z bliska, ale bynajmniej nie mam czego żałować, bo nie widać na nim nic poza ogólnym zarysem twarzy. Żeby dotrzeć do obrazu, trzeba by uruchomić cały skomplikowany aparat watykańskiej biurokracji.

„Nie, obrazu nie namalowano na drewnie, lecz na lnianym płótnie, na którym nie widać żadnych barw".

„Widział ksiądz obraz na własne oczy?".

„Owszem, wiele razy" – powiedział cichym, łagodnym głosem.

„Jak wygląda?".

„To po prostu jedna wielka ciemna plama!".

Oczy otwarte – oczy zamknięte

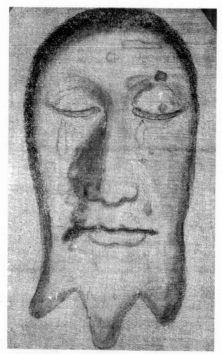

Autoryzowana przez papieża Grzegorza XV kopia „nowej" watykańskiej Weroniki, namalowana między 1621 a 1623 rokiem dla księżnej Sforzy. Dziś w zakrystii jezuickiego kościoła Il Gesù w Rzymie

Uzasadnione podejrzenie: poszlaki wskazujące
na możliwość kradzieży najcenniejszej relikwii
chrześcijaństwa i ślady trwających cztery stulecia
prób zatuszowania sprawy.

W starych opisach Weroniki próżno by szukać określeń typu: „ciemna plama". To samo dotyczy innych rzymskich obrazów Chrystusa, wykonanych zapewne na wzór oryginału albo jego bezpośrednich kopii. Z książek porozkładanych przy moim biurku i w kątach gabinetu dowiedziałem się, co następuje: Być może najstarsze dzieło malarskie, na którym Weronika ukazana jest jako Chusta lub Całun rozpięty na ramie, pochodzi z trzynastowiecznego, bogato ilustrowanego rękopisu. Jedna z ilustracji przedstawia papieża Innocentego III, ukazującego wiernym Biblię i Całun. Widzimy na nim łagodne oblicze brodatego mężczyzny z lokami na skroniach, charakterystycznym wąskim nosem i przedzielonymi na środku włosami, przykrywającymi szyję i uszy. Mężczyzna ma otwarte oczy. Za obrazem znajduje się czarne tło (tak aby wizerunek był lepiej widoczny). Papież trzyma obraz i Biblię na tej samej wysokości. Równie wyraźnie widać portret na rzymskich drzeworytach z lat 1475, 1489 i 1494. Zawsze jest to ta sama, łatwa do zidentyfikowania twarz – i zawsze z otwartymi oczami. Otwarte oczy Jezus ma również na wszystkich oficjalnych kopiach, które namalowane w XV wieku w Rzymie, krętymi drogami zawędrowały do Hiszpanii, gdzie przechowywane są w jednym z klasztorów na wybrzeżu Morza Śródziemnego (*Santa Faz*, „Święta Twarz") oraz w katedrze *Jaén* na północ od Sierra Morena (*Santo Rostro*, „Święte Oblicze"). Są to wyraźne portrety o tych samych wymiarach i proporcjach oraz tym samym przenikliwym spojrzeniu, skierowanym wprost w oczy obserwatora.

W Rosji, w petersburskiej Akademii Chrześcijańskiej, przechowywany jest prastary „wzorzec", z którego artyści piszący ikony mieli się uczyć, jak należy przedstawiać prawdziwe Oblicze Chrystusa: frontalne ujęcie obramowanej włosami twarzy z rzadką brodą, wyraźnym nosem, przenikliwym spojrzeniem i z małym kosmykiem opadającym na środek czoła. 11 września 2001 roku kupiłem na jerozolimskiej *Via Dolorosa* przepiękną, dokładnie odpowiadającą temu wzorcowi rosyjską ikonę, na której dwaj aniołowie trzymają za rogi orientalną chustę. Pisząc te słowa, mam ją przed oczami. Przez otwarte okno wpadła do pokoju biedronka i pełznie w stronę obrazu.

Zachodnią – choć wcale mnie mniej wymowną – wersję wizerunku ujrzałem pewnego deszczowego popołudnia w pobliżu mojej starej szkoły, we frankfurckim Städel-Museum. Natychmiast sfotografowałem dzieło, które wyszło spod pędzla Roberta Campina, żyjącego na przełomie XIV i XV wieku „Mistrza z Flémalle". Namalowany na bukowej desce wizerunek zamiast aniołów przedstawia wytworną dworzankę – w obcisłej, czerwono-zielonej szacie z błękitnymi rękawami – która koniuszkami palców trzyma górne rogi Całunu, ukazując widzowi Oblicze Chrystusa. Każdy paznokieć i każda linia na dłoni została oddana przez malarza z prawdziwym mistrzostwem. Delikatne odbicie twarzy na

Chuście stosuje się do ogólnych reguł obowiązujących w odniesieniu do portretów Chrystusa: włosy i broda, zakryte uszy i szyja, wyraźny nos. Skóra i włosy mają barwę kasztanową, jak stara orientalna tkanina. Przez delikatny jak pajęczyna materiał przebiegają cztery ostre zagięcia. Przede wszystkim jednak „Mistrz z Flémalle" dokonał rzeczy technicznie prawie niemożliwej. Na przejrzystym Całunie widnieje ciemne Oblicze. Tkanina Całunu jest jeszcze wspanialsza i jeszcze delikatniejsza niż precyzyjnie namalowany w tle brokat. Materiał – poza Obliczem Chrystusa – jest całkowicie przezroczysty. Jest to prawdziwe arcydzieło – choć nie jedyne tego rodzaju, ponieważ Weronikę malowali również Jan van Eyck, Hans Memling, Roger von Weyden, Mantegna, Dirk Bouts, Israhel von Meckenhem oraz anonimowy „Mistrz od świętej Weroniki" z Kolonii. Z motywem tym próbowali się mierzyć wszyscy wielcy malarze późnego średniowiecza – i żaden z nich nie namalował Oblicza Chrystusa w postaci „wielkiej ciemnej plamy"; i u wszystkich Chrystus ma otwarte oczy.

Tym, co ożywia twarz, są zawsze oczy. One też nadają żywej twarzy niepowtarzalny wyraz. „Proszę za mną – powiedziała siostra Blandina podczas jednej z moich wizyt – muszę pana oprowadzić po muzeum świata. Tu może pan studiować spojrzenie Chrystusa jak w żadnym innym miejscu". Podeszła do regału z książkami i zdjęła z najwyższej półki wspaniały włoski album: *Un Volto da contemplare* („Oblicze do kontemplacji"). „Tutaj też może pan zobaczyć, że aż do początku XVII wieku wszyscy najwięksi malarze Europy, portretując Chrystusa, wzorowali się na tym samym modelu. Jednak każdy z nich był w stanie oddać i utrwalić tylko jeden aspekt tego Oblicza, nigdy – cały obraz. Żadnemu z mistrzów nie udało się wykonać doskonałej kopii – siostra Blandina otworzyła księgę, jak drzwi wielkiego pałacu z tysiącem komnat. – Proszę spojrzeć: Cimabue z XIII wieku; proszę zwrócić uwagę na oczy, loki i brodę, kolor włosów! Albo na władcze spojrzenie u Masaccia, dwieście lat później; ten sam kolor oczu, podkreślone białka, układ włosów – przewracała kolejne kartki albumu. – Albo tutaj, Bellini z Wenecji, znowu czterdzieści lat później. Wygląda, jakby próbował skopiować «Święte Oblicze» z owym niewinnym, zdziwionym spojrzeniem, na wpół otwartymi ustami, rzędem zębów i rzadką, młodzieńczą brodą. Można odnieść wrażenie, że Bellini za pomocą pędzla wyraził słowa proroka Izajasza: «Po udrękach swej duszy ujrzy światło». Albo ten portret Antonella da Messiny z Londynu, współczesnego Belliniemu. To inna, nie mniej wspaniała interpretacja tego samego obrazu: z lokiem na czole, delikatnym zarysem włosów, brody, kolorem oczu oraz tym pełnym dobroci i pokoju, emanującym spokojem i błogosławieństwem spojrzeniem! Albo proszę spojrzeć na Tycjana z 1516 roku i ostatni obraz Rafaela, po którego ukończeniu artysta odszedł z tego świata – w Wielki Piątek 1520 roku. Widzi pan? To jest ciągle ten sam obraz. Widzi pan kolor oczu u Tycjana? Delikatne, kobiece brwi i rzadką brodę – i to badawcze, zamyślone, spokojne spojrzenie? A tuż obok wersja Rafaela – z typowym spojrzeniem i innymi szczegółami «Świętego Oblicza». Albo Weronika Hieronima Boscha z flamandzkiego Gent: proszę spojrzeć! Jezus niesie krzyż przez tłum prześladowców; ma spuchnięty policzek i zamknięte oczy, jak na Kalwarii. Poznaje pan? Przez ten sam tłum przeciska się kobieta niosąca jak skarb odbity na chuście portret tegoż Jezusa – z otwartymi oczami! Albo tutaj, kolejne sto lat później, asymetryczna twarz u El Greca z katedry w Toledo! Ten smutek, ta *mestizia* jego tonącego w ciszy spojrzenia. Wydaje się, że całe oko to źrenica. Albo ów majestat w spojrzeniu Chrystusa spod ręki Andrieja Rublowa w Moskwie! Te wszechwiedzące, miłosierne oczy! Wszystkie te obrazy powstały przed rokiem 1610".

Wyjąłem księgę z rąk Blandiny i sam zacząłem ją kartkować. „Skończę, bo mogłabym panu do rana pokazywać niezliczone reprodukcje. Wszystko to są oszałamiające arcydzieła, a mimo to żadne z nich nie zbliżyło się do pełni oryginału. W każdym został uchwycony tylko wycinek całości. Każdy z mistrzów wyczarowuje tylko jeden, za każdym razem inny aspekt. «Mierni artyści naśladują detale – usłyszałam kiedyś z ust ojca Pfeiffera. – Wielcy naśladują duszę». Jeśli jednak chodzi o obraz Chrystusa, nawet najwięksi są w stanie imitować jedynie szczegóły. Nie da się jednak nie zauważyć faktu, że mistrzowie ci najbardziej zafascynowani są owym niemożliwym do skopiowania spojrzeniem. Na żadnym ze znanych mi portretów oczy nie odgrywają tak wielkiej roli".

W gęstej plątaninie uliczek i zaułków rzymskiej *Trastevere* kryje się prastary kościół, w którym jak w soczewce można dostrzec to wszystko, co siostra Blandina powiedziała w swoim krótkim wykładzie – lecz tylko wtedy, gdy uda się przekonać przełożoną opactwa *Santa Cecilia*, by otworzyła zamkniętą zwykle galerię. W sąsiedztwie kościoła znajdują się domki, zamieszkane nieprzerwanie od 1600 roku. To w tym klasztorze hodowane są baranki, z których wełny tka się paliusze

– noszone przez metropolitów szarfy, mające im przypominać o zagubionych owieczkach, których Dobry Pasterz szuka na pustyni, a znalazłszy bierze na ramiona i przynosi do stada. Na galerii swej małej bazyliki przełożona i jej siostry przechowują szczególny skarb. Z całego świata przybywają tu pielgrzymi, by podziwiać namalowane na starym murze pierzaste skrzydła aniołów – pochodzący z XIII wieku fresk Pietra Cavalliniego. Jednak jeszcze bardziej poruszający jest umieszczony w centrum obrazu portret Chrystusa na karminowym tle: z delikatnymi brwiami, uszami, które znikają pod falą włosów, z rzadką brodą, maleńkim kosmykiem włosów na środku czoła, z długim, wyrazistym nosem, spuchniętym prawym policzkiem, półotwartymi ustami, wielkimi, pełnymi wyrazu oczami z wyraźnymi białkami poniżej źrenic. To Człowiek z Manoppello, ten sam, który od chwili, gdy narodziło się chrześcijaństwo, pojawia się na niezliczonych obrazach – w VIII, IX, X, aż do XVII wieku.

Dlatego również na tytułowej stronie pochodzącej z 1618 roku księgi widzimy to samo Oblicze Chrystusa: małą Weronikę, wielkości medalionu; dokładnie taką, jak na malowanych przez stulecia obrazach. *Opusculum de Sacrosancto Veronicae Sudario* – brzmi tytuł pisma: „Małe dziełko o najświętszej Chuście Weroniki". Jest to pedantyczny spis inwentarzowy Bazyliki Świętego Piotra, autorstwa rzymskiego notariusza Jacopa Grimaldiego. Na zlecenie papieża *dottore* Grimaldi miał przed rozpoczęciem budowy nowej bazyliki jeszcze raz utrwalić na piśmie zasoby i miejsce przechowywania poszczególnych skarbów świątyni. *Opusculum...* i inne pisma Grimaldiego, wraz z zawartymi w nich opisami i dokładnymi szkicami, stanowią nieocenione źródło wiedzy na temat zgromadzonych w starej bazylice relikwii. Nic dziwnego, że wkrótce zaczęto kopiować *Dziełko*.... Na przykład w Bibliotece Narodowej we Florencji znajduje się piękny, datowany na rok 1620, odpis księgi, w którym „Święte Oblicze" zostało naszkicowane jeszcze subtelniej: z otwartymi oczami, rozpuszczonymi włosami i szczerym wyrazem twarzy. Inną, pochodzącą z roku 1635, kopię *Opusculum*... można uznać za znak nadzwyczajnego, wręcz radykalnego przełomu w sposobie przedstawiania Weroniki. 18 listopada 1626 roku papież Urban VIII poświęcił nową bazylikę. Jednak nie budowa nowej świątyni, lecz nowy obraz Chrystusa i Boga jest najbardziej rewolucyjnym wydarzeniem tego okresu. W pewnym sensie był to dla chrześcijaństwa przełom większy niż reformacja, nawet jeśli dopiero dziś uświadamiamy sobie jego wagę. Otóż w roku 1635 strona tytułowa jednego z odpisów *Opusculum*... ukazuje nagle w tych samych ramach Weroniki zupełnie inne Oblicze Chrystusa!

W odpisie tym, wykonanym przez niejakiego Francesca Speroniego, poza obrazem wszystko pozostało jak w oryginale – ten sam tekst i te same symbole: kogut, kolumna, bicz, krzyż, gwoździe, słońce, tablica z krzyża, gąbka, korona cierniowa, kości do gry, księżyc, szata, włócznia, drabina, cęgi, młotek. W obu wydaniach po lewej i prawej stronie obrazu Chrystusa fruwają maleńkie – niczym kolibry – sześcioskrzydłe Serafiny. Trudno sobie jednak wyobrazić dwie bardziej niepodobne twarze. Oba teksty mówią o „świętej Chuście Weroniki", jednak nie ulega wątpliwości, że Jacopo Grimaldi i Francesco Speroni kopiowali różne modele – pierwszy w roku 1618, drugi w 1635. Oto bowiem nagle w miejsce żywego człowieka pojawiają się zwłoki. W 1635 roku Francesco Speroni naszkicował czerwoną kredką niemal ordynarną, nieproporcjonalną twarz zmarłego: z szerokim nosem, mięsistymi wargami, ranami na czole i zamkniętymi oczami. Tę samą twarz znajdujemy na kopii, którą w 1617 roku papież Paweł V kazał wykonać dla polskiej królowej Konstancji: ten sam nos w kolorze ziemniaka, te same zamknięte oczy, te same wygięte usta. A zatem również Jacopo Grimaldi w 1618 roku musiał szkicować z pamięci – albo strona tytułowa jego dzieła powstała wcześniej, przed rokiem 1617. Grimaldi i watykański kopista nie mogli używać tego samego wzoru, skoro pierwszy namalował oblicze Żyjącego, a drugi – Zmarłego.

Od tego jednak momentu prawie wszystkie kopie wykonywano według wzoru z zamkniętymi oczami; dopóki rzecz jasna w ogóle nie zakazano kopiowania Weroniki. Matkę wszystkich tych kopii mogliśmy obejrzeć w jezuickim kościele *Il Gesù* w rzymskim *Centro Storico*, gdy pewnego słonecznego popołudnia uprzejmy jezuita wyjął specjalnie dla nas obraz ze stojącej w zakrystii pancernej szafy. *Il Gesù* to prawdziwa perła wśród kościołów Rzymu, a zarazem pierwowzór wielu barokowych świątyń w całej Europie. Tu pogrzebano świętego Ignacego z Loyoli, baskijskiego założyciela Towarzystwa Jezusowego. Jego nagrobek w bocznej kaplicy, po lewej stronie kościoła, jest bardziej okazały od nagrobków niektórych faraonów. W sąsiednim domu mieści się jego rzymski pokój – w takiej postaci, w jakiej go zostawił, odchodząc z tego świata: ubogi jak cela japońskiego mnicha zen. Nad głównym ołtarzem kościoła połyskują trzy złote litery IHS, otoczone wieńcem promieni – monogram Jezusa, który Ignacy uczynił pieczęcią Towarzystwa Jezusowego, budząc zresztą w ten sposób podejrzliwość „starych" zakonów. Nic dziwnego, że właśnie w tej świątyni znajduje się jeden z najcenniejszych wizerunków Jezusa – nawet jeśli nie jest wystawiony na widok publiczny, lecz przechowywany w stojącej w zakrystii pancernej szafie.

Patrzę, jak ojciec Daniel wyjmuje obraz z wielkiej koperty i kładzie go na stole pod oknem. Na użytek fotografii, które zamierzam wykonać, kładzie obok miarkę. Przyglądam się zarysowi pozbawionej włosów i brody męskiej twarzy z zamkniętymi oczami, namalowanej na rozciągniętym na drewnie jedwabiu. Obraz ma wielkość 20 na 31 centymetrów, rogi są odcięte. Opuszczone, pozbawione rzęs powieki kopista naszkicował na płótnie cienką kredką – w postaci dwóch łuków. Prawą powiekę dodatkowo otoczył czerwonym kolorem. Obraz nie ma nic wspólnego ze starymi portretami Chrystusa. Szerokie usta są zamknięte. Pod oczami zaznaczono na czerwono krwawe łzy. Artysta zapomniał o mocnym cieniu po lewej stronie nosa. Cała twarz jest dziwnie pozbawiona konturów; nie ma też włosów, chociaż całość obrysowana jest grubą kreską, tak że przypomina obrócony na dół owoc granatu z trzema wybrzuszeniami w miejscu, gdzie na wcześniejszych obrazach Chrystusa znajdowały się broda i opadające włosy. Martwy Syn w ramionach Matki z wykonanej w 1498 roku *Piety* Michała Anioła – z półotwartymi ustami, widocznymi zębami, rzadką brodą, wąskim nosem i długimi włosami – ma stokroć więcej wspólnego z dawnymi obrazami Chrystusa niż z tą dziwną, zagadkową postacią. Tu na czole widać jedynie trzy małe plamy – to rany, na które zwróciłem uwagę już w sporządzonym przez Francesca Speroniego odpisie *Opusculum...* Jacopa Grimaldiego.

Wyryta na odwrocie inskrypcja w języku starowłoskim głosi, że obraz jest jedną z dwóch kopii, które papież Grzegorz XV kazał sporządzić w oparciu o „oryginał «Świętego Oblicza» z kościoła świętego Piotra" – jedną dla księżnej Cognaty, drugą dla księżnej Sforzy (to właśnie ta, którą widz ma przed sobą). Są to jakoby najstarsze autoryzowane kopie Weroniki. Papież Grzegorz XV rządził zaledwie dwa lata, od roku 1621 do 1623. Jego następca, Urban VIII, nie tylko kazał zbudować skarbiec w kolumnie Weroniki w Bazylice Świętego Piotra, i zabronił wykonywać jakiekolwiek kopie czcigodnego obrazu, lecz również pod groźbą ekskomuniki nakazał zebrać i spalić wszystkie znajdujące się w Państwie Kościelnym dotychczasowe kopie. Sprawa najwyraźniej leżała mu na sercu. Rozumiem go, gdy patrzę na kopię Weroniki z kościoła *Il Gesù*. Jeśli bowiem rzeczywiście jest ona odwzorowaniem – z całą pewnością nowego – „oryginału" z Bazyliki Świętego Piotra, łatwo się domyślić, dlaczego nawet w samym Kościele doszło do dramatycznego załamania wiary w relikwie. Patrząc na taką kopię, nawet papieże zaczęli uważać te „świadectwa" za zwykłe oszustwo. „Nie – uśmiecha się ojciec Daniel, zamykając obraz z powrotem w sejfie. – Wszyscy wiemy, że watykańska Weronika nie jest prawdziwa". Otwierając nam drzwi i żegnając się z nami, uśmiecha się po raz ostatni.

Jednak ojciec Daniel nie ma racji – nie wszyscy o tym wiedzą. A może jezuita miał na myśli mieszkańców Rzymu? My w każdym razie, kiedy wychodzimy na zewnątrz i stajemy przed bocznym portalem *Il Gesù*, wciąż jesteśmy oszołomieni tym, co widzieliśmy. Jesteśmy oślepieni światłem rzymskiego popołudnia i ogłuszeni – lecz bynajmniej nie hałasem *Corso Vittorio Emmanuele*, przebiegającą obok kościoła główną arterią komunikacyjną śródmieścia. Nie zwracając uwagi na hałas,

ruszamy pieszo w kierunku domu. Jesteśmy zbyt podekscyto-
wani, by czekać na autobus. Staje się dla nas absolutnie jasne,
że pomiędzy rokiem 1610 a 1620 w ikonografii chrześcijańskiej
doszło do prawdziwej rewolucji. Po drodze zastanawiamy się,
czy rewolucja ta nie musiała automatycznie doprowadzić do
przełomu w teologii i naukach humanistycznych. Czy utratę
prawdziwej Weroniki można rozumieć inaczej niż jako pozba-
wienie chrześcijańskiej ikonografii jej najgłębszej istoty? W epoce
baroku, kiedy sztuka jezuicka zaczęła kwitnąć jak nigdy wcześniej, a Europa – od Wilna po Lizbonę – przeżywała swój ostatni
wielki okres wspólnego zauroczenia malarstwem, „Prawdziwe
Oblicze” Chrystusa „zamknęło oczy” – i nikt tego nie zauważył. W atmosferze wymownego milczenia doszło wówczas do
zamiany najważniejszego obrazu chrześcijaństwa. Zamknięte
są również oczy Chrystusa na marmurowej chuście w rękach
pięciometrowej statuy Weroniki w Bazylice Świętego Piotra.

To, że twarz na obrazie nagle zamyka oczy, które od stuleci
pozostawały otwarte, zmusza do zastanowienia nad przyczy-
nami tej niesłychanej zmiany. Zapewne około czterysta lat temu
stara Weronika zniknęła z Rzymu, a jej miejsce w Bazylice Świętego Piotra zajęła mniej lub bardziej udana atrapa. W okresie
baroku nie brakowało ludzi bezwzględnych i niegodziwych.
Jeśli jednak doszło do zamiany „Prawdziwego Obrazu”, kryje
się za tym największa nie rozwiązana zagadka kryminalna
tamtych czasów. „I proces jej zatuszowania” – dodaje Ellen,
choć osobiście nie jestem tego taki pewny. Może Urban VIII
po prostu nie mógł się pogodzić z utratą najcenniejszego klejnotu chrześcijaństwa – i to w czasie, gdy zbudowano dla niego
potężny skarbiec.

Rozbity kryształ

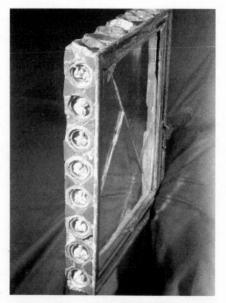

Stare ramy weneckie z dwiema kryształowymi szybami,
w których do XVII wieku przechowywano Weronikę.
Dziś w skarbcu Bazyliki Świętego Piotra

Pusta rama w skarbcu Bazyliki Świętego Piotra:
największa zagadka kryminalna epoki baroku
i proces powolnego zapominania o prawdziwym
wizerunku Chrystusa.

W skarbcu Bazyliki Świętego Piotra, jak w każdym większym muzeum, fotografowanie jest surowo zabronione. Kiedy jednak wyłączymy lampę błyskową, jest szansa, że strażnicy przymkną oko na naszą niesubordynację. Za kartę wstępu muszę zapłacić pięć euro. Jestem tu nie po raz pierwszy, lecz nigdy nie mogę się do syta napatrzeć na skarby starożytnego chrześcijaństwa. Pozbawione okien pomieszczenia nie mają nic wspólnego z legendarnymi „lochami Watykanu". Próżno tu szukać gotyckich sklepień. Barokowym wnętrzom nadano niedawno nowoczesny, typowo muzealny charakter. Zaraz za kasą, w wyłożonym na czarno pomieszczeniu trafiam na ostatnią z dwunastu kolumn Świątyni Jerozolimskiej, przywiezionych do Rzymu przez Tytusa. Rzymianie twierdzą, że właśnie o tę kolumnę oparł się Jezus, kiedy przywleczono do Niego cudzołożnicę – potem kucnął i napisał coś palcem w piasku; to jedyny fragment Ewangelii mówiący o piszącym Jezusie. W następnym pomieszczeniu spotykam hałaśliwą wycieczkę szkolną i koreańską zakonnicę, która czyni znak krzyża, patrząc ze wzruszeniem na kryształowy relikwiarz. Dwaj aniołowie ze złota trzymają bogato zdobiony krzyż, w który wpuszczono kilka stosunkowo dużych kawałków drewna; to fragmenty Krzyża Świętego z Jerozolimy. Dwa kroki dalej znajduje się prastary krzyż cesarza Justyna II z medalionami Jezusa u podstawy i szczytu (na obu Jezus ma otwarte oczy, włosy przedzielone na środku i maleńki kosmyk na środku czoła).

Skarbiec jest prawdziwą księgą, kryjącą w sobie niezwykłe historie, dziś przez niewielu już czytane. Dwa pomieszczenia dalej stoi srebrny relikwiarz, w którym kiedyś znajdował się fragment czaszki świętego Andrzeja, obok niego kulista bryła górskiego kryształu, w której przechowywano końcówkę włóczni Longinusa. Jednak największa zagadka znajduje się zaraz za wejściem, po lewej stronie, za żelaznymi narzędziami tortur, którymi męczono pierwszych chrześcijan. Czekam, aż ostatni ze zwiedzających opuści salę, i w ciemnościach próbuję zrobić kilka zdjęć – bez statywu, wstrzymując oddech. Przez wizjer aparatu oglądam stojącą w świetle lampy kwadratową ramę – od góry, od dołu, z lewej i z prawej. „Ramy świętej Weroniki – głosi umieszczona obok lakoniczna informacja na temat eksponatu. – Styl późnoromański. Do XVII wieku pomiędzy dwiema szybami z kryształu przechowywano sławną relikwię. Prosimy zwrócić uwagę na kunsztowne ukształtowanie wielobarwnych postaci świętych na zewnętrznej stronie ramy, która może pochodzić nawet z XIV wieku".

Figurki rzeczywiście są godne uwagi: na zwróconej do mnie stronie ramy znajduje się osiem małych okienek, z których spoglądają na mnie delikatnie rzeźbione, pomalowane postaci aniołów, Apostołów i świętych, pod nimi zaś, na środku – uśmiechnięta Matka Boża w błękitnej szacie, z rozpostartymi ramionami. Bardziej jednak niż kunszt dzieła, uwagę zwraca jego opłakany stan. Niektóre z karminowych intarsji wypadły, być może połamały się. Czyżby ramy upadły? Jeśli tak, to gdzie? W dawnej kaplicy świętej Weroniki, w której przechowywano je w specjalnym tabernakulum, a którą zburzono w czasie przebudowy bazyliki? Czy do zniszczeń doszło w czasie prac budowlanych? Po wewnętrznej stronie konstrukcji tu i ówdzie odchodzi farba. To właśnie te ramy widać na starych drzeworytach, przedstawiających „ukazanie «Prawdziwego Oblicza»" pielgrzymom. Kto mógł je upuścić? Dlaczego w ogóle zostały wymienione? Jeszcze większe zniszczenia widać na odwrotnej stronie ram. Drewniana wykładzina została wyrwana, po szybie z górskiego kryształu nie ma ani śladu. W poprzek przedniej szyby, która wciąż tkwi w ramach, a przez którą niegdyś oczy Chrystusa patrzyły na miliony pielgrzymów, biegnie gruba rysa. W prawym dolnym rogu rysa krzyżuje się z drugą; trzecie pęknięcie, równoległe do drugiego, biegnie od lewego brzegu w górę, do głównej rysy. To, co kiedyś było całością, dziś składa się z pięciu części. Rozbita chińska waza z dynastii Ming z pewnością wzbudziłaby większe zainteresowanie wielbiciela antyków. Z uwagą oglądam ramy w poszukiwaniu śladów tkaniny i włókien. Niczego jednak nie znajduję.

Wkrótce potem znalazłem te puste ramy na jednej ze stron internetowych, na okładce książki Gerharda Wolfa *Schleier und Spiegel. Traditionen des Christusbildes und die Bildkonzepte der Renaissance* („Całun i zwierciadło. Portret Chrystusa a renesansowa koncepcja obrazu"), której autor stwierdza, że kresem poszukiwań „Prawdziwego Oblicza" Chrystusa jest „puste płótno". Możliwe, że nie wszystko do końca zrozumiałem, w każdym razie tenże Gerhard Wolf uczestniczył w przygotowaniu zorga-

nizowanej w 2000 roku wystawy na temat „Oblicze Chrystusa".
Na wystawie zgromadzono liczne obrazy i malowidła przedstawiające twarz Zbawiciela, lecz próżno by na niej szukać fotografii czy kopii „Świętego Oblicza", które przecież bądź co bądź od co najmniej czterystu lat znajduje się w Manoppello. Zacząłem się zastanawiać, czy Całun nie pasowałby przypadkiem do ram z rozbitą kryształową szybą, oglądanych przeze mnie z taką konsternacją. Odpowiedź na pytanie, jak doszło do zniszczenia cennego eksponatu, niknie w mrokach dziejów. Czy chcąc umieścić cudowną relikwię w bardziej okazałych ramach, uczyniono by to w tak barbarzyński sposób? Czy stłuczono by tylną szybę i wyrwano Całun wraz z wewnętrzną ramą? W jakim pośpiechu musiałaby wówczas przebiegać ta „ceremonia"? A przecież chodziło o „oczko w głowie" papieży, a nie zwykłe źródło dochodów.

Chowam aparat fotograficzny, klękam i próbuję zmierzyć – przez szybę – wielkość ram. Długość boku wynosi 33 centymetry. Szerokość ramy z małymi szklanymi okienkami na figurki świętych – 4,4 centymetra. Z obu stron trzeba zatem odjąć mniej więcej po 4 centymetry. 33 minus 8 daje 25. To znaczy, że wewnątrz konstrukcja mierzy 25 na 25 centymetrów. Kiedy do pomieszczenia wchodzi następna grupka zwiedzających, stoję już wyprostowany przed narzędziami tortur. Wychodząc, spoglądam jeszcze raz na pęknięty kryształ, przypominający rozbite zwierciadło.

Po wyjściu z muzeum, sprzed głównego portalu Bazyliki Świętego Piotra, telefonuję do siostry Blandiny. Moje spojrzenie wędruje na wschód, ku górom. Nad otoczonym kolumnami owalem Placu Świętego Piotra mewa ściga gołębia, a wysoko po prawej stronie, na wzgórzu Gianicolo, rząd pinii podejmuje rytm kolumnady Berniniego. Mija chwila, nim Blandina odbierze telefon. Była właśnie w kościele i musiała wyjść na zewnątrz. Pytam ją, jakie wymiary ma Całun z Manoppello – akurat wypadło mi to z głowy. „24 centymetry wysokości i 16 szerokości. W górnych rogach dosztukowano małe trójkąty, w miejsce odciętych fragmentów materiału". „24 centymetry wysokości?". „Tak".

Próbuję sobie wyobrazić Całun – przechowywany po drugiej stronie łańcucha gór, na wschód od Rzymu, nad brzegami Adriatyku – którego wymiary idealnie zgadzają się z wymiarami zniszczonych ram. Jest dla mnie jasne jak wyszlifowany kryształ: do tych ram i – pierwotnie dwóch – szyb z górskiego kryształu pasuje tylko jeden znany mi obraz, dziś przechowywany w Manoppello, nad tabernakulum tamtejszego kościółka. Również w tych ramach musiał być kiedyś umieszczony przezroczysty obraz; a z całą pewnością taki, który można było oglądać z obu stron – jak Hostię w monstrancji. W przeciwnym razie – po cóż w ramach umieszczać dwie szyby, zamiast, jak w normalnej ramie, szybę z przodu i drewnianą wykładzinę z tyłu? Prawdopodobnie to właśnie stąd pochodzi pomysł budowania monstrancji, tradycja adoracji eucharystycznej i głęboka wiara katolików, że Bóg pozwala się nieść ulicami miast jako kawałek chleba, umieszczony pomiędzy dwiema kryształowymi szybami. Jak przy użyciu niezwykłego klucza, otwierają się wrota prastarej tajemnicy. Przypominam sobie dziwny, gruby odprysk kryształu w prawym dolnym rogu ram z Manoppello. Zachodni wiatr znad Morza Tyrreńskiego przesuwa nad Rzym potężną górę chmur.

„Czy to nie dziwne – pytam Ellen przy stole – że na temat legendarnej Atlantydy znajdujemy w starożytnych pismach zaledwie jedną wzmiankę, tych kilka wersów u Platona, a naukowcy mimo to nie przestają szukać zaginionego miasta, wysyłając w głębiny mórz i oceanów coraz doskonalsze sondy? Regularnie co pięć lat pojawiają się sensacyjne doniesienia o odnalezieniu Atlantydy – w okolicach Kadyksu, niedaleko Krety, w pobliżu wybrzeży Libii i tak dalej... Jeszcze dziwniejsze jest to, że Weronikę wspominają nie tylko tacy pisarze jak Petrarka i Dante – i rzecz jasna cały szereg papieży – lecz o jej istnieniu świadczą w swych dziełach również najwybitniejsi malarze i artyści Europy, zaś na Wschodzie przedstawiana jest na niezliczonych ikonach, a mimo to można wręcz odnieść wrażenie, że uważa się ją dziś za jakąś fantasmagorię. Że nauka zaniedbuje tę kwestię, jakby ten – bądź co bądź poświadczony przez historyczne źródła – dokument był jedynie średniowiecznym wymysłem, jakby Całun nigdy nie istniał! Że żadna stacja telewizyjna i żadna instytucja badawcza – łącznie z instytucjami kościelnymi! – nie stawia poważnie pytań o miejsce przechowywania tkaniny. A przecież jest ona nieporównanie cenniejsza od Bursztynowej Komnaty, Złotego Runa czy zatopionej Atlantydy – jeśli to miasto w ogóle kiedykolwiek istniało. Jakiż zabytek kultury mógłby mieć dla Europy większą wartość od t e g o Oblicza?

Wzorując się na nim, około 1500 roku Albrecht Dürer jako pierwszy chrześcijański malarz stworzył swój autoportret w ujęciu *en face*. W dziejach nowożytnych był to akt prawdziwie rewolucyjny: artysta jako obraz Boga! Norymberczyk jako młody Bóg! Ze swego wzorca – «Prawdziwego Oblicza»

– Dürer przejął nawet mały kosmyk włosów na środku czoła: szczegół, który dotąd był zastrzeżony dla portretów Chrystusa. Weronika jest prawzorem chrześcijańskiego obrazu człowieka. – Ellen podaje mi koszyk z chlebem, odstawiając na bok butelkę wina. – Czas spotkać się z ojcem Pfeifferem".

Oblicze nad obliczami

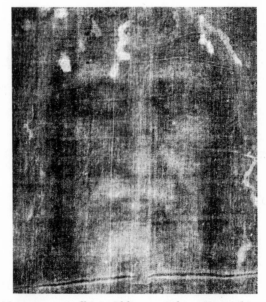

Negatywowe odbicie Oblicza z Całunu Turyńskiego

*Uroczysty bankiet w Turynie, podejrzenia
i fantazje uczonych w Piśmie i nowe rozdziały*
Boskiej komedii *Dantego*.

Chociaż ojca Pfeiffera poznałem wiele lat temu i od tego czasu mieliśmy wielokrotnie okazję się spotkać, nie byłem pewien, czy mnie będzie pamiętał. Nasze pierwsze spotkanie miało miejsce w Turynie. Siedzieliśmy przy jednym stole w dniu, kiedy pierwszy raz w życiu ujrzałem Całun: *Santa Sindone*. Sto lat wcześniej, 28 maja 1898 roku, wykonano pierwszą fotografię Całunu. Potem relikwia miała zostać ukryta przed oczami nowoczesnego świata, który uznawał ją za relikt przeszłości. W obliczu nadchodzącego dwudziestego stulecia kapituła turyńskiej katedry nie chciała się ośmieszać, wystawiając na widok publiczny stare, poplamione płótno. We Włoszech miała się wreszcie rozpocząć epoka nowożytna! Tymczasem właśnie dzięki tym fotografiom okazało się, że Całun jest ogromnym, utrwalonym na płótnie negatywem. Cavaliere Secondo Pia, fotograf, który wykonał zdjęcia, przeżył niemalże atak serca, kiedy w pracowni wydobył z wywoływacza naświetlone płytki fotograficzne. Z cienia wyłoniły się zadziwiające niespotykanym realizmem fotografie zamęczonego na śmierć człowieka.

W następnym stuleciu narodziła się tak zwana sindonologia, kompleksowa nauka, która uczyniła z Całunu Turyńskiego najdokładniej zbadane płótno świata – z typowymi dla każdej nauki akademickimi sporami, stronnictwami i ambicjami. Całun emanuje spokojem niespotykanym na żadnym ze znanych nam obrazów z wielkiej galerii ostatnich dwóch tysięcy lat. Jednak spory i niepokoje wciąż skupiają się wokół niego niczym kruki i sępy wokół padliny – i rodzi się jedyna w swoim rodzaju kultura podejrzeń, insynuacji, oszczerstw i przeinaczeń. Delikatny obraz z krwi, wody i subtelnych cieni niepokoi uczonych i wiernych od przynajmniej stu lat. Turyn stał się centrum białej i czarnej magii, miejscem, ku któremu zmierzają pielgrzymki satanistów, magów i czarownic – od San Francisco po Sankt Petersburg. „Czy to z tego powodu w archidiecezji turyńskiej ustanowiono największą spośród wszystkich włoskich diecezji liczbę urzędowych egzorcystów?" – zapytałem Giuseppe Ghibertiego, wikariusza arcybiskupa Turynu do spraw Całunu, gdy potężny pożar wywołał kolejną falę plotek i domysłów na temat przyczyn katastrofy. „W naszej diecezji jest sześciu egzorcystów – odpowiedział don Ghiberti, przyjaźnie wzruszając ramionami. – Myśli pan, że to dużo?".

Przyczyna pożaru pozostała jednak nieznana. *Monsignore* Ghibertiego spotkałem raz jeszcze – tego samego wieczora, kiedy poznałem ojca Pfeiffera. W Pałacyku Myśliwskim Sabaudczyków w Stupinigi odbywał się bankiet dla sindonologów, którzy zjechali się do Turynu z całego świata, by wziąć udział w zorganizowanym kongresie, włączonym w obchody Wielkiego Jubileuszu. Udało mi się zdobyć zaproszenie, ponieważ kiedyś napisałem artykuł na temat Całunu i profesora Karlheinza Dietza, który odziedziczył naukową spuściznę profesora Wernera Bulsta. Jak wspomniałem, tego dnia w katedrze świętego Jana pierwszy raz na własne oczy ujrzałem Całun; do tej pory widziałem jedynie zdjęcia relikwii.

Tydzień wcześniej świątynię odwiedził Jan Paweł II, potem przed Całunem przyklęknął kardynał Ratzinger, a po nim wielu innych kardynałów i biskupów. W ciągu tych kilku dni przez katedrę przewinęły się dwa miliony pielgrzymów. Przede mną stał w kolejce Ernst Fuchs, książę wiedeńskich malarzy, w swoim żydowsko-marokańskim kepi. Spotkanie z Całunem odmieniło życie niezliczonej rzeszy ludzi. Również moje. Wyobrażałem sobie, że obraz jest niewyraźny i wyblakły, a tymczasem ujrzałem na płótnie wyraźny zarys ludzkiej postaci. Oto Cień Baranka! Odbicie zmaltretowanej przed śmiercią Ofiary, z tysiącem ran, bez jednego choćby opatrunku. „To właśnie tu Chrystus zmartwychwstał – zanotował w 1201 roku Nicolas Mesarites, pisząc o przechowywanej wówczas w cesarskiej kaplicy Pharos w Konstantynopolu relikwii, którą kilka lat później krzyżowcy wywieźli do Francji. – Całuny grobowe, które otaczały zabalsamowane, nagie szczątki Niewypowiedzianego, wciąż rozsiewają zamach mirry".

„To matka wszystkich ikon – zapisałem wieczorem w hotelowym pokoju. – Całun ukazuje «Oblicze nad obliczami». Jest starszy od najstarszych rękopisów Ewangelii Mateusza, której autor opisuje, jak Józef z Arymatei po śmierci Jezusa wyprosił od Piłata ciało Mistrza, owinął je w płótno i złożył w grobie. Całun Turyński z łatwością wygrałby każdy proces sądowy o stwierdzenie jego identyczności ze wspomnianym przez Ewangelistę płótnem. Żaden obraz i żadne pismo na ziemi nie odzwierciedla z taką dokładnością i autentyzmem tego, co o męce i śmierci Jezusa mówią cztery Ewangelie".

Jednak tego dnia, w obecności starego płótna, które mimo wielu plam i wypalonych dziur zachowało się w doskonałym stanie, stając twarzą w twarz z niebiańskim, pełnym pokoju i piękna wizerunkiem, którego pochodzenie otacza niezgłębiona tajemnica, zapomniałem wszystko, co na jego temat czytałem i słyszałem. W jego obecności czas przestaje płynąć. Na tym lnianym płótnie w tajemniczy sposób zachowało się wielkie, podwójne odbicie wychłostanego i ukrzyżowanego Mężczyzny. Jego martwe ciało położono na prawym skraju mierzącego 4 metry długości pasa tkaniny, przykrywając je lewą połową, tak że na prawej części Całunu odbiły się plecy, na lewej zaś – twarz, klatka piersiowa i nogi. Szczupłe dłonie zostały skrzyżowane na łonie zmarłego. Nadgarstki i stopy noszą wyraźne ślady gwoździ. Patrzyłem uważnie na cień szczupłych palców. Moje oczy podążyły gwiaździstym śladem krwi na nadgarstku i prawym przedramieniu. Badania wykazały, że ofiara wielokrotnie podciągała się na przebitych rękach, by zaczerpnąć powietrza. Krwawa plama po prawej stronie piersi jest tak wielka, że w ranę, którą w tym miejscu okrywał Całun, można by bez problemu włożyć trzy palce. Kiedy ciało zawinięto w Całun, z rany wypłynęły krew i woda – „martwa krew".

Wszystkie pozostałe rany zadano ofierze za życia. Na czole i z tyłu głowy, spomiędzy włosów, popłynęły strużki krwi. Cały prawy policzek, aż pod samo oko i brwi, jest spuchnięty, nos złamany. Broda jest wyrwana i posklejana krwią, ramiona zmaltretowane. Plecy i wszystkie członki noszą ślady chłosty. Tylko nad lewą stopą znajduje się szeroki na jakieś 5 centymetrów pasek skóry bez śladów biczowania. Poza tym całe ciało pokryte jest krwawymi ranami, a większość kropli krwi jest wielka „jak liście majeranku", jak zapisały francuskie zakonnice, które pięćset lat temu łatały Całun. Moje serce waliło niczym oszalałe. Bynajmniej nie z powodu krwi, choć ofiara była w niej skąpana. Mężczyzna z Całunu jest zupełnie nagi – z przodu i z tyłu – tak jak wyszedł z łona Matki. Bóg – nagi!

To wstrząsające przeżycie stało się moim udziałem rano 6 czerwca 1998 roku. Tego samego dnia wieczorem uczestniczyłem w uroczystym bankiecie; panowała na nim swobodna, wręcz wesoła atmosfera. Dostojnym gościom podano pięć dań, najlepsze wina, mocne likiery. Były piękne serwety, świeży łosoś z tymiankiem, *risotto* ze szparagami, filety rybne w winie, wszystko, czego podniebienie zapragnie. Przydzielono mi miejsce na obrzeżach sali, obok profesora Heinricha Pfeiffera, przed którym tak bardzo przestrzegali mnie „życzliwi". Nie bacząc na ostrzeżenia, przedstawiłem się zacnemu sąsiadowi, wznieśliśmy toast i zaczęliśmy rozmawiać. Opowiedziałem o moich porannych wrażeniach, lecz wydawało mi się, że mój rozmówca słucha jakby jednym uchem. „Całun to jedno – powiedział wreszcie z wyraźnie szwabską intonacją – ale prawdziwym odkryciem jest inny obraz, przechowywany w małym miasteczku w Abruzji. Tam jest prawdziwy cud! Całun Turyński to jedno, ale prawdziwa sensacja czeka w Manoppello". Uśmiechnął się tajemniczo. Aha, pomyślałem.

Właśnie ujrzałem na własne oczy „Oblicze nad obliczami", a tu nagle uchodzący za oryginała profesor mówi mi, że jest na ziemi jeszcze ważniejszy obraz. Jeszcze prawdziwszy! Sama twarz! Oblicze ukryte za – a może ponad – „Obliczem nad obliczami"! Brzmiało to jak opowieść szaleńca; tak zresztą przedstawiono mi ojca Pfeiffera. Uśmiechnąłem się wiec tylko i sięgnąłem po kieliszek. Przyjęcie było niezwykłe. Po deserze wstałem od stołu, grzecznie się ukłoniłem i poszedłem się rozejrzeć przy innych stołach i na werandzie. Spotkałem oczywiście Karlheinza Dietza, któremu zawdzięczałem całą moją wiedzę na temat Całunu. Znałem go jeszcze z Würzburga, gdzie się kiedyś spotkaliśmy; od tej pory prowadziliśmy regularną korespondencję – pocztą elektroniczną i faksem. Przy drugim stole siedziała grupa naukowców żydowskich z Ameryki i Izraela, którzy również usilnie starali się dowieść, że w Całunie spoczywało ciało Jezusa z Nazaretu. Przedstawiono mnie Ianowi Wilsonowi, sławnemu członkowi *British Society for the Turin Shroud*. To spod jego pióra wyszło najważniejsze dotąd dzieło o *Santa Sindone*, a zarazem światowy bestseller: *The Turin Shroud*. Niedługo potem ujrzałem go pogrążonego w rozmowie z innym uczonym, któremu właśnie wyjaśniał, że żaden z obecnych tu uczonych – poza Pfeifferem – nie ma ochoty zajmować się jakimś Całunem z Manoppello: „Mamy już dość problemów z *Sindone*". Fascynujący człowiek. Wymieniliśmy nasze adresy e-mailowe.

Wróciwszy do Monachium, kupiłem i dosłownie połknąłem drugą jego książkę, z 1990 roku, poświęconą „Świętym Obliczom i tajemnym miejscom" oraz „poszukiwaniom Prawdziwego Oblicza Jezusa". Autor zebrał w niej wszystko, co było do powiedzenia na ten temat. Materiał badawczy był ogromny. Ian Wilson opowiada tak, jak tylko Anglicy potrafią. Oczywiście wspomina również ojca Pfeiffera – pięć razy – i Oblicze z Manoppello, „namalowane delikatną, przezroczystą farbą na kawałku tkaniny". Niestety na stronie 112 zauważa jednak, że „można zrezygnować z dalszych rozważań na temat kopii z Manoppello", ponieważ nie odpowiada ona najważniejszym cechom, charakterystycznym dla innych kopii Weroniki – na przykład zamknięte oczy. Za dużo bardziej pewny punkt odniesienia i „źródło informacji na temat wyglądu Weroniki w szczytowym okresie średniowiecza" należy, zdaniem Wilsona, uznać kopię autorstwa Strozziego (tę z zaciśniętymi ustami i szerokim nosem), którą uczony odkrył i zidentyfikował w watykańskim skarbcu. Jak przystoi na prawdziwego koryfeusza nauki, swymi publikacjami Wilson doprowadził do powstania całej szkoły badawczej. Dlatego kiedy po latach zacząłem prace nad tą książką, również odczułem silną pokusę oparcia się na jego – tak przecież przekonujących – analizach. Wtedy jednak zauważyłem, że uprzedził mnie Michael Hesemann, który już w 2000 roku w swojej pięknej książce o „niemych świadkach z Golgoty" napisał, że obraz z Manoppello namalowano „delikatnymi ruchami pędzla, charakterystycznymi dla malarstwa XV wieku". Mówiąc krótko i kategorycznie: „nie można utożsamiać Świętego Oblicza z Weroniką. Żaden ze średniowiecznych obrazów nie przedstawia regularnie wówczas ukazywanej rzymskiej Weroniki z otwartymi ustami. To szczegół, którego nie może pominąć żaden uważny obserwator". Poza tym obraz jest – zdaniem Hesemanna – zbyt mały (17 na 24 centymetry) i nie pasuje do starych weneckich ram z kryształową szybą, które mierzą 34 na 31 centymetrów. Swoje wywody autor kończy umieszczoną obok ostatniego akapitu fotografią, podpisaną: „Święte Oblicze z Manoppello, różne od Weroniki".

Stanowczy sprzeciw wobec Całunu z Manoppello wynika nie tylko z obiektywnych przyczyn. Przed konferencją w Turynie profesor Pfeiffer zrobił coś, co nie mogło wzbudzić zachwytu jego kolegów po fachu. Pod koniec maja 1998 roku jezuicki uczony zwołał w *Sala Stampa* konferencję prasową, podczas której ogłosił, że w Manoppello w Abruzji odkrył relikwię z wizerunkiem Oblicza Chrystusa. Obraz ten należy, jego zdaniem, „bez wątpienia utożsamić z Chustą Świętej Weroniki", która znikła z Rzymu w 1608 roku, kiedy to w toku budowy nowej Bazyliki Świętego Piotra zburzono kaplicę, gdzie przechowywano drogocenne płótno. Już w 1991 roku ojciec Pfeiffer opublikował książkę na ten temat, jednak ani świat nauki, ani Kościół nie potraktowały jej z należytą powagą. Zdaniem profesora, obraz z Manoppello pochodzi z grobu Chrystusa w Jerozolimie. Płótno położono na wielkim Całunie, w który zawinięto Ukrzyżowanego. To by wyjaśniało, dlaczego na Całunie Turyńskim zachował się negatyw, zaś na Chuście – zgodnie z prawami fizyki – pozytyw odbicia Chrystusa. O konferencji pisała prasa całego świata, a sprawa – zgodnie z regułami obowiązującymi w prasie bulwarowej – stała się „jednodniową sensacją". To dlatego „Bild" zamieścił wówczas zdjęcie obrazu z Manoppello. Poważniejsze pisma, jak „Frankfurter Allgemeine Zeitung", chcąc uniknąć posądzenia o hołdowanie sensacjom, przypisały autorstwo dzieła jednemu ze starych mistrzów.

Od tego czasu spotkałem ojca Pfeiffera jeszcze raz czy dwa, ale za każdym razem towarzyszyli mu ludzie, którzy niekoniecznie czuli sympatię do osób przebywających akurat ze mną – i nawzajem; animozje dotyczyły oczywiście Całunu

Turyńskiego. Przedostatni raz spotkaliśmy się w turyńskiej restauracji, we wrześniu 2002 roku, po tym, jak obejrzeliśmy z bliska oczyszczony z lat Całun. Pierwszy raz w życiu mogłem się pochylić nad Obliczem Chrystusa. Byłem jeszcze bardziej wstrząśnięty niż poprzednio. Ojciec Pfeiffer był zdecydowanym przeciwnikiem dokonanej renowacji; ja byłem i wciąż jestem jej zwolennikiem.

Potem nastąpiła długa przerwa w naszych kontaktach – aż do lutego 2004, kiedy to przypadkiem wpadło mi w ręce zaproszenie na mający się rozpocząć pół godziny później wykład ojca Pfeiffera przy *Via della Conciliazione*, niedaleko naszego domu. Dzień wcześniej przysłano mi z Niemiec pierwszy egzemplarz mojej książki o obrazie Madonny z Guadalupe w Meksyku, innym „obrazie, którego nie namalowała ludzka ręka". Pracowałem nad nią długie pięć lat. Rano w łazience poczułem się słabo i ogarnął mnie niezrozumiały lęk. Nie wiedziałem, co to znaczy, ale ani myślałem iść do lekarza. Wolałem pójść na wykład.

Sala była pełna, a ja siedziałem w drugim rzędzie. Słowo wprowadzające wygłosił don Antonio Tedesco, rzymski duszpasterz pielgrzymów niemieckojęzycznych i gorący zwolennik „Świętego Oblicza". Właśnie wrócił z kolejnej pielgrzymki do Manoppello. Dosłownie promieniował żarem. „To najwłaściwsze miejsce dla Całunu! – powiedział. – Pan ukrył się w sercu ludowej pobożności jak w żywym tabernakulum. Ludzie tam mieszkający nie muszą się borykać z trudnościami, na które napotykają uczeni. Pan, jak w Ewangelii, stał się na chwilę niewidzialny, by dziś, może jutro, powrócić w widzialnej postaci!". Zgaszono światło, ramka rzutnika zaczęła z trzaskiem zmieniać umieszczone w magazynku przezrocza, a siedzący w ciemnościach ojciec Pfeiffer opowiadał o sięgającym średniowiecza i czasów świętego Tomasza z Akwinu procesie depersonalizacji Boga. „Tomasz powiedział, że Bóg przyjął ludzką naturę. Nie przyjął jej jednak w jakiś abstrakcyjny sposób, lecz stał się konkretnym człowiekiem, konkretnym indywiduum o niepowtarzalnej, indywidualnej twarzy. A wiemy przecież, że cechy indywidualne oddaje obraz, nie słowo!". Siedzący obok mnie słuchacz wstał i schylony przeszedł przez strumień światła, zmierzając w stronę toalety. „Czyżbym znów kogoś uraził?" – zapytał podekscytowanym głosem ojciec Pfeiffer. Ja tymczasem patrzyłem z uwagą na wyświetlane na ekranie, zupełnie mi nieznane obrazy. Szczególnie zafascynowały mnie powiększenia. Na miłość boską, pomyślałem, czyżby to miał być temat mojej nowej książki?! Mam przecież inne zajęcia i wciąż czuję ciężar pracy nad poprzednią książką, której musiałem poświęcić kilka ostatnich urlopów. Teraz już wiedziałem, do czego odnosił się mój poranny napad lęku. Po wykładzie zaprosiłem don Antonia i ojca Pfeiffera na kolację. Na dworze wciąż padało. Don Antonio z błyszczącymi oczami opowiadał o wszystkich wielkich autorach, którzy pisali o „Świętym Obliczu": o Innocentym III, który na początku XIII wieku napisał hymn ku czci niezwykłego wizerunku, o Petrarce... Potem deklamował z pamięci – po włosku i po niemiecku – Pieśń XXXI *Raju* z *Boskiej komedii* Dantego:

Qual è colui che forse di Croazia
Viene a veder la Veronica nostra,

che per l'antica fame non sen sazia,

Ma dice nel pensier, fin che si mostra:

„Signor mio Gesù Cristo, Dio verace,

or fu sí fatta la sembianza Vostra?".

*

Jako gromadka pielgrzymów, gdy wita

Twarz wierzytelną Chrysta w Weronice

I w wizerunek, patrzenia niesyta,

Pogląda pasąc nim chciwe źrenice:

„O Panie Jezu, o Boże prawdziwy,

Tak wyglądało Twoje święte lice?...".[5]

Podczas kolacji ojciec Pfeiffer nie przestawał kartkować mojej książki. Był już wiele razy w Meksyku i wkrótce miał tam znów lecieć, by wygłosić serię wykładów. „Kiedy mógłbym z ojcem przeprowadzić wywiad?" – zapytałem, odprowadzając do drzwi dwu zacnych, a zarazem jakże do siebie niepodobnych kapłanów. Niestety musiałem uzbroić się w cierpliwość. Dziesięć dni później, podczas podróży na południe Włoch, moja żona skręciła pod Pescarą w kierunku Manoppello. To wtedy właśnie – zupełnie przypadkowo – poznaliśmy siostrę Blandinę. Do pierwszej dłuższej rozmowy z profesorem Heinrichem Pfeifferem miało dojść dopiero latem. Do tej pory zdążyliśmy z Ellen odkryć pierwszą tajemnicę: o ile Całun Turyński rozkwita na swych reprodukcjach, o tyle obrazu z Manoppello nie da się powielić, lecz ukazuje swój niezwykły blask jedynie na oryginale.

---

[5] Dante Alighieri, *Boska komedia*, *Raj*, Pieśń XXXI, ww. 103-108 (w przekładzie Edwarda Porębowicza).

Piękne Oblicze Syna

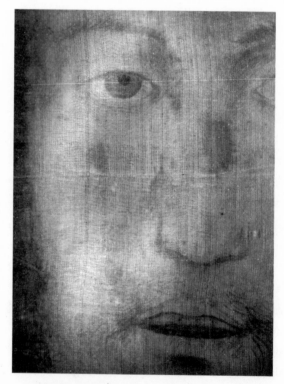

Całun z Manoppello (widok z przodu)

Podróż w świat starożytnego Orientu: najstarsze
wzmianki o nie uczynionym ludzką ręką obrazie
z Edessy, Kamuliany i Memfis.

„Profesorze Pfeiffer, siostra Blandina rości sobie pretensje do odkrycia faktu, że Całun z Manoppello dokładnie odpowiada wizerunkowi utrwalonemu na Całunie Turyńskim. Ojca odkrycie polega natomiast na utożsamieniu tego Całunu z zaginioną rzymską Chustą Świętej Weroniki. Jak ojciec doszedł do takiego wniosku?" – zacząłem kilka miesięcy później wywiad ze sławnym jezuitą. W pokoju ojca Pfeiffera, położonym na najwyższym piętrze Uniwersytetu Gregoriańskiego, panuje osobliwy chaos. Jest to jaskinia kolekcjonera, po brzegi wypełniona książkami, obrazami i innymi skarbami. Zasady porządkujące ów zamęt i umożliwiające właścicielowi odnajdywanie potrzebnych eksponatów, brzmią: „podobne do podobnego" oraz „trzeba wyrzucić coś starego, żeby znaleźć miejsce dla nowego". W głowie gospodarza zdaje się panować podobny porządek, oparty na równie dziwnej systematyce.

Ojciec Pfeiffer wrócił niedawno z dwu- czy trzymiesięcznego pobytu w Meksyku, dokąd zresztą ma niebawem lecieć ponownie. Jest bardzo popularnym i rozchwytywanym specjalistą, a przy tym koneserem win, chociaż do codziennych posiłków pija wyłącznie wodę. Twierdzi, że jezuici są najbardziej wolnymi ludźmi na świecie, ponieważ Ignacy z Loyoli, zakładając Towarzystwo, nie zabronił bynajmniej swym braciom i duchowym synom myśleć. Sam ojciec Pfeiffer jest jednym z najznakomitszych znawców sztuki chrześcijańskiej. Od pewnego czasu studiuje również zasady ikonograficzne, którymi niegdyś kierowali się artyści chrześcijańskiego Wschodu i Zachodu, próbujący namalować Oblicze Chrystusa. Po rzymskim śródmieściu ojciec z zasady porusza się wyłącznie pieszo, również gdy pada deszcz, dzięki czemu nawet po sześćdziesiątce zachował w sobie młodzieńczą żywotność, co zresztą podkreśla z nutą lekkiej próżności w głosie. (Tym razem to ja przyszedłem pieszo.) Po dziesiątkach lat spędzonych w Rzymie jego włoski wciąż ma wyraźne naleciałości szwabskie. Wbrew panującej opinii, ojciec nie jest bynajmniej – jak mawiają Anglicy – *fanatic looking for a cause*, fanatykiem, który szuka swojej sprawy. On swoją „sprawę" już dawno znalazł, zachowując przy tym styl bycia zacnego niemieckiego profesora, który na każde zadane pytanie odpowiada, wygłaszając mały wykład – chociaż bardzo starałem się wziąć go w krzyżowy ogień pytań.

Wiedziałem, że „Święte Oblicze" z Manoppello stanowi, jego zdaniem, wzór wszystkich obrazów Chrystusa, swoisty korzeń drzewa genealogicznego chrześcijańskich wizerunków Syna Bożego. „Wobec całkowitej zgodności, widocznej, gdy nałoży się Oblicze z Całunu Turyńskiego na Oblicze z Manoppello, stwierdzić należy, że wizerunki z Chusty i z Całunu powstały w tym samym momencie" – powiedział już przed laty w swoim naukowym stylu. Jeśli zatem chodzi o czas powstania wizerunku, „w grę wchodzą tylko trzy dni

– od złożenia Chrystusa w grobie do Zmartwychwstania"; jeśli chodzi o miejsce – „dokonało się to we wnętrzu grobu. Całuny z Manoppello i z Turynu to jedyne na świecie prawdziwe obrazy Oblicza Chrystusa zwane *acheiropoietoi*, «obrazami, których nie namalowała ludzka ręka»". Od tej pory profesor poświęcił swoje życie – a w każdym razie ostatnie jego lata, po wybuchu konfliktu z profesorem Bulstem – próbie udowodnienia związku tych dwóch wizerunków z prastarym pojęciem *acheiropoietos*.

Nie muszę pytać o kwestie podstawowe. Mam wystarczająco dużo pytań dotyczących szczegółów, w których, jak głosi ludowa mądrość, tkwi diabeł (a zapewne najchętniej ukrywa się on w szczegółach dotyczących spraw Bożych, takich jak święte obrazy). „Przykro mi – powiedziałem – że wiercę ojcu dziurę w brzuchu, ale chcę to wszystko później po prostu spisać i opowiedzieć ojca słowami". Nie muszę przecież niczego udowadniać. „Ja zawsze muszę wszystko udowadniać" – odparł z iskrą w oku, zanim zaczęliśmy naszą rozmowę.

„Ojciec pierwszy stwierdził, że obraz z Manoppello to Weronika. Tymczasem w Rzymie wciąż co roku ukazuje się tę relikwię nad balustradą kolumny Weroniki. Jest to więc dość śmiałe twierdzenie. Czy ktoś ojca uprzedził? Znalazł ojciec gdzieś podobne stwierdzenia?".

„Nie. Przestudiowałem całą literaturę na temat obrazów Chrystusa – od starożytności pod dzień dzisiejszy. Znam ją prawie na pamięć. Odkrycie było procesem, karmiącym się wieloma różnymi przeżyciami. Najważniejszym wydarzeniem było jednak moje pierwsze spotkanie z Całunem, jesienią 1986 roku. Właśnie wydałem książkę o wizerunkach

Chrystusa. Wtedy to pierwszy raz ujrzałem obraz i od pierwszej chwili byłem pewien, że musi to być Weronika!".

„Dlaczego?".

„Ponieważ dobrze znałem ten obraz z literatury. I ponieważ jest przezroczysty. Było dla mnie jasne, że nie może istnieć drugi tak niezwykły wizerunek. Mimo wielkich wysiłków nie da się czegoś takiego namalować. To po prostu niemożliwe. Można wprawdzie malować po obu stronach płótna, jak to czynili Bizantyjczycy na jedwabiu, ale nie da się namalować obrazu, który w silnym świetle praktycznie z n i k a. Takiego efektu nie da się osiągnąć za pomocą żadnej techniki malarskiej, to zwyczajnie niemożliwe. Wiedziałem, że tylko jeden obraz budził takie zachwyty: na Zachodzie Weronika, na Wschodzie – tak zwany Całun z Kamuliany. Dlatego natychmiast przyszło mi do głowy, że to jedno i to samo dzieło".

„Potem jednak wrócił ojciec do Rzymu, gdzie wciąż przechowuje się Weronikę. W jaki sposób doszedł ojciec do wniosku, że obraz z Manoppello należy uznać za oryginał rzymskiej Weroniki? To znaczy, że obraz ten przechowywano wcześniej w Rzymie?".

„To był proces. Najpierw przypomniałem sobie pochodzące z 1545 roku pismo Lutra przeciw papiestwu, gdzie jest mowa o Weronice, przy pomocy której papież zwodzi pielgrzymów, a na której «prostaczkowie» nie mogą dostrzec nic poza przezroczystą, cienką tkaniną. Przeszło mi nagle przez myśl, że musi to być ten sam kawałek płótna".

„Ale przecież tekst Lutra mówi o oszustwie. Czy nie wynika z tego, że już w 1545 roku pielgrzymom pokazywano atrapę Weroniki?".

„Ależ nie! Ja też początkowo widziałem tylko biały kawałek płótna. Dopiero kiedy spojrzałem z bliska i pod innym kątem, zobaczyłem utrwalony na nim wizerunek. Tego samego musiał doświadczyć Luter. Z jedną różnicą: kiedy ujrzał białe płótno, nie podszedł bliżej, tylko natychmiast wyszedł z bazyliki. Oto jak papież oszukuje biednych chrześcijan! Zamiast się upewnić, poprzestał na pierwszym wrażeniu. Doskonale go zresztą rozumiem. Luter był tak bardzo zawiedziony tym, co widział w Rzymie, że zbierał już tylko argumenty przeciwko rzymskim nadużyciom. Zawsze się dziwiłem, jak historycy sztuki mogą z taką naiwnością sądzić, że papież oszukiwał ludzi za pomocą jakiegoś zwykłego malowidła. Można oszukać tłum, ale nie da się czegoś takiego pokazać królowi czy cesarzowi. Oryginalna Weronika musiała być jakimś niezwykłym obrazem".

„Może ojciec opisać moment, w którym ostatecznie otworzyły mu się oczy? To musiało być niezwykłe przeżycie".

„Cała historia jest faktycznie ekscytująca, ale to przekonanie rodziło się stopniowo. U źródeł leży moja wielka miłość do Całunu Turyńskiego, o którym dowiedziałem się już jako jedenastolatek, podczas pewnej prelekcji. W późniejszym okresie, studiując historię sztuki, zastanawiałem się, dlaczego naukowcy z uporem odmawiają poważnego zajęcia się Całunem. Uważałem, że to na wskroś nienaukowa postawa. Przecież Całun, znany co najmniej od średniowiecza, musiał wywrzeć znaczący wpływ na całą chrześcijańską ikonografię. Postanowiłem zająć się tą kwestią i spróbować wyprowadzić wszystkie obrazy Chrystusa z Całunu. Wciąż jednak pojawiała się mała trudność. Z Całunu nie da się wywieść owalnego zarysu twarzy Jezusa. To samo dotyczy kosmyka włosów na środku czoła. Nieustannie miałem z tym problem. Poza tym co i raz spotykałem w literaturze stwierdzenie, że spośród wszystkich obrazów Chrystusa d w a mają największe znaczenie: Obraz z Edessy oraz Obraz z Kamuliany. Według najstarszych źródeł oba zostały swego czasu przeniesione do stolicy Bizancjum".

„Jak więc ojciec trafił na trop tych wypowiedzi na temat Weroniki, które pozwalają ją utożsamić z obrazem z Manoppello?".

„Znałem je już wcześniej. Już w 1983 roku napisałem artykuł na temat Weroniki, który zamieszczono w katalogu wystawy w *Palazzo Venezia*. Pisząc go, gruntownie przestudiowałem źródła, próbując wszystkie wypowiedzi na temat Weroniki odnieść do Całunu Turyńskiego. Wówczas zgadzałem się jeszcze z powszechnie panującą opinią, że Weronika może być swoistą kopią Całunu. Wkrótce zostałem jednak zmuszony do skorygowania swoich przekonań. Zresztą musiałem je korygować wielokrotnie".

„Jak zatem ojciec doszedł do przekonania, że prastara, pochodząca z roku 1645 *Relatione Historica* ojca da Bomby z Manoppello jest zmyślona, a wypadki musiały potoczyć się inaczej?".

„Istniały ku temu różne przesłanki. Po pierwsze, zauważyłem zgodność dat. Wiemy, że każde fałszerstwo, każda zmyślona historia, kryje w sobie ślad prawdy – tym wyraźniejszy, im usilniej i w im bardziej wyrafinowany sposób autor próbuje ją zatuszować. W tekście ojca da Bomby mamy więc dwie daty rzekomego pojawienia się obrazu w Manoppello: 1506 oraz 1608 – rok kradzieży Całunu z domu Leonellich. Daty te tak idealnie pasują do dwóch wydarzeń w Rzymie, że spontanicznie rodzi się podejrzenie, iż cała historia została zmyślona jako swoiste alibi. Pomiędzy tymi latami autor *Relatione Historica* nie wymienia żadnej innej daty – na przestrzeni całego stulecia! A potem znów nagle zaczyna sypać nimi jak z rękawa: 1618, 1620 i tak dalej".

„Dlaczego da Bomba wybrał rok 1506?".

„To proste. Właśnie w tym roku położono kamień węgielny pod budowę nowej Bazyliki Świętego Piotra. Wszyscy jego czytelnicy wiedzieli, że wtedy Chusta znajdowała się jeszcze w kaplicy Weroniki w starej bazylice. O tym, że *Relatione...* stanowi późniejszą rekonstrukcję wydarzeń, świadczy również fakt, że autor umieszcza całą opowieść w ramach historycznych, wspominając papieża Juliusza II, cesarza Maksymiliana oraz króla Hiszpanii Ferdynanda Aragońskiego. Autor usilnie stara się zrekonstruować kontekst historyczny, próbując antydatować swe dzieło".

„Kiedy zatem oficjalnie zaprezentowano Weronikę «ludowi Rzymu»?".

„W 1601 roku – co do tego nie ma najmniejszych wątpliwości. Ale autor *Relatione...* zdaje się o tym nie wiedzieć".

„A dlaczego na datę dokonanej przez Pancrazia Petruzziego kradzieży wybrał rok 1608?".

„W tym roku zburzono kaplicę Weroniki, w związku z czym trzeba było przenieść relikwię do nowego skarbca. Możliwe, że ojciec da Bomba wybrał tę datę przypadkowo, jednak według współczesnych historyków zbieżność ta kryje w sobie «drugie dno». Autor *Relatione...* chciał w ten sposób powiedzieć: w tym czasie *Volto Santo* już od stu lat było u nas, w Manoppello. Nie mogła to zatem być rzymska Weronika, której papieże tak gorączkowo poszukiwali!".

„Wróćmy jednak do poglądów ojca. Sądzi ojciec, że «Święte Oblicze» z Manoppello pochodzi z pustego grobu Chrystusa w Jerozolimie, że to «drugi» czy też «mały» Całun. Dlaczego więc Ewangelie, *Dzieje Apostolskie* i listy świętego Pawła nic nie mówią o tak ważnej relikwii?".

„W świecie żydowskim przedmioty pochodzące z grobu uchodzą za nieczyste. W judaizmie trudno sobie wyobrazić coś bardziej nieczystego! Istnienie relikwii mogło więc zostać uznane przez Żydów za źródło wielkiego zgorszenia. A chrześcijaństwo narodziło się przecież w świecie żydowskim. Nie można było zatem mówić o Całunie – po pierwsze ze względu na owocność misji, po drugie ze względu na płótno, które należało ustrzec przed próbami zniszczenia. Gdyby mówiono o nim otwarcie, relikwia byłaby poważnie zagrożona!".

„Gdzie zatem, w jakich źródłach historycznych, pojawia się pierwsza wyraźna wzmianka na temat «Świętego Oblicza»?".

„Pierwsza wzmianka o «Świętym Obliczu»? Ma pan na myśli najstarsze źródło, które o nim mówi? – ojciec Pfeiffer nie musiał się długo zastanawiać. – To pochodząca z VI wieku legenda kamuliańska, którą pod koniec XIX wieku dość dokładnie zrekonstruował znany uczony Ernst von Dobschütz[6]. Jest to stary syryjski tekst na temat obrazu Chrystusa, który w 574 roku przywędrował do Konstantynopola z Kamuliany, małej miejscowości w pobliżu Edessy w Kapa-

---

[6] Ernst Adolf Alfred Oskar Adalbert von Dobschütz (1870-1934), ewangelicki teolog i historyk Kościoła.

docji, na wschodzie Cesarstwa Bizantyjskiego. Wizerunek ten od początku uznawano za *acheiropoietos*, «obraz, którego nie namalowała ludzka ręka». Więcej: obraz, którego ludzka ręka nie tylko nie namalowała, ale również nie utkała. W zasadzie legendę kamuliańską odnajdujemy w wielu rozproszonych fragmentach tekstu, lecz wszystkie one mówią o tym, jak to poganka o imieniu Hypatia pewnego dnia znalazła Całun w swoim parku. Leżał w wodzie, w studni. Rozpoznawszy na obrazie Oblicze Chrystusa, wyciągnęła płótno z wody, a ono natychmiast stało się suche. Legenda mówi o tym wydarzeniu w czasie przeszłym, sytuując je w czasach prześladowań chrześcijan za panowania Dioklecjana, lecz nikt nie wie, kiedy dokładnie miało ono miejsce. Natychmiast wykonano kopie obrazu, który wkrótce nazwano «Kamulianą»".

„I to wszystko?".

„Niezupełnie. Istnieje jeszcze jeden tekst, który dopiero ostatnio stał się bardziej znany. Pochodzi z Gruzji, z Tbilisi. Proszę chwilę zaczekać, muszę go gdzieś tu mieć – ojciec Pfeiffer wstał, podszedł do regału i wyjął z niego książkę, a z niej kartkę. – Proszę. Ten egzemplarz pochodzi z naszej biblioteki, piętro niżej. Kiedyś opublikowałem go w jednym z moich artykułów. Został on odkryty przed trzydziestu laty przez pewnego flamandzkiego jezuitę, który przełożył go na łacinę dopiero wiele lat później, kiedy Związek Sowiecki chylił się już ku upadkowi. Również ten tekst, w którym wielokrotnie wspominany jest «obraz Zbawiciela», pochodzi z VI wieku. Najważniejszy fragment brzmi: «Po Wniebowstąpieniu Chrystusa Niepokalana Dziewica przechowała obraz, który powstał na – lub nad – grobowym całunem. Otrzymała go z rąk samego Boga i przechowywała u siebie, by móc zawsze patrzeć na przepiękne Oblicze swego Syna. Ilekroć pragnęła oddać chwałę swemu Synowi, rozciągała płótno obrazu i modliła się, zwrócona ku wschodowi, z oczyma wzniesionymi ku Synowi i uniesionymi ramionami. Nim ostatecznie zdjęto z Niej brzemię tego żywota, Apostołowie zanieśli Maryję na marach do jaskini. Tam położyli umierającą Matkę Bożą przed obliczem Jej Syna". Z zainteresowaniem słuchałem słów ojca Pfeiffera; jeszcze niedawno, mieszkając w Jerozolimie, każdego wieczora odwiedzałem Bazylikę Zaśnięcia, która według miejscowej tradycji, została wzniesiona tam, gdzie umarła Matka Jezusa.

Ojciec Pfeiffer zdjął okulary i spojrzał mi prosto w oczy: „To musiał być Całun z Manoppello. Sugerują to zarówno treść, jak i struktura tekstu: «piękne Oblicze Jej Syna». Wskazują na to również format obrazu i fakt jego używania podczas medytacji. Niektórzy z uznanych są wprawdzie zdania, że tekst mówi o Całunie z Turynu, jednak myśl, że Maryja miałaby w czasie modlitwy rozkładać mierzące 4 metry długości płótno, wydaje się równie niedorzeczna, jak próba identyfikacji «pięknego Oblicza» z podwójnym odbiciem Ukrzyżowanego. Wreszcie na zakończenie, jeśli wolno zapytać: kto, jeśli nie Maryja, rodzona Matka, miałby przechowywać ten delikatny Całun po ukrzyżowaniu i Zmartwychwstaniu Jezusa? Komu innemu spośród uczniów Jezusa miałby przypaść w udziale ten przywilej? Myślę, że odpowiedź na to pytanie jest oczywista: Całun z pewnością znajdował się w posiadaniu Maryi!".

„Gdzie można znaleźć następne relacje na temat obrazu?".

„W kazaniu z VII lub VIII wieku, którego autor zakłada, że słuchacze znają obraz z Kamuliany. W tekście tym – podobnie jak w znanych scenach Zwiastowania Maryi – jest mowa o ozdobionej komnacie; w niej znajduje się stół, na nim białe płótno i szklane naczynie, w którym Jezus obmywa swoją twarz, a potem ją wyciera, w cudowny sposób pozostawiając na płótnie odbicie swego Oblicza. Zapewne właśnie wtedy przeniesiono obraz do Kapadocji do Cezarei".

„Kiedy zabrano płótno z Kamuliany, względnie Cezarei?".

„Dokładnie nie wiadomo. Pewne jest tylko, że w 574 roku przywędrowało wraz z cząstkami Krzyża Świętego do Konstantynopola, gdzie powitano je z wielkimi honorami i gdzie powstał cały szereg legend o cudownym powieleniu obrazu. Od 705 roku we wschodniej części królestwa obraz uznawano za zaginiony. Wkrótce potem, w 722 roku, rozpoczęła się wywołana przez ikonoklastów kampania przeciw ikonom, w wyniku której płomienie pochłonęły niezliczoną liczbę świętych obrazów. Zanim to jednak nastąpiło, w stolicy cesarstwa wschodniorzymskiego cudowny – jak głosiła legenda: stworzony mocą samego Chrystusa – wizerunek stał się sztandarem i znakiem wojennym wojsk bizantyjskich w wojnie przeciwko napierającym ze wschodu Persom. Możliwe, że jako swoiste *palladium*[7] był używany już podczas zwycięskiej bitwy pod Konstantyną w 581 roku. Wiadomo, że wódz Bizantyjczyków Philippikos pokazał go swoim żołnierzom przed bitwą nad rzeką Arcamon, by

---

[7] W starożytnej Grecji: posąg bogini Pallas Ateny; według wierzeń Greków, miał zapewniać bezpieczeństwo miastu, w którym był czczony; tu: świętość, talizman, sztandar zwycięstwa.

w ten sposób dodać im odwagi w obliczu przeważających sił wroga. W roku 622 poeta Georgios Pisides z zachwytem opiewał umieszczony na sztandarze wizerunek jako «obraz Logosu: Słowa, które wszystko stworzyło», jako «przez Boga stworzony praobraz» – jakby to była istota ludzka zrodzona bez udziału mężczyzny. W 586 roku Theophylaktos Simokattes raz jeszcze wyraźnie zaświadczył o nadprzyrodzonym pochodzeniu obrazu – dzieła «Boskiego kunsztu», którego «nie uczyniły ręce tkacza ani farba malarza». Nie ma wątpliwości, że wszystkie te wypowiedzi doskonale pasują do obrazu z Manoppello – i do żadnego innego spośród znanych nam dziś obrazów. Już wspomniane kazanie z 394 roku, którego autorstwo – trudno powiedzieć, słusznie czy niesłusznie – przypisuje się Grzegorzowi z Nyssy, nazywa Kamulianę «nowym Betlejem», porównując powstanie obrazu do narodzin Jezusa, który «przyszedł na świat z Ducha Świętego i Maryi Dziewicy». Obraz w prostej linii kontynuuje to, co na ziemi czynił sam Jezus – tu pozostaje On obecny w swej mocy".

„Jak więc powstała legenda? Czy nie wystarczył sam fakt istnienia tak cudownego obrazu?".

„Nie, to za mało. W takich przypadkach zawsze bardzo ważna jest legenda, która ma «przypisać» obraz do danego miejsca. Kiedy obraz pojawia się w jakiejś zapomnianej przez Boga mieścinie, na przykład Kamulianie, wówczas nie ulega wątpliwości, że należy go przenieść do Konstantynopola, gdzie jest jego «właściwe miejsce». Gdyby obraz pojawił się w większym mieście, na przykład w Edessie, która była wówczas ważną twierdzą graniczną, przeniesienie relikwii byłoby nieuzasadnione – chyba że Edessa wpadłaby w ręce niewiernych. Legendy zawsze miały na celu wyjaśniać i legitymizować stosunki własnościowe".

Ojciec Pfeiffer zmęczył się nieco wykładem i na chwilę przerwał. Podałem mu szklankę wody. „Czy to nie znamienne – zapytał po chwili – że obraz ten przechowywany jest obecnie w miejscowości o nazwie «Manoppello»? «Betlejem» znaczy po hebrajsku «Dom chleba». Z kolei łacińskie słowo *manipulus*, od którego pochodzi Manoppello, znaczy «ręka pełna kłosów». Czy to nie zastanawiające? Czyżby nieznane miasteczko we włoskiej Abruzji stało się – rzec można – nowym Betlejem, miasteczkiem na judejskiej prowincji, w którym dwa tysiące lat temu przyszedł na świat Chleb Świata? W VIII wieku obraz z Kamuliany zniknął z bizantyjskich źródeł. W 787 roku, na piątym posiedzeniu VII Soboru Powszechnego w Nicei, skarbnik Kosmas powiedział, że przeciwnicy obrazów bezczelnie wycięli z przechowywanego w kaplicy patriarchatu *Martyrologium*[8] historię cudownego obrazu z Kamuliany. Obraz po prostu zniknął z oczu wiernych. Na Wschodzie miejsce Persów zajęli Arabowie, nowi wrogowie Bizancjum i zdecydowani przeciwnicy wszelkich obrazów, bardziej jeszcze radykalni od Żydów. Jak głoszą ówczesne źródła, po wybuchu buntu Leona Izauryjczyka przeciwko obrazom, patriarcha Germanos I powierzył cudowny wizerunek falom morskim. W drodze strzegły go okręty bizantyjskiego admirała Herakliosa. Obraz miał dopłynąć do Rzymu, gdzie z wody wydobył go sam papież Grzegorz II – kolejny cud po tym, jak portret

---

[8] Księga liturgiczna zawierająca krótkie dzieje męczenników i świętych oraz informacje na temat obchodzonych świąt i uroczystości.

ocalił Konstantynopol podczas oblężenia przez Scytów. Relikwia była bardzo sławna, dlatego tym bardziej dziwi fakt, że mogła tak niepostrzeżenie zniknąć z Konstantynopola. Germanos I rządził w stolicy wschodniego cesarstwa od 715 do 730 roku, Grzegorz II w Rzymie od 715 do 731 roku. W VI wieku pewien pielgrzym z Piacenzy pisał, że słyszał w Egipcie o obrazie, który promieniował blaskiem jak oblicze Jezusa w czasie Przemienienia na górze Tabor. Ponoć wygląd tego obrazu nieustannie się zmieniał".

„Chwileczkę! – przerwałem wykład. – Gdzie dokładnie w Egipcie?".

„W Memfis".

„Ma ojciec ten tekst?".

„Nie, ale stoi w bibliotece. Jeśli pan chce, mogę go przynieść".

Profesor wstał, wziął pęk kluczy, a ja tymczasem oglądałem obrazy, poutykane we wszystkich kątach zagraconego pokoju. Niecałe pięć minut później ojciec wrócił, niosąc pod pachą stary wiedeński foliał z 1898 roku – znów popsuły się biblioteczne kopiarki. Szybko znalazł odpowiedni fragment na stronie 189 i zaczął czytać na głos, najpierw po łacinie, potem po niemiecku: „*In Memphi fuit templum*... W Memfis była świątynia, w której dziś mieści się kościół. Widzieliśmy w niej lniane płótno z obrazem Zbawiciela, który – jak powiadają – otarł tymże płótnem swe Oblicze, zostawiając na nim święty wizerunek, otaczany tu czcią od niepamiętnych czasów. Również my oddaliśmy mu cześć, lecz z powodu bijącego od niego blasku nie mogliśmy mu się dokładnie przyjrzeć, ponieważ mienił się w oczach, gdyśmy nań patrzyli".

„Przecież ten tekst brzmi jak dokładny opis Całunu z Manoppello" – przerwałem ojcu.

„Nie – odparł z oburzeniem mój rozmówca. – To mógł być wyłącznie Całun Turyński. Patrząc na Całun w pierwszej chwili niemal nic nie widać".

„Jak to? Przecież jest tu wyraźnie mowa o obrazie głowy. A zmiana wyglądu pod wpływem światła to zjawisko, które do dziś można zaobserwować w Manoppello. Proszę powiedzieć, czy Memfis to nie ta miejscowość w Egipcie, w okolicach Antinoe i oazy Fayoum, gdzie pod koniec XIX wieku odnaleziono prawie osiemset obrazów mumii z pierwszych trzech wieków, o których mówi się, że były najstarszymi pierwowzorami chrześcijańskich ikon?".

„Tak, to właśnie ta miejscowość. Prawdą jest też, że dziś wzmianka o obrazach z Fayoum znajduje się na początku niemal każdej książki na temat ikon".

„Czy jest zatem możliwe, by istniał jakiś związek pomiędzy obrazem opisanym przez anonimowego pielgrzyma z Piacenzy a zagadkowymi obrazami mumii? – zapytałem podekscytowany, jakbym właśnie dokonał przełomowego odkrycia. – Są to przecież wizerunki zmarłych, których oczu i wyrazu twarzy – raz je ujrzawszy – nie sposób zapomnieć. Hilde Zaloscer, historyk sztuki z Wiednia, opowiadała mi kilka lat temu, że uważa tablice z Fayoum za pierwsze chrześcijańskie ikony – już choćby z tego powodu, że jako pierwsze obrazy w dziejach ukazują one zmartwychwstałych! Myślę jednak, że wszystkie one miały jeden wspólny pierwowzór, zwłaszcza gdy chodzi o utrwalony na obrazach wyraz twarzy. Co ojciec sądzi o tej hipotezie?".

Profesor zawahał się. „To możliwe! – rzekł, gładząc z zakłopotaniem włosy. – Trzeba by tę sprawę dokładniej zbadać – nawet jeśli wciąż uważam ten tekst za jedną z najstarszych wzmianek na temat Całunu Turyńskiego. Zresztą nie tylko ja; wielu naukowców jest tego samego zdania. Ale trzeba by to rzeczywiście dokładniej zbadać". Poprosiłem, by profesor kontynuował przerwany wykład, do czego zabrał się z prawdziwą ochotą. Słuchałem w napięciu.

„W 753 roku, w papieskiej kronice pojawia się wzmianka o «nie namalowanym ludzką ręką» obrazie Chrystusa, który papież Stefan II boso poniósł w uroczystej procesji ulicami miasta, by powstrzymać dowodzonych przez Aistulfa Longobardów przed splądrowaniem miasta. Tak zwana *Liber Pontificalis* nazywa ten obraz *acheropsita*. Niektórzy z dzisiejszych badaczy uważają, że była to tak zwana «Uronika», do dziś czczona w Bazylice Laterańskiej. Lecz ikona ta – wysokości dorosłego człowieka – byłaby zbyt ciężka do niesienia w procesji. Wiele lat później pojawiają się w Rzymie wzmianki o niejakiej Weronice, która miała podczas drogi krzyżowej otrzeć Oblicze Chrystusa, oraz o tak zwanym «Obrazie Abgara», tajemniczym autoportrecie, posłanym przez Jezusa królowi Edessy".

„Jak zatem odróżnić opisy Całunu Turyńskiego od wzmianek na temat Całunu z Manoppello? Może w różnych tekstach wspominane są różne obrazy, tyle że dziś nie potrafimy ich odróżnić i zidentyfikować?".

„Nie. Możliwe, że do V wieku oba obrazy przechowywano w Edessie. Można też przypuszczać, że oba Całuny nasączone były roztworem aloesu i mirry, który sprawił, że płótna stały się materiałem światłoczułym. Całun z Turynu to negatyw, oblicze na Chuście, która leżała na Całunie, to pozytyw. Z punktu widzenia techniki fotograficznej Chusta musiała leżeć na wierzchu".

„Chce ojciec przez to powiedzieć, że Bóg jest fotografem".

„Greckie słowo *photos* oznacza «światło», *graphein* – «pisać». Trudno znaleźć słowo lepiej opisujące technikę, za pomocą której stworzono te dwa obrazy. Zostały one «napisane światłem». Kto inny, jeśli nie Bóg, mógłby tego dokonać?".

„Kiedy pojawiła się w Rzymie pierwsza kopia Całunu?".

„Zapewne była to mozaika przedstawiająca wizerunek brodatego Chrystusa, którą umieszczono w apsydzie Bazyliki Laterańskiej jeszcze za czasów Konstantyna, około roku 320. Do tego czasu musiały się już w Rzymie pojawić pierwsze wzmianki na temat obrazu Chrystusa z Kamuliany. Ireneusz z Lyonu mówi o tym, że tworzone są prawdziwe wizerunki Chrystusa, mające za pierwowzór obraz, który powstał w Jerozolimie za czasów Piłata".

„Kiedy obraz przywędrował do Rzymu? I dlaczego przez tak długi czas nikt o nim nie wspominał?".

„Stało się to prawdopodobnie około roku 705, za pontyfikatu papieża Jana VII. Obraz zniknł z Konstantynopola po roku 695, kiedy wygnano ze stolicy cesarza Justyniana II. Aby się nie odważył wracać, odcięto mu nos. Kiedy jednak w 705 roku cesarz odzyskał miasto, nawet przy pomocy tortur nie udało mu się dowiedzieć, dokąd przeniesiono obraz. Całun został potajemnie wywieziony z Konstantynopola, dlatego później przez długi czas nie mógł być wystawiany w Rzymie na widok publiczny. W przeciwnym wypadku władcy Bizancjum, którzy rościli sobie prawa do relikwii, mogliby zażądać jej zwrotu. W jednej z ówczesnych kronik zapisano, że papież kazał zbudować w starej Bazylice Świętego Piotra kaplicę ku czci Maryi, którą nazwano następnie «Weroniką», czyli «kaplicą Prawdziwego Obrazu». W listopadzie 1011 roku papież Sergiusz poświęcił Całunowi (*Sudarium*) specjalny ołtarz w tej właśnie kaplicy. Przez wiele stuleci co jakiś czas pojawiały się jednoznaczne wzmianki o Całunie, na którym «wyraźnie widać» Oblicze Chrystusa. Wiadomo, że w XII wieku jeden z kapłanów pełniących posługę w bazylice był przeznaczony wyłącznie do sprawowania służby Bożej w kaplicy świętej Weroniki. Z 1143 roku pochodzi wzmianka, iż «Całun» nazywany jest również «Weroniką». Dla świętej Brygidy Szwedzkiej, uczestniczącej w rzymskich obchodach roku świętego 1350, było oczywiste, że Weronika jest cudownym obrazem, na którym w cudowny sposób zostało utrwalone prawdziwe Oblicze Chrystusa. Wypowiedź Brygidy włącza się w cały chór podobnych, średniowiecznych głosów''.

„Kiedy pierwszy raz ukazano publicznie Całun w Bazylice Świętego Piotra?''.

„Z pewnością po roku 1204, gdy Bizantyjczycy nie mieli już w tej sprawie nic do powiedzenia. O prawdziwym przełomie można mówić od roku 1208, kiedy papież Innocenty III – to za jego pontyfikatu 13 kwietnia 1204 roku krzyżowcy zdobyli i splądrowali Konstantynopol – zarządził, by odtąd w każdą drugą niedzielę po przypadającej 6 stycznia uroczystości Objawienia Pańskiego odbywała się procesja, podczas której obraz przenoszono z Bazyliki Świętego

Piotra do kościółka dawnego szpitala *Santo Spirito in Sassia*
i z powrotem. Zna pan ten kościół? Za hotelem „Columbus",
obok kurii generalnej jezuitów. Co ciekawe, w tym samym
kościółku czczony jest również obraz «Jezusa Miłosiernego»,
namalowany według wizji świętej siostry Faustyny, o którym
mówi się, że był to ulubiony obraz Jana Pawła II. Jest to duży
portret w stylu nazarejskim, na którym Chrystus jest uderza-
jąco podobny do wizerunku z *Santo Volto* z Manoppello. Może
nawet bardziej niż na innych obrazach. Droga z kaplicy *Piety*
do kościoła *Santo Spirito* trwa – jak to kiedyś sprawdziłem
– niecały kwadrans, obojętnie, czy z Placu Świętego Piotra
pójdziemy wzdłuż *Borgo Santo Spirito*, czy *Via della Conciliazione*
i skręcimy w *Via dei Cavalieri del Santo Sepolcro*. Ta niedziela
do dziś nazywana jest w liturgii katolickiej *Omnis Terra*, od
dwóch pierwszych słów psalmu śpiewanego podczas procesji
na wejście: «Cała ziemia chwali Cię, Panie». Słowa te w przedziwny sposób pasują do tego dnia, ponieważ od tej pory
obraz stał się znany całemu światu. Wszystkim pielgrzymom,
którzy zamierzali z tej okazji przybyć do Rzymu, obiecano
odpust zupełny. Było to wielkie święto. Papież rozdawał
jałmużnę ubogim, a na zakończenie błogosławił pielgrzymów
cudownym obrazem. To przede wszystkim dzięki tej uroczystości Bazylika Świętego Piotra nabrała tego znaczenia, które
posiada dzisiaj. Jak to zwykle bywa przy takich okazjach, nie
obyło się oczywiście bez napięć. Musimy bowiem pamiętać,
że oficjalną katedrą papieża była i jest Bazylika Świętego Jana
na Lateranie. To pierwsza bazylika, którą cesarz Konstantyn
kazał wznieść w Rzymie – równe dziewięćset lat wcześniej
– jako «matkę wszystkich kościołów na ziemi». Tymczasem,

jak kiedyś wspomniała siostra Blandina, procesja pomiędzy Bazyliką Świętego Piotra i kościołem Ducha Świętego stała się zapowiedzią *visio beatifica*, „wizji uszczęśliwiającej". Wielka Gertruda z Helfty miała tego dnia wiele wizji, które opisała w piśmie zatytułowanym *O działaniu Boskiego wejrzenia*. W tę samą styczniową niedzielę, również w Helfcie, święta Mechthilda z Hackenbornu miała wizję wysokiej, porośniętej kwiatami i drzewami owocowymi góry z tronem z jaspisu i innych szlachetnych kamieni, na którym zasiadał Pan: «Oblicze Pana jaśniało jak słońce, Jego blask wypełniał naczynia niczym pokarm i napój, i odziewał obecnych niczym drogocenna szata». Mam wrażenie, że siostra Blandina zna te wizje na pamięć. Od niej dowiedziałem się również, że święta Gertruda nakazała swym siostrom, by tego dnia zmówiły sto pięćdziesiąt wynagradzających *Ojcze nasz* – w nawiązaniu do stu pięćdziesięciu mil pielgrzymiego szlaku z Helfty do Rzymu. – Ojciec uśmiechnął się. – Święta Gertruda musiała chyba mierzyć drogę w milach niebiańskich".

„Kiedy pojawiła się w Europie postać kobiety trzymającej Całun – to symboliczne wyobrażenie Weroniki, które dziś możemy oglądać w Bazylice Świętego Piotra?".

„Najstarsza tego rodzaju rzeźba – kobieta ukazująca Całun z Obliczem Jezusa – znajduje się we Francji, w Écouis. Statua pochodzi mniej więcej z 1310 roku. Gest ten pojawił się zapewne najpierw w przedstawieniach pasyjnych, pod koniec XIII lub na początku XIV wieku. Samo nabożeństwo drogi krzyżowej powstało, jak wiemy, w Jerozolimie; święta Brygida Szwedzka uczestniczyła tam w drodze krzyżowej, która bardzo przypominała znaną nam, współczesną formę – choć bez sceny spotkania Jezusa z Weroniką! W późniejszym okresie nabożeństwo zostało rozpropagowane przez franciszkanów. Prawdopodobnie dopiero wtedy powstała legenda o świętej Weronice – w dwóch wariantach: krwawym i bezkrwawym, przy czym starsza postać ma charakter bezkrwawy. Pochodzący z okolic Kolonii, piętnastowieczny twórca obrazów Weroniki utrwalił obie wersje legendy. Jeden Całun namalował z koroną cierniową, drugi bez. Również sławny «Mistrz z Flémalle» malował Chrystusa bez znaków męki. Jednak w samym Rzymie nie powstały przed Dürerem żadne obrazy Weroniki. Dürer był pierwszym, który przywiózł tego rodzaju wizerunek do Rzymu – w 1510 roku; połączył przy tym dwie tradycje, przedstawiając na drzeworycie Piotra i Pawła oraz stojącą między nimi, trzymającą Całun Weronikę".

„W lutym, podczas wykładu przy *Via della Conciliazione* mówił ojciec o trzech całunach okrywających Oblicze Chrystusa. Co chciał ojciec przez to powiedzieć?".

„Pierwszy całun na prawdziwym Obliczu Chrystusa to istniejąca na zachodzie legenda o Weronice, kobiecie, która współczując Chrystusowi, otarła Jego twarz, otrzymując w zamian odbicie Jego Oblicza na swej chuście – w tym ujęciu prawdziwy obraz Chrystusa jest owocem miłosierdzia pewnej kobiety wobec kroczącego drogą krzyżową Jezusa. O wydarzeniu tym opowiadają niezliczone kapliczki w całej Europie i Nowym Świecie. Legenda bardzo głęboko zapadła w pamięć wiernych. Drugi całun «utkano» w Manoppello – mam na myśli legendę, która głosi, że w 1506 roku nieznany pielgrzym wręczył przechowywany tam obraz jednemu z wybitnych obywateli miasteczka. Jest to jednak niemożliwe".

„Więc dlaczego głoszono taką wersję wydarzeń?".

„Aby ukryć drogocenną relikwię przed papieżem".

„A dlaczego ojciec twierdzi, że obraz nie mógł przywędrować do Manoppello w 1506 roku?".

„Ponieważ, jak już powiedziałem, sto lat później płótno było jeszcze publicznie pokazywane przybywającym do Rzymu pielgrzymom. Legenda miała zatem ukryć fakt, że w Manoppello znajduje się oryginał rzymskiej Weroniki. To jedyny powód. Mieszkańcy Manoppello dokonali historycznego fałszerstwa, by przekonać Urbana VIII i jego prałatów, że obraz znajduje się w ich mieście dłużej, niż trwają poszukiwania rzymskiej Weroniki. To nie jego szukacie – mówi legenda. Po to właśnie powstała *Relatione Historica* Donata da Bomby, który w 1645 roku opisał, jak to w 1506 roku niebiański posłaniec przekazał przed drzwiami *San Nicola* Całun niejakiemu *dottore* Leonellemu. Papież Urban VIII zarządził bowiem w edykcie z 29 maja 1628 roku, by zwrócić wszystkie kopie Weroniki do rzymskiej Bazyliki Świętego Piotra, nieposłusznym grożąc ekskomuniką, czyli wyłączeniem ze wspólnoty Kościoła, która była najcięższą z kar kościelnych! Dlatego powstała ta relacja, co do której nie ma cienia wątpliwości, że jest legendą. Wymyślono ją, bo miała na celu legitymizować fakt przechowywania Całunu w Manoppello. Wzmianka o publicznym odczytaniu *Relatione...* w obecności najważniejszych obywateli miasta jest pierwszym oficjalnym potwierdzeniem obecności obrazu w Manoppello. Chodzi o akt notarialny z 6 kwietnia 1646 roku, w którym trzynastu notabli miasta wspólnie pod przysięgą zaświadcza, że «ich obraz» jest o wiele starszy od wspomnianych w papieskim edykcie «kopii Weroniki». To zaś oznacza, że nikt nie ma prawa żądać wydania Całunu! Był to zakrojony na szeroką skalę – chociaż patrząc z dzisiejszego punktu widzenia niesłychanie łatwy do zdemaskowania – spisek".

„Chwileczkę, ojcze. Ostatnio prowadziłem w watykańskim Tajnym Archiwum dość intensywne poszukiwania wspomnianego edyktu Urbana VIII, lecz nie znalazłem po nim nawet najmniejszego śladu. Ani słowa na jego temat nie ma również w bardzo interesującym *Indice 767*, wydanym przez *Segretaria dei Brevi*, ani w Archiwum Kapituły Bazyliki Świętego Piotra i w bibliotekach uniwersytetów papieskich. Ani słowa na temat edyktu! Może więc rzekomy dokument jest tylko zmyśloną legendą?".

„Nie, nie! – twarz siwowłosego ojca rozjaśnił złośliwy uśmiech. – Nie ma nic dziwnego w fakcie, że nie chciano przechowywać tak kompromitującego dokumentu, zwłaszcza po tym, jak okazał się całkowicie bezużyteczny. – Kiedy ojciec Pfeiffer wstał, by wyjąć z regału wielką kopertę, w jego głosie zabrzmiał ton tryumfu. – Proszę jednak spojrzeć, co mi wczoraj przysłał don Filippo Lupo, proboszcz parafii *San Nicola di Bari* w Chiusa na Sycylii, gdzie przechowywana jest stara kopia Weroniki. Jest to ów drugi wizerunek, o którym wspomina inskrypcja na odwrocie obrazu z kościoła *Il Gesù*. To jedna z tak zwanych «oryginalnych kopii», wykonanych w 1617 roku na polecenie papieża Pawła V. – Mój rozmówca wyjął z koperty cały zwój kserokopii starych rękopisów. – Zachowały się tam również stare odpisy papieskiego edyktu. Proszę, niech pan spojrzy". Podał mi wielką lupę, po czym sam przeczytał fragment zachowanego w archiwum parafialnym manuskryptu z 1628 roku, w którym jest mowa o tym, że papież Urban VIII „dowiedział się o różnych kopiach, wbrew wszelkim regułom i zakazom papieskim przedstawiających Prawdziwe i Święte Oblicze". O obrazach tych należy niezwłocznie donieść Jego Świątobliwości, aby mogły zostać wycofane z publicznego użytku. Działania sprzeczne z tym surowym zaleceniem będą karane wykluczeniem ze wspólnoty Kościoła.

Ojciec Pfeiffer znów się uśmiechnął. „Chętnie dla pana skopiuję ten tekst. Widzi pan, Urban VIII miał wielki problem. Bez Weroniki rok święty 1625 mógł się okazać wielkim niewypałem. Pielgrzymi chcieli zobaczyć «Prawdziwe Oblicze Chrystusa», nie papieża. Chcieli zobaczyć wizerunek samego Boga. Dlatego papież tak bardzo starał się odzyskać obraz. Gdyby go miał, byłoby mu obojętne, ile zrobiono kopii, również tych sprzecznych z wszelkimi regułami malarstwa. Wszystko więc wskazuje na to, że Weroniki nie było już w Rzymie! Urban VIII nie był głupi, przeciwnie – był znakomitym dyplomatą i wielkim przyjacielem Towarzystwa Jezusowego. Lecz to była zapewne jedyna jego zaleta. Poza tym zapisał mało chwalebną kartę w dziejach Kościoła. Oddał bogactwo Kościoła w ręce kardynała Richelieu, ten zaś przekazał je Szwedom, dzięki czemu ci ostatni mogli doprowadzić do wybuchu wojny trzydziestoletniej przeciwko cesarzowi. Tyle pamiętam jeszcze z gimnazjum, z lekcji historii, prowadzonych przez protestanckiego nauczyciela, który zawsze z lubością wracał do tego tematu".

„Czy nie ma żadnych innych źródeł historycznych, z których by wynikało, że obraz znalazł się w Manoppello już XVI wieku, jak utrzymuje autor *Relatione Historica*?".

"Nie – i właśnie to milczenie jest najbardziej znamienne. Na przykład w 1574 roku niejaki *dottore* Rozzi odbył podróż po Abruzji, podczas której zawitał oczywiście również do Manoppello i okolicznych wsi i miasteczek. W relacji z podróży drobiazgowo opisał każdy święty obraz i każdą, najmniejszą nawet cząstkę świętych relikwii, przechowywaną w odwiedzonych przez niego kaplicach. Na temat Manoppello – oprócz nazwy miasta i wzmianki, że je odwiedził – nie napisał ani słowa. Niemożliwe zatem, by obraz znajdował się w tym czasie w mieście. Chyba że leżałby zakopany na miejscowym cmentarzu. Lecz i to jest niemożliwe – przyzna to każdy, kto choć raz widział obraz. Ten wizerunek chce być oglądany. On żąda od widza, by go kontemplował".

"«Święta Włócznia została pośród głośnych okrzyków przeniesiona przez Borgo koło Watykanu»– zapisano w dokumencie sporządzonym podczas *Sacco di Roma*, kiedy w 1527 roku niemieccy i hiszpańscy lancknechci plądrowali Rzym: – «Weronika przechodziła z rąk do rąk, wędrując przez rzymskie spelunki!». Co Ojciec na to?". – To miał być mój ostatni tryumf nad ojcem Pfeifferem, lecz jezuita spojrzał na mnie z kamiennym wyrazem twarzy.

"To histeryczna plotka, która doskonale pasuje do panujących wówczas katastroficznych nastrojów – i która już wtedy wywoływała głosy sprzeciwu. W rzeczywistości Weronikę pokazywano publicznie w Rzymie w 1533, potem w 1536, 1550, 1575, 1580 i 1600 roku".

"A co z trzecim całunem, o którym ojciec mówił?".

"Trzeci całun to trwające od czterystu lat tuszowanie przez Watykan faktu zaginięcia najważniejszej relikwii chrześcijaństwa. Weronikę skradziono, ale żaden papież do dziś tego publicznie nie przyznał. W 1608 roku planowano zburzyć starą kaplicę Weroniki i zgromadzić wszystkie relikwie w jednym miejscu, w nowej Bazylice Świętego Piotra. Przeciw tym planom podniosły się jednak głosy gwałtownego sprzeciwu. Proszę pomyśleć: stara, zupełnie nienaruszona przez czas i pięknie zdobiona kaplica stała w tym miejscu równe dziewięćset lat... Decyzja papieża o zburzeniu starej świątyni musiała się wydawać rzymianom niebywałym zuchwalstwem. Przyjmując najbardziej optymistyczną wersję, papieże ostatnich czterech stuleci nie mieli zapewne pojęcia, że podczas tak dokładnie zaplanowanej przeprowadzki relikwii do nowej bazyliki coś poszło nie tak. Jednak z pewnością wiele pracujących w Kurii Rzymskiej osób od dawna nie ma najmniejszych wątpliwości, że Całun, który od czterystu lat przechowywany jest w kolumnie Weroniki, to zwykła atrapa. To nie przypadek, że nie ma żadnej fotografii obrazu. To nie przypadek, że nawet na najbardziej uprzejmą prośbę nigdy nie otrzyma pan zgody na obejrzenie wizerunku".

„Przyzna ojciec, że to dość śmiałe twierdzenie. I bynajmniej nie wygłasza go ojciec po raz pierwszy. Znalazło się ono już w książce z 1991 roku, a potem pojawiło się podczas konferencji prasowej w roku 1999. Jak zareagowała na nie Kuria Watykańska, której ojciec postawił zarzut ukrywania prawdy?".

„W ogóle nie zareagowała! Jednak rok po konferencji prasowej wysłano na światową wystawę do Hanoweru przechowywany w Pałacu Apostolskim, pilnie dotąd strzeżony «Obraz z Edessy», który w średniowieczu zawędrował z Edessy przez Konstantynopol do Rzymu. Był to akt niemal rewolucyjny. Całun ten jest «najstarszym wizerunkiem Jezusa Chrystusa», jak zapisał w półoficjalnej nocie niemiecki prałat Kemper. Obraz «nie tylko wywarł znaczący wpływ na rozumienie istoty ikony, lecz w pewnym sensie sam jest pierwszą ikoną». Była to jedyna – jeśli w ogóle – odpowiedź Watykanu na odkrycie, którego dokonałem w Manoppello. Najnowsze ekspertyzy i badania «Mandylionu z Edessy», na których opierał się wywód prałata Kempera, wykonano na polecenie profesora Arnolda Nesselratha, dyrektora Muzeów Watykańskich".

Od pana obrazów do obrazu Pana

Ojciec Heinrich Pfeiffer SJ

*Zaciśnięte wargi w Muzeach Watykańskich i tryskające
źródło w ustach ojca Pfeiffera na najwyższym piętrze
Uniwersytetu Towarzystwa Jezusowego.*

Arnold Nesselrath jest dużo mniej rozmowny od ojca Pfeiffera. *Voci di corridoio* – tak eufemistycznie określa się w Rzymie plotki. Otóż te sprawdzone „głosy z korytarza" mówią, że ojciec Nesselrath uważa profesora Pfeiffera i jego twierdzenia na temat „Świętego Oblicza" z Manoppello za – mówiąc delikatnie – równie niepoważne, jak moje dziennikarskie śledztwo. Musiałem jednak z nim porozmawiać. Wzdłuż murów Watykanu ciągnęła się kilometrowa kolejka chętnych do zwiedzenia królestwa *direttore* Nesselratha. Męczarnią było już samo stanie w tłumie cisnących się ludzi, a wejście do Muzeów Watykańskich dodatkowo utrudniały znane mi z lotnisk bramki bezpieczeństwa. Liczący pięćset lat największy skarbiec świata – dawne komnaty papieskie – kryje zapewne najcenniejszą na świecie kolekcję dzieł sztuki, cenniejszą nawet od zabytków Luwru. Artyści tej miary co Michał Anioł czy Rafael tworzyli specjalnie na potrzeby tego pałacu. Nie trzeba było owych dzieł gromadzić czy dokupować. Stróżem tych wszystkich obrazów jest dziś niemiecki historyk sztuki Arnold Nesselrath, profesor Uniwersytetu Humboldta w Berlinie, a od 1996 roku dyrektor sekcji sztuki bizantyjskiej, średniowiecznej i nowożytnej Muzeów Watykańskich. „Hm, do profesora Nesselratha – powiedział z uznaniem ochroniarz przy wejściu. – Do samego *capo*!".

Dottore Nesselrath pojawił się w Rzymie podczas renowacji Kaplicy Sykstyńskiej; pracował jeszcze pod kierunkiem poprzedniego dyrektora tej sekcji muzeów. Pod nadzorem niemieckiego uczonego odrestaurowano wówczas znane na całym świecie stance Rafaela. Można odnieść wrażenie, że Nesselrath zna każdy kamień papieskich pałaców, a nawet dokładnie wie, kiedy go położono. To samo dotyczy obrazów przechowywanych w jego skarbcach. Pod egidą *direttore*, z okazji przypadającej w 1997 roku pięćdziesiątej rocznicy święceń kapłańskich Jana Pawła II, zbadano przechowywany w zakrystii Kaplicy Sykstyńskiej „Mandylion z Edessy". W czasie naszej rozmowy profesor powiedział mi, że jego zdaniem obraz ten powstał w III wieku, a nie – jak twierdzą inni badacze – dopiero w XV. Na jego polecenie zbadano również „Uronikę", wielką ikonę z kaplicy *Sancta Sanctorum* na Lateranie, oraz prastarą ikonę Maryi z Bazyliki *Santa Maria Maggiore*, zwaną przez Rzymian *Salus Popoli Romani*, „Zbawieniem Ludu Rzymskiego". „Wszystkie te «nie namalowane ludzką ręką» obrazy otoczone są wieloma warstwami legend i podań, które, gdy je delikatnie usuniemy, wskazują na bardzo wczesny okres powstania dzieł – mówił doświadczony restaurator w swoim małym, przytulnym biurze ponad dachami Rzymu. Wypełnione książkami regały zasłaniają ściany. Przez otwarte okno roztacza się widok na łańcuch wzniesień *Monte Mario*, piękną *Villa Miani* i dzielnicę *Prati*. Jego biurko zarzucone jest mnóstwem papierów. Poza muzeum Arnold Nesselrath sprawuje pieczę również nad dziełami sztuki przechowywanymi w rzymskich kościołach. Nie może się uskarżać na brak pracy czy zapotrzebowania na swoje fachowe ekspertyzy. Mimo to wygląda młodo, jest rzutki i brak mu rozkojarzenia, cechy tak typowej dla uczonych, którzy zbyt długo przesiadują w bibliotekach, a za mało czasu spędzają na świeżym powietrzu. Tylko jego krótka broda jest lekko zmierzwiona, jakby ciągle ją tarmosił w zamyśleniu. Źrenice poruszają się jak błyskawice. Z jego ust pada cała lawina nazwisk uczonych, które zapewne trzeba by znać, by móc w ogóle prowadzić z nim dialog.

W to jasne przedpołudnie zapytałem go, co mógłby powiedzieć o „Świętym Obliczu" z Manoppello. O tym, że znał ten obraz i sprzeciwiał się utożsamianiu go z rzymską Weroniką, wiedziałem z debaty, która rozgorzała po rzymskich „ekscesach" ojca Pfeiffera. Wcale temu nie zaprzecza; nie potrafi też ukryć, jak dobrze jest poinformowany, również na temat swego porannego gościa. „Cóż mógłbym powiedzieć na temat obrazu, którego nigdy nie widziałem?" – odpowiada ostrożnie na pytanie, z pewnością spodziewane. Oczywiście słyszał o wizerunku. Słyszał również o artykule, który napisałem na jego temat, oraz o tym, że właśnie pracuję nad książką poświęconą Całunowi. „I nie interesuje pana ten obraz?" – pytam z konsternacją. „Wie pan, w odniesieniu do tego eksponatu brakuje nam źródeł historycznych". „Ale przecież – nie daję za wygraną – różne dokumenty potwierdzają jego istnienie od co najmniej czterystu lat. Ciekawe źródła na ten temat odnalazł na przykład ojciec Pfeiffer. No i czy za poważne źródło nie należy w tym kontekście uznać Ewangelii Jana?". „No cóż, wchodzimy na obszar kompetencji różnych nauk, a na nim bardzo trudno określić granice poszczególnych dyscyplin. Nie wiadomo, gdzie zaczyna się jedna, a gdzie kończy druga". Pytam więc, czy mój rozmówca – jako specjalista w tej dziedzinie i „pan watykańskich obrazów" – nie odczuwa potrzeby poznania również tego obrazu, przechowywanego przecież w niedalekiej Abruzji. Obrazu przez niektórych – coraz liczniejszych zresztą – specjalistów uznawanego za „matrycę i matkę wszystkich wizerunków Chrystusa"? – „To przecież tylko dwie godziny jazdy z Rzymu". „To nie takie proste. Jeśli bowiem jest to relikwia, jak twierdzą niektórzy, wówczas sprawa leży poza obszarem moich kompetencji". Zaniemówiłem. Ale przecież jest to bądź co bądź obraz! – nawet jeśli stanowi największą z relikwii. Przecież dla naukowca musi to być jeszcze bardziej fascynujące: oto istnieje obraz, którego nie namalowała ludzka ręka – *acheiropoietos* – wizerunek będący pierwowzorem wszystkich innych obrazów. *Dottore* nie mówi ani słowa. Nie zdradza mi też, co sądzi o moich analizach i poszukiwaniach. Podczas tej rozmowy dyktafon jest właściwie bezużyteczny. Mój uczony rozmówca nie daje się sprowokować do wypowiedzi na kontrowersyjne tematy. Kiedy po godzinie opuszczam jego biuro, wciąż nie potrafię pojąć, dlaczego obraz z Manoppello nie budzi w dyrektorze Muzeów Watykańskich nawet cienia zainteresowania, dlaczego profesor Nesselrath nie ruszy w następną niedzielę pędem ku rzymskiej obwodnicy, a potem autostradą na Pescarę. Pod koniec spotkania, gdy już rozmawiamy na zupełnie inne tematy: o tanich połączeniach lotniczych z Rzymem, wyprzedaży dzieł sztuki przez państwo włoskie („Państwo, które wyprzedaje swoje dziedzictwo kulturowe, samo siebie niszczy!"; „Kliknięciem myszki wszczynamy wojny i dziwimy się, że takim samym kliknięciem nie możemy ich zakończyć"), zastanawiam się, jak to możliwe, że człowiek o takiej wiedzy i takiej pozycji z tak niezwykłym uporem unika spotkania z Całunem z Manoppello. Również na to pytanie nie potrafię znaleźć odpowiedzi. Na próżno proszę, by skomentował sprawę jako osoba prywatna. Nawet komplement, że z iście lisią przebiegłością i oślim uporem nie daje się sprowadzić na śliskie ścieżki, wywołuje u niego jedynie cień uśmiechu, lecz nie jest w stanie sprowokować do choćby jednego słowa rzeczowego komentarza. Pogadaliśmy jeszcze o tym i owym, po czym wziąłem kapelusz i wstałem, by się pożegnać. „Naprawdę nie pojedzie pan do Manoppello?" – zapytałem jeszcze w progu. Uczony wzruszył tylko ramionami niczym wielki ptak i podał mi rękę.

Kolejna zagadka. Zabieram ją ze sobą i ruszam przez wypełnione japońskimi turystami korytarze w kierunku wyjścia, gdzie odbieram oddany w zastaw paszport. Kiedy staję przed murami Watykanu, nad miastem unosi się aura zimowego poranka. W żołądku czuję ścisk, jakbym nie jadł śniadania. Ogarnia mnie tęsknota za ochoczymi wywodami ojca Pfeiffera. Specjalnie wziąłem wolny dzień. *Apostolo del Volto Santo* – jak nazywają jezuitę rzymscy szydercy – również ma wolne. Oczywiście mogę do niego wpaść, chętnie się ze mną spotka – mówi przez telefon. Godzinę później znów jestem w gabinecie uczonego, a nasza rozmowa toczy się, jakbyśmy jej wcale nie przerwali. „A zatem ktoś podmienił watykański wizerunek Boga?" – pytam. „Owszem." „Ale po co?".

Ojciec Pfeiffer uśmiecha się szeroko: „Nie mam pojęcia. Jako jezuita, członek Towarzystwa Jezusowego, tłumaczę sobie całą sprawę w odniesieniu do Osoby Jezusa. Nie ma pan wrażenia, jakby Jezus znów przeszedł przez mury i zamknięte drzwi? Czy to nie wyraz Jego poczucia humoru – i poczucia humoru Jego Ojca – że właśnie wtedy, gdy budowano największy, najpotężniejszy i najbezpieczniejszy sejf na kuli ziemskiej, że właśnie wtedy obraz znalazł drogę z powrotem na ulice miast i wsi i kroczy nimi odtąd bezbronny – jak człowiek pośród ludzi? Że autentyczny wizerunek Boga opuścił pałace Watykanu i zawędrował do kapucynów, najbiedniejszego zakonu w Kościele katolickim?".

„Wróćmy do rzekomej kradzieży. Kto miałby jej dokonać i po co?".

„Tego nie wiem – i zapewne nigdy się tego nie dowiemy. Pewne jest tylko, że zatwierdzone przez papieża Pawła V plany budowy nowej Bazyliki Świętego Piotra spotkały się ze zdecydowanym sprzeciwem. Nie tylko ze strony zgromadzonych wokół Lutra niemieckich chrześcijan. Równie gwałtownie protestowali rzymianie, w tym także krewni papieża. Papież pochodził z rodziny Borgiów, których największym wrogiem była szlachta rzymska, z potężnym rodem Colonnów na czele. O wielkości tej rodziny do dziś świadczy *Palazzo Colonna*. Ich dobra i włości były rozsiane po całej ówczesnej Italii. W 1738 roku *monsignore* Pietro Corsignani, biskup Venosy koło Benewentu, pisał, że najdostojniejsi członkowie «domu Colonnów» regularnie udawali się w trudną i uciążliwą drogę do Manoppello, by oddać cześć przechowywanej tam relikwii. Sądzę zatem, że stara Weronika musiała zniknąć z Rzymu w tym czasie, gdy papież kazał zburzyć jej kaplicę w starej Bazylice Świętego Piotra. To wtedy podmieniono relikwię".

„Od dawna wygłasza ojciec podobne twierdzenia. Czy to jednak nie dziwne, że w 1618 roku Jacopo Grimaldi skopiował na tytułowej stronie swego spisu inwentaryzacyjnego oryginalną Weronikę, tę z otwartymi oczami, a zaraz potem wspomniał, że stare ramy zostały «zniszczone przez nieuwagę jednego z kanoników»? Ojciec utrzymuje, że ramy uległy uszkodzeniu podczas kradzieży. Czy ta sprzeczność nie dyskwalifikuje złożonego przez Grimaldiego świadectwa? Może nie nadaje się on na świadka koronnego w naszym śledztwie?".

„Można to tak oceniać, jeśli błędnie przyjmiemy, że Watykan jest jednorodnym monolitem. Tymczasem zarówno czterysta lat temu, jak i dzisiaj rzeczywistość przedstawia się zupełnie inaczej. Jak pan myśli, ilu przeciwników ma obecny papież w swojej kurii?! Czy naprawdę sądzi pan, że papież jest w Watykanie nietykalny? Wręcz przeciwnie. Tak samo było za czasów Pawła V. W tej perspektywie trzeba też rozumieć pracę wykonaną przez Grimaldiego, który miał dokładnie opisać i zinwentaryzować skarby Bazyliki Świętego Piotra. Jego dzieło to pierwsza w historii lista inwentaryzacyjna wszystkich bogactw starej bazyliki, zbudowanej w zamierzchłych czasach cesarza Konstantyna. Nie burzono ruiny, bynajmniej. Do dziś da się wyczuć w niektórych dokumentach, jak wielu miłośnikom starej bazyliki dosłownie krwawiło serce. Myślę, że szczególnie dotyczy to kanonika Grimaldiego, tak doskonale przecież znającego tę świątynię. Nie mogę tego udowodnić, ale na podstawie źródeł wolno przypuszczać, że właśnie dlatego Grimaldi odegrał szczególną rolę w – nazwijmy to – tajemniczym «zaginięciu» relikwii. Poszlaką, która może na to wskazywać, jest fakt, że to właśnie on w 1618 roku kategorycznie potwierdził «wielkie podobieństwo» kopii wykonanej dla królowej Konstancji – tego obrazu z zamkniętymi oczami i szerokim nosem – i oryginału, który przecież doskonale znał i którego wspaniałą kopię osobiście naszkicował na stronie tytułowej swego dzieła – z otwartymi oczami i wąskim nosem – a który do złudzenia przypomina obraz z Manoppello".

„Ale jak to możliwe, że po «kradzieży» i wywiezieniu z Rzymu obraz pozostawał w Abruzji całkowicie nieznany – do tego stopnia, że dziś nikt przy zdrowych zmysłach nie wierzy w związaną z nim legendę?".

„Istniało po temu wiele powodów, po części zupełnie banalnych. Po pierwsze, Abruzja do niedawna jeszcze była najmniej znanym i uczęszczanym zakątkiem Włoch. Jeszcze w XX wieku, do czasu, gdy zbudowano tu autostradę, ta część Italii leżała niemal na końcu świata. Bliżej było do Palermo, gdzie docierały statki. Można powiedzieć, że Manoppello leżało «po ciemnej stronie Księżyca». Jeśli pan nie wierzy, proszę kiedyś zjechać z rzymskiej autostrady i spróbować dostać się do miasteczka wiejskimi drogami. W okolicy wciąż można znaleźć zamieszkałe *trulli*, okrągłe domki zbudowane z ułożonych jeden na drugim polnych kamieni. Krótko mówiąc: trudno byłoby przenieść obraz w bardziej ustronne miejsce; trudno znaleźć lepszą kryjówkę. Kiedy w 1811 roku, podczas wojen napoleońskich, kapucyni zostali wygnani ze swojego konwentu, obraz powierzono zakonnicom z pobliskiego klasztoru klarysek. Relikwia pozostała u nich do powrotu kapucynów w maju 1816 roku. W 1866 roku ojcowie zostali znów wypędzeni, tym razem przez wrogie, laickie ustawy, z których nakazu relikwie musiały aż do 1869 roku pozostawać zamknięte w kościele. Mieszkańcy Manoppello wierzą, że w tym czasie relikwii strzegł sam Archanioł Michał. Choć z drugiej strony można czasem odnieść wrażenie, że sami mieszkańcy zapominają o istnieniu Całunu".

„Ale rzymianie nie mogli o nim zapomnieć. Nie mogli też tak długo trzymać w tajemnicy faktu, że obraz został im skradziony z Bazyliki Świętego Piotra!".

„Ależ owszem! Zresztą dla rzymian, znających mechanizmy funkcjonowania watykańskiej kurii, nie ma w tym nic dziwnego. Musi pan kiedyś przeczytać, z jaką frustracją Ian Wilson przyznaje w swojej książce o «Świętych Obliczach», że mimo usilnych starań nie udało mu się dotrzeć do tutejszej «Weroniki». Grube mury i nieugięte straże, stojące na jego drodze, jeszcze bardziej przekonały uczonego o najwyższej wartości zwykłej atrapy. Na swoją ostatnią prośbę – o przesłanie mu choćby fotografii obrazu – w ogóle nie otrzymał odpowiedzi; w lesie kolumn porastających wnętrze nowej Bazyliki Świętego Piotra zapadła głucha cisza. Śmiać mi się chce, kiedy pomyślę, ile sobie zadał trudu, by arcybiskupi i prałaci pozwolili mu «osobiście zbadać Weronikę», podczas gdy Manoppello stało przed nim otworem. Wystarczyło wynająć samochód i wybrać się w kilkugodzinną podróż na północ. Jednak podniesione mosty na drodze ku fałszywej Weronice tak bardzo zaabsorbowały jego uwagę, że nie dostrzegł szeroko otwartych drzwi do Manoppello. Nawet o nich nie pomyślał. Nie przyszło mu to do głowy. Może wydawało mu się to zbyt proste – jak wielu innym uczonym, którzy nigdy nie widzieli prawdziwego Całunu, a ferują druzgocące opinie na jego temat. Wydawało mu się to tak proste, że nie był w stanie sobie wyobrazić, że ten obraz, przed którym matka głośno opłakuje swą córkę, a ktoś inny odmawia różaniec, czy też, co równie prawdopodobne, przed którym sam mógłby godzinami, tak długo, jak tylko by chciał, stać, siedzieć lub klęczeć – że obraz ten może być prawdziwą relikwią. Wydawało mu się to po prostu niemożliwe! Wilson wiele razy pisze z żalem w swojej książce, że niestety nie było mu dane osobiście zbadać relikwii, w związku z czym musi się oprzeć na informacjach z drugiej albo trzeciej ręki. To zrozumiałe, że tylko ściśle strzeżony eksponat – tak ściśle, że nie miał nigdy okazji go osobiście zobaczyć – mógł być dla niego «świętym» oryginałem. Z pewnością nie mógł nim być praktycznie nie strzeżony Całun z Manoppello, który wydaje się po prostu zbyt tani, ogólnodostępny i zwyczajny. I to właśnie było najlepsze zabezpieczenie – tak dla Rzymskiej Kurii, jak i dla tych, którzy chcieli tu ukryć prawdziwy Całun". Ojciec Pfeiffer, zacny członek Towarzystwa Jezusowego, uśmiechnął się znów z filuterną złośliwością.

„Ale to przecież nie wystarczy, by – jak to się przecież niebawem stało – zapomnieć prawdziwą historię Weroniki".

„A jednak. Poza tym w ostatnim czasie doszło wśród tak zwanych sindonologów do niezwykłego wręcz zwarcia szeregów w kampanii przeciwko uznaniu autentyczności Całunu z Manoppello. Konfliktowi towarzyszy wyraźne pomieszanie pojęć, w związku z którym obraz Chrystusa określany jest za pomocą przeróżnych nazw. Czasem określany jest jako «Całun», czasem jako «Chusta», *acheiropoietos*, «obraz, którego nie namalowała ludzka ręka», *Sudarion*, *Sudarium*, «Tkanina», «Płótno», w Rosji jako «Mandylion» czy też «Obraz z Edessy», «Weronika», «Prawdziwy Obraz Chrystusa», *Volto Santo, Santo Volto*, „Święte Oblicze", „Prawdziwa Ikona", *Santa Faz, Santo Rostro*, «drugi Całun z Grobu Chrystusa» – lista nie ma końca. Sami nie wiemy, jak właściwie nazwać ten obraz. Na przykład piękne skądinąd słowo «oblicze» brzmi dziś jak brzęk starej, dawno wycofanej z obiegu monety. Nic dziwnego, że ten chaos zamieszał ludziom w głowach i nikt już nie pyta o najistotniejsze sprawy. Druga wielka trudność polega na tym, że dysponujemy nieskończoną liczbą wizerunków, które musiały mieć jakiś związek z naszą relikwią. Przeróżne miniatury i ikony roszczą sobie pretensje do tego samego tytułu, co oryginał. Już samo pojęcie «mandylion» jest bardzo skomplikowane".

„Co to więc jest ów «mandylion»?".

„To po prostu Całun Turyński! Co do tego nie ma żadnych wątpliwości! W języku arabskim *mindil* znaczy właśnie «całun». Grecy zrobili z niego «mandylion»".

„Zatem dlaczego w Rosji nazywa się tak stare ikony, które pokazują samo oblicze Jezusa i wyglądają tak, jakby zostały skopiowane – pośrednio lub bezpośrednio – z Całunu z Manoppello?".

„Żeby to zrozumieć, musimy prześledzić tajemnicze wydarzenia, które miały miejsce w Rzymie w pierwszych dwóch dziesięcioleciach XVII wieku. Otóż papież Paweł V, którego polska królowa musiała tak długo prosić o kopię Weroniki, zakazał w 1617 roku rzymskim artystom wykonywania kopii Weroniki bez zgody i autoryzacji Watykanu. Odtąd tego rodzaju obrazy mieli prawo wykonywać wyłącznie wyznaczeni kanonicy Bazyliki Świętego Piotra! Fakt co najmniej dziwny. Jeszcze dziwniejsze, że w tym samym czasie, to znaczy na początku XVII wieku, pojawiły się w Moskwie niezliczone obrazy Chrystusa, które wyglądały jak dokładne kopie starej rzymskiej Weroniki – dokładnie w tym samym czasie, gdy na Zachodzie sztuka ta została całkowicie zapomniana. Fakt ten można wyjaśnić tylko w jeden sposób: bezrobotni przenieśli się do Moskwy. Od tej pory Rosjanie nazywają ikony wzorowane na Weronice «mandylionami»".

„*Mistrz od Żywego Dzieciątka*”

Fragment portretu Chrystusa, przypisywanego
Simone Martiniemu ze Sieny (1284-1344).
Dziś w Konwencie Świętej Franciszki Rzymianki

„Święte Oblicze" jako malowidło sieneńskie z XV wieku
z wyraźnymi wpływami sztuki arabskiej – opinia
amerykańskiej ekspertki.

Niedaleko ciasnego, wypełnionego obrazami i książkami pokoiku ojca Pfeiffera, po lewej stronie głównego portalu Uniwersytetu Gregoriańskiego, mała brama przy *Via Pilotta* prowadzi na jeden z najpiękniejszych w Rzymie dziedzińców, na którym palmy i drzewka pomarańczowe otaczają marmurową studnię. Podwórze należy do Instytutu Biblijnego, gdzie niemal dwadzieścia lat temu rozpocząłem jeden z moich najpiękniejszych reportaży, poświęcony „Niebiańskiemu Jeruzalem". Opierając się na odkryciach dokonanych w ruinach starożytnego kościoła *Santo Stefano Rotondo*, jeden z tutejszych jezuitów, brat Sándor Ritz, zbudował i zawiesił na suficie sąsiadującego z pralnią pokoju model Niebiańskiego Miasta. Jedno z dzieł węgierskiego zakonnika do dziś stoi w mojej biblioteczce, a wspomnienie tego człowieka, choć dawno już przeniósł się do Niebiańskiej Ojczyzny, wciąż wypełnia mnie wzruszeniem i głęboką pociechą. Podwórze oraz drzewa i krzewy, które pielęgnował, od dwudziestu lat nie uległy zmianie. Wydaje się, jakby czas stanął tu w miejscu: błękitne niebo nad prostokątem dziedzińca, kruszący się ze ścian rdzawoczerwony tynk, zieleń cyprysów, biel marmurowej studni. To mały przedsionek Raju. Na pamięć znam drogę do refektarza, do którego zaprosił mnie brat Ritz podczas naszego ostatniego spotkania. „Proszę jeść – mówił z szelmowskim uśmiechem, dolewając mi wina i kładąc na mój talerz karczochy. – Proszę jeść! Musi pan jeszcze urosnąć!".

Nic się nie zmieniło pod wysokim sklepieniem refektarza; jednak nigdy dotąd nie zwróciłem uwagi na umieszczony za stołem profesorskim obraz, zdobiący tę ścianę od dziesiątków lat. W tamtych czasach całą moją uwagę skupiała postać brata Ritza i jego dusza, zatopiona w architekturze Złotego Miasta, które Bóg na końcu czasów ma zesłać z nieba na ziemię. Do tej pory nie spotkałem bardziej niezwykłej historii. Ilekroć się widzieliśmy, jezuita promieniował radością, a jego twarz rozjaśniał uśmiech. Jednak nade wszystko pochłaniała go wizja Królestwa Niebieskiego. Dopiero teraz spostrzegłem obraz, pod którym brat Ritz ostatni raz opowiadał mi o Niebiańskim Królestwie. Fresk jest utrzymany w żywej kolorystyce, typowej dla dzieł Michała Anioła z Kaplicy Sykstyńskiej, choć zarazem w atletyczno-realistycznym stylu obrazów z pierwszej połowy XX wieku. Jest jasny poranek. Sześciu półnagich mężczyzn stoi na brzegu jeziora. Są skonsternowani, zaskoczeni, gubią się w domysłach. Każdy z nich uosabia inną formę bezradności. Przed nimi pośród fal klęczy starszy mężczyzna. Podaje ósmemu – młodszemu od siebie – rybę, ten zaś w zamian podaje mu chleb. Również ci dwaj są ubrani w spływające z ramion długie szaty. Na brzegu, pomiędzy nimi, żarzą się węgle, na których leży ryba. Za stopami klęczącego rybaka wody połyskują srebrzyście od rojącego się w sieci mnóstwa ryb. Starzec właśnie wyciągnął sieć na brzeg. Na prawej stopie siedzącego przy ognisku młodzieńca widać ranę.

Kompozycja czyni z obrazu prawdziwe arcydzieło, opowiadające jedną z najpiękniejszych historii biblijnych. Scena ta rozpoczyna ostatni rozdział jakże dramatycznej Ewangelii Jana. Po tym, jak mimo zamkniętych drzwi Jezus przyszedł do zgromadzonych w jerozolimskim wieczerniku Apostołów i kazał Tomaszowi włożyć ręce w Jego rany, Zmartwychwstały Pan ukazuje się uczniom nad Jeziorem Tyberiadzkim. Jak pisze autor Ewangelii na początku tego rozdziału: „Potem znowu ukazał się Jezus nad Jeziorem Tyberiadzkim. A ukazał się w ten sposób: Byli razem Szymon Piotr, Tomasz, zwany Didymos, Natanael z Kany Galilejskiej, synowie Zebedeusza oraz dwaj inni z Jego uczniów. Szymon Piotr powiedział do nich: «Idę łowić ryby». Odpowiedzieli mu: «Idziemy i my z tobą». Wyszli więc i wsiedli do łodzi, ale tej nocy nic nie złowili. A gdy ranek zaświtał, Jezus stanął na brzegu. Jednakże uczniowie nie wiedzieli, że to był Jezus. A Jezus rzekł do nich: «Dzieci, czy macie co na posiłek?». Odpowiedzieli Mu: «Nie». On rzekł do nich: «Zarzućcie sieć po prawej stronie łodzi, a znajdziecie». Zarzucili więc i z powodu mnóstwa ryb nie mogli jej wyciągnąć. Powiedział więc do Piotra ów uczeń, którego Jezus miłował: «To jest Pan!». Szymon Piotr usłyszawszy, że to jest Pan, przywdział na siebie wierzchnią szatę – był bowiem prawie nagi – i rzucił się w morze. Reszta uczniów dobiła łodzią, ciągnąc za sobą sieć z rybami. Od brzegu bowiem nie było daleko – tylko około dwustu łokci. A kiedy zeszli na ląd, ujrzeli żarzące się na ziemi węgle, a na nich ułożoną rybę oraz chleb. Rzekł do nich Jezus: «Przynieście jeszcze ryb, któreście teraz ułowili». Poszedł więc Szymon Piotr i wyciągnął na brzeg sieć pełną wielkich ryb w liczbie stu pięćdziesięciu trzech. A pomimo tak wielkiej ilości, sieć się nie rozerwała. Rzekł do nich Jezus: «Chodźcie, posilcie się!». Żaden z uczniów nie odważył się zadać Mu pytania: «Kto Ty jesteś?», bo wiedzieli, że to jest Pan. A Jezus przyszedł, wziął chleb i podał im – podobnie i rybę. To już trzeci raz, jak Jezus ukazał się uczniom od chwili, gdy zmartwychwstał" (J 21,1-14).

Jeszcze do niedawna każdy ochrzczony mógłby ten fragment Ewangelii powtórzyć z pamięci. Niebiański posiłek o wschodzie słońca należy chyba do podstawowych obrazów wyrytych w chrześcijańskiej podświadomości. Niewielu współczesnych malarzy potrafiłoby piękniej oddać charakter tej sceny. Wiem, co mówię: na pamięć znam każdy kamień znad jeziora Genezaret. Mam wrażenie, że każdy z przedstawionych mężczyzn uosabia inny rodzaj zdziwienia – wyraża je innym słowem, przez jego głowę przelatują inne myśli. Z lewej strony stóp Piotra, w falach jeziora znajduje się wypisana wyraźnymi, drukowanymi literami sygnatura: „Piczek, I. 1950". Dziś przyszedłem do Instytutu Biblijnego nie z powodu brata Sándora Ritza, lecz właśnie z powodu autorki obrazu, Isabel Piczek. Dowiedziałem się bowiem od Iana Wilsona, że znajdę tu najstarszy z jej ponad dwustu fresków. Obraz zaskakuje artystyczną dojrzałością.

Wiem, że zabrzmi to niewiarygodnie, ale to prawda: kończąc obraz, Isabel Piczek miała zaledwie czternaście lat! Dziś artystka mieszka w Los Angeles. Specjalizuje się w układaniu mozaik oraz malarstwie ściennym i malowidłach na szkle. W 1999 roku papież Jan Paweł II mianował ją Damą Orderu Świętego Grzegorza, zaś w 2000 roku, w uznaniu wielkich zasług dla archidiecezji, kardynał Roger Mahony wręczył jej renomowaną *Cardinal's Award*. Przede wszystkim jednak Isabel Piczek jest doświadczonym, znanym i cenionym na całym świecie ekspertem w zakresie sindonologii. Opierając się na regułach malarstwa, artystka dowiodła w swych publikacjach, że wizerunek na Całunie Turyńskim w żadnym wypadku nie może być „malowidłem". W literaturze fachowej często jest wymieniana jako koronny świadek wyjątkowości utrwalonego na lnianym płótnie „arcydzieła" z katedry świętego Jana w Turynie. Jednak nie tylko wśród sindonologów Isabel Piczek uchodzi za niezrównanego eksperta. „Historia Isabel Piczek jest niezwykle interesująca – pisze Ian Wilson w swojej książce o poszukiwaniach „Prawdziwego Oblicza Chrystusa". – W latach pięćdziesiątych, mając zaledwie trzynaście lat, uciekła z ogarniętych komunistycznym terrorem Węgier. Dzięki swym artystycznym zdolnościom wkrótce po przyjeździe do Rzymu zaczęła wygrywać niezliczone konkursy. Wśród zdobytych przez nią nagród było również zamówienie na fresk dla Papieskiego Instytutu Biblijnego, którego siedziba znajduje się naprzeciwko Uniwersytetu Gregoriańskiego. Dzięki tej pracy nawiązała bliskie kontakty z wysokiej rangi przedstawicielami watykańskiej hierarchii, którzy – w dosłownym rozumieniu tego słowa – byli w stanie otworzyć przed młodą artystką wszystkie drzwi. Nie miała jeszcze czternastu lat, kiedy jeden z tych możnych protektorów zabrał ją do zakrystii Bazyliki Świętego Piotra, gdzie kazał jej przeszło godzinę czekać na swój powrót. Konspiracja była tak głęboka, że malarka do dziś nie chce zdradzić nazwiska swego dobroczyńcy (podała mi je tylko pod warunkiem, że nie podam go do publicznej wiadomości). W końcu drzwi do zakrystii nagle się otworzyły i zacny kapłan, w towarzystwie innego, nieznanego jej duchownego, ukazał się wewnątrz pomieszczenia, trzymając w rękach ukryty w oszklonych ramach Całun – rzekomą Chustę Świętej Weroniki. «Na płótnie znajdowała się kolorowa plama wielkości głowy – opowiedziała mi podczas wywiadu. – Jej rozmiary odpowiadały odbiciu głowy na Całunie Turyńskim, tyle że plama na Chuście była odrobinę ciemniejsza. Mówiąc o plamie, mam na myśli jakby kleks rdzawoczerwonej, brązowawej farby. Miała dość jednolity kolor, z wyjątkiem kilku małych, okrągłych odbarwień... Chociaż wytężałam swoją wyobraźnię, nie byłam w stanie rozpoznać w tym wizerunku ludzkiej twarzy. W zakrystii było bardzo słabe światło, a Weronika była za szybą. Duchowni nie chcieli wynieść obrazu z zakrystii, w obawie, że zaczną się przed nim zbierać tłumy gapiów»''.

Na jej nazwisko natrafiłem zupełnie przypadkowo – rzekłbym: spadło na mój parasol z błękitnego nieba – kiedy w marcu 2004 roku próbowałem w Würzburgu przekonać do odkrycia z Manoppello profesora Karlheinza Dietza. Przyjaźniliśmy się od wielu, wielu lat – od kiedy Dietz stał się moim równie kompetentnym, co pełnym humoru przewodnikiem po Turynie. Pogłębialiśmy naszą przyjaźń w restauracyjkach piemonckiej stolicy, przy czerwonym winie i przepysznej *pasta*. „Dam głowę, że to prawdziwa Weronika" – pisałem teraz w e-mailu z Rzymu do Würzburga. Jeszcze tego samego dnia profesor poradził mi, bym „nie szafował zanadto głową, którą mam wszak tylko jedną" – między innymi dlatego, że niejaka Isabel Piczek twierdzi, iż zna inne całuny, które stanowią – obok Całunu z Manoppello – przykład „malarstwa sieneńskiego z XVI wieku".

Był to z pewnością sposób na częściowe choćby uratowanie wątpliwej reputacji obrazu, ponieważ dzieła pochodzące ze szkoły sieneńskiej zaliczają się do najpiękniejszych i najkunsztowniejszych arcydzieł, jakie kryją wśród swych niezliczonych skarbów Włochy – nie tylko Siena i Toskania, lecz również największe, znane na całym świecie włoskie muzea. Z tego względu Całun z Abruzji – nawet jeśli w rzeczywistości nie jest dziełem nadziemskim, jak Całun z Turynu – w pełni zasługuje na to, by uznać go za drogocenne dzieło sztuki, pod względem artystycznym o wiele bardziej wartościowe niż wiele innych relikwii. Było dla mnie jasne, że Karlheinz Dietz nie da się w żaden sposób przekonać do zmiany stanowiska. Nawet nowe fotografie czy e-maile – choćbym nie wiem, jak się starał – nie były w stanie skłonić go do zobaczenia obrazu na własne oczy. „Zupełnie mi nie przeszkadza, że inni uznają za prawdziwe to, co ja uznaję za fałszywe" – odpowiedział na mój e-mail, w którym jeszcze raz napisałem o obrazie z Manoppello i liturgii wielkanocnej na Placu Świętego Piotra, podczas której – co zrozumiałem po raz pierwszy w życiu – jednym z głównych motywów było „widzenie". Napisałem: „Kiedy niewiasty przyszły, by o b e j - r z e ć grób, alleluja. Przyjdźcie i z o b a c z c i e miejsce, gdzie położyliście Pana, alleluja. Nie lękajcie się! U j r z y c i e mnie w Galilei, alleluja. I tak dalej. Chusta zajmuje w dzisiejszej liturgii prawie tak ważne miejsce, jak postać Piotra".

Moje starania nie przyniosły efektu. Mój krytyczny przyjaciel z Würzburga nie potrafił dostrzec związku między płótnem z Manoppello a Zmartwychwstałym z Jerozolimy. Jak wielokrotnie pisał w swych e-mailach, wobec tego, co już wie o Całunie – przede wszystkim tego, co wie o stworzonym w Niemczech „kręgu przyjaciół Całunu" – wątpi, czy cokolwiek będzie w stanie skłonić go do przyjazdu do Abruzji i obejrzenia obrazu na własne oczy. Odmowna odpowiedź nie wynikała zatem bynajmniej z licznych zajęć na uniwersytecie, które skądinąd mogły stanowić równie poważną przeszkodę.

Nadal jeździłem w każdą niedzielę do Manoppello, zazwyczaj w towarzystwie Ellen. Mimo upływu czasu każda wizyta napełniała mnie tym samym zdumieniem. Kilka miesięcy później wysłałem do Isabel H. Piczek faks z prośbą o przysłanie mi ekspertyzy, na którą powoływał się profesor Dietz. Osiem dni później, w środku nocy, usłyszałem dzwonek faksu, a rano na biurku znalazłem miły list z dalekiego Los Angeles. Chcąc wyczerpująco odpowiedzieć na moją prośbę, pani Piczek potrzebowała trochę więcej czasu. Na początku listu zastrzegła jednak: „Nie badałam oryginału Manoppello. Jestem z zawodu malarką. Charakter obrazu określiłam na podstawie powiększonych reprodukcji, przezroczy i zdjęć niektórych szczegółów. Wizerunek z Manoppello to z całą pewnością obraz ze szkoły sieneńskiej, namalowany pomiędzy połową XIV a połową XV wieku".

W następnym akapicie malarka nakreśliła pokrótce historyczne tło powstania dzieła: „Malowidła, które – jak to z Manoppello – na bardzo cienkim podłożu przedstawiają na obu stronach materiału ten sam obraz, pochodzą ze średniowiecznej Hiszpanii. Monotonia barw, ciemny zarys oczu, linia zębów oraz rodzaj podłoża wskazują na wpływy arabskie. Nową technikę szybko przeniesiono do Francji, gdzie niebawem zdobyła wielką popularność. Z kolei malarze z okolic Sieny przenieśli tę sztukę do Włoch; najważniejszym przedstawicielem tej grupy był Simone Martini. Na przełomie XIV i XV wieku technika stała się w Sienie bardzo popularna". Portrety przypominające wizerunek z Manoppello można zatem znaleźć na gotyckich obrazach z Hiszpanii, na przykład autorstwa Ferrera Bassy (1290-1348), ale przede wszystkim w dziełach, które wyszły ze szkoły sieneńskiej: u *Maestá* Simone Martiniego (1284-1344) oraz w jego *Madonnie z Dzieciątkiem*, na wizerunkach ze słynnego [cmentarza] *Camposanto* w Pizie czy w dziełach Taddea Gaddiego (1300-1366). Najbliższa Całunowi z Manoppello jest jednak *Madonna z Dzieciątkiem i aniołami* Gherarda Starniny z 1410 roku. „Starnina żył w latach 1354-1413, przy czym – co warto odnotować – w latach 1379-1403 tworzył w Hiszpanii".

Niestety, technika obustronnego malowania cienkiego płótna nie zachowała się do naszych czasów – „właśnie ze względu na to delikatne podłoże". Materiał musiał być rozpięty na bardzo mocnych ramach, a malarz musiał się posługiwać dość pomysłową techniką, przypominającą nasze malowanie na jedwabiu. „Stąd brak śladów ruchu pędzla, mała ilość zużytej farby i w efekcie taki sam obraz po obu stronach materiału. Ten rodzaj malarstwa pozwalał subtelnie ukazać na obrazie detale, jak choćby powieki, kontur oka, usta. W odróżnieniu od szkoły sieneńskiej, sztuka arabska posługiwała się mocniejszą kreską, pozostawiając wyraźny ślad pędzla".

Ostatni akapit dwustronicowej ekspertyzy to utrzymana w dość kategorycznym tonie odpowiedź na pytanie, czy Całun może stanowić relikwię. „W obrazie z Manoppello nie ma nic nadzwyczajnego ani cudownego – napisała Isabel Piczek. – W przeciwieństwie do Całunu Turyńskiego, jest to dzieło sztuki w sensie ścisłym. Nie może to być Chusta Weroniki, którą – według tradycji – Jezus otarł swą zakrwawioną twarz podczas drogi krzyżowej. Abstrahując nawet od technicznych szczegółów obrazu, wciąż otwarte pozostaje pytanie, dlaczego ktoś, wycierając twarz ręcznikiem, ma otwarte oczy i pozostawia na nim ślad swych źrenic; przecież oczy z obrazu spoglądają wprost w oczy widza. Podsumowując zatem, stwierdzić należy, co następuje: Manoppello nie jest Chustą Świętej Weroniki. Nie ma też nic wspólnego z Całunem Turyńskim. Bez trudu natomiast można wskazać elementy łączące go ze sieneńską szkołą malarską. Obraz namalowany tak specyficzną techniką, swego czasu bardzo popularną w Sienie, zawiera w sobie szczegóły, które każą go uznać za ostatni zachowany do naszych czasów tego typu obraz. Isabel H. Piczek".

Faks okazał się niezwykle pomocny w moich poszukiwaniach. Jeśli wszystko właściwie zrozumiałem, diagnoza Isabel Piczek brzmiała w sposób następujący: Całun z Manoppello to nadzwyczaj cenne arcydzieło – liczący setki lat, w doskonałym stanie, a zarazem ostatni zachowany do naszych czasów obraz wykonany zapomnianą już dziś techniką malarską. Jest to jednocześnie świadectwo wpływów arabsko-islamskich w samym sercu chrześcijaństwa. To, że muzułmanie, wyznawcy religii surowo zabraniającej wykonywania jakichkolwiek wizerunków, w jakimś sensie przyczynili się – oferując swoją wyrafinowaną technikę malarską – do powstania wizerunku Mesjasza, było co najmniej zastanawiające. A właściwie było wręcz sensacyjnym odkryciem. Już choćby z tego względu obraz z Manoppello jest cenniejszy od *Mony Lisy* Leonarda da Vinci czy *Piety* Michała Anioła razem wziętych.

„Nie do wiary – powiedziała Ellen. – Tylko dlatego, że na płótnie znajduje się Oblicze Najwyższego, historycy sztuki zachowują się tak, jakby obraz po prostu nie istniał? To wręcz niewiarygodne". Przyniosłem z regału album poświęcony malarstwu sieneńskiemu, po czym spędziłem cały dzień na studiowaniu tej księgi i poszukiwaniu w Internecie informacji na temat wspomnianych przez Isabel Piczek artystów i dzieł: Ferrera Bassy, Simone Martiniego, Taddea Gaddiego, innych mistrzów sieneńskich i wreszcie Gherarda Starniny. Była to prawdziwa uczta i rozkosz dla oczu, zwłaszcza *Madonna z Dzieciątkiem i aniołami* Starniny z Muzeum J.-Paul-Getty w Los Angeles – obraz, który wyrazem twarzy Maryi miał najbardziej przypominać Oblicze z Manoppello. Alabastrowa cera Madonny zapiera dech w piersiach, a diamenty w Jej koronie błyszczą nawet na reprodukcji. Gherardo Starnina namalował ten obraz we Florencji, około 1410 roku. Malował farbą temperową na drewnie. Współcześni nazywali artystę „Mistrzem od Żywego Dzieciątka", ponieważ tak żywo potrafił przedstawić oblicze małego Jezusa. Patrząc na Dzieciątko siedzące na kolanach Madonny, można z łatwością zrozumieć, skąd ten zaszczytny tytuł. Wprost nie mogłem nasycić swych oczu. Subtelność kolorystyczna, formalna i kompozycyjna zauroczy każdego miłośnika sztuki malarskiej. Szczególne wrażenie wywiera sieneńskie spojrzenie wąskich oczu Madonny. A mimo to obraz nie może się równać z niezwykłą żywością Oblicza znad tabernakulum w małym kościele kapucynów w Manoppello. Dużo bardziej niż obrazy szkoły sieneńskiej, „Święte Oblicze" z Manoppello przypomina to, co najstarsze źródła mówią o prastarym, legendarnym „Obrazie Abgara".

Juda Tadeusz

Juda Tadeusz przed królem Abgarem. Szczegół z „Obrazu Abgara"
z Piccola Casa San Giuda Taddeo, Rzym, E. Ballerini, 1940

„Patron od spraw beznadziejnych" jako przewodnik
po labiryncie nowych dróg i bezdroży; powrót
do „złożonego na czworo" Całunu z Edessy.

Ktoś, kto poważnie szuka śladów prawdziwego Oblicza Chrystusa, nie może przejść obojętnie obok legendy o Abgarze, królu Edessy. Pewnego wieczora w kościele świętej Anny – małym kościółku parafialnym za Bramą Świętej Anny w Watykanie, przy której Gwardia Szwajcarska kontroluje turystów wchodzących na teren maleńkiego państewka – Ellen pokazała mi leżącą na stoliku z książkami małą broszurę; na jej okładce ubrany w czerwone szaty mężczyzna trzyma przed oczyma drugiego, siedzącego na łożu, całun z wizerunkiem Chrystusa. Kolorowa okładka wyróżniała się na tle innych pism. Obraz w rękach mężczyzny promieniował. Był to półprzejrzysty wizerunek, utrwalony na cieniusieńkiej, białej tkaninie, do złudzenia przypominający pierwszy szkic Jacopa Grimaldiego: otwarte, zielone oczy, układ włosów, lekko niesymetryczna twarz. Dłonie mężczyzny trzymającego wizerunek prześwietlał bijący od płótna blask. *S. GIUDA TADDEO APOSTOLO PREGA PER NOI*, głosił umieszczony pod obrazem napis: „Święty Judo Tadeuszu, módl się za nami!".

Wziąłem broszurę i zaraz na ulicy zacząłem ją kartkować. „To niemożliwe! – Powiedziałem. – Na tym obrazie Juda Tadeusz występuje w scenie, która zarezerwowana jest dla

Weroniki. Człowiek z krwi i kości zajął miejsce mitycznej alegorii". Święty Juda Tadeusz, przeczytałem w zeszycie, był szczególnie czczony w małym kościółku w zachodniej części Rzymu, gdzie do dziś można zobaczyć jego obraz. Następnego wieczora pojechaliśmy do tego „małego domku świętego Apostoła" na rogu *Via Gradisca* i *Via Roverto*, niedaleko *Piazza Istria* i *Corso Trieste*. Spowite w półmroku dzieło wisi nad głównym ołtarzem. Jest to akademicki obraz o tematyce historycznej, namalowany w 1940 roku przez profesora Balleriniego. Po wieczornym nabożeństwie różańcowym mogliśmy przyjrzeć się mu nieco dokładniej. Siostra przełożona specjalnie dla nas zapaliła lampy, wyjaśniając, że dzieło przedstawia Apostoła Judę Tadeusza w chwili, gdy pokazuje choremu królowi Abgarowi „obraz, którego nie namalowała ludzka ręka", dzięki czemu król natychmiast powraca do zdrowia. W pełnym świetle widzimy wyraźnie małe języki ognia unoszące się nad głową Apostoła. Juda Tadeusz stoi boso na zimnej posadzce, w zagięciu łokcia przytrzymuje pielgrzymią laskę, a swobodnymi rękami rozwija przed oczami króla płótno z utrwalonym na nim wizerunkiem. Ma jasną, przedzieloną na środku brodę, włosy związane z tyłu w koński ogon. Ubrany jest w białą szatę i czerwony płaszcz. U jego paska wisi coś w rodzaju sakwy, z której wystaje zwój pisma. W tle wiszą ciężkie orientalne zasłony, a przed łóżkiem króla leży skóra zabitego lwa. Przy wejściu stoi sługa, sceptycznie obserwując scenę spotkania króla z Apostołem. Za nim widać żółty mur z piaskowca i palmę daktylową.

„A zatem ktoś wykorzystał starożytną legendę o Judzie Tadeuszu jako motyw malarski – uśmiechnął się profesor

Pfeiffer, kiedy opowiedziałem mu przez telefon o swojej wizycie w «domku Apostoła». – Ta historia to oczywiście legenda. Apostoł, o którym zresztą niewiele wiemy, nie ma nic wspólnego z *Santo Volto*". Pamiętałem jednak, że jego grób znajduje się w Bazylice Świętego Piotra, obok kolumny świętej Weroniki. Apostoł Juda Tadeusz uważany jest za brata Szymona i bratanka Józefa, męża Maryi. A zatem można go uznać za kuzyna Jezusa. Przypisuje mu się zaliczany do kanonu Nowego Testamentu krótki *List świętego Judy*. Do rozpowszechnienia jego kultu bardzo przyczynili się siedemnastowieczni jezuici. Osobiście jednak pierwszy raz usłyszałem o nim dopiero szesnaście lat temu. Żyła jeszcze moja matka, a ja stałem wobec trudnego wyboru, nie widząc jakiejkolwiek drogi wyjścia. Świat mnie przytłaczał. Widziałem tylko siatkę okien w ścianie sąsiedniego domu; poza tym żadnych drzew, krzewów, ani żywej duszy. Wtedy właśnie zadzwoniła moja matka. ,,Co się dzieje? – zapytała, a po chwili dodała: – Nie mogę ci nic doradzić, ani pomóc. Tu może pomóc tylko jedno: módl się do świętego Judy Tadeusza! On jest patronem od spraw beznadziejnych. I zawsze pomaga". ,,Ale przecież Biblia ledwie o nim wspomina – odparłem. – Jak więc mógłby mi pomóc?". ,,Nie wiem, co o nim mówi Pismo Święte – odpowiedziała – ale wiem, że ilekroć nie widziałam drogi wyjścia, on mi pomagał. Pomaga też nauczyć się znów modlić". Nie pamiętam, czy zastosowałem się do tej rady, ale odtąd nigdy już nie zapomniałem imienia Apostoła. Wiele lat później widziałem, jaką czcią jest otaczany w każdym kościele w Meksyku – prawie taką samą jak Matka Boża z Guadalupe. Na obrazach przedstawiany jest najczęściej z maczugą, symbolizującą męczeńską śmierć, którą zginął w Edessie; czasem pojawia się też z obrazem Chrystusa w formie zawieszonego na szyi medalionu. Kilka tygodni wcześniej, w jednym z kościołów Genui, przeczytaliśmy legendę o nim, zapisaną pismem obrazkowym na kunsztownej ramie.

Wracaliśmy z Niemiec przez Szwajcarię do Rzymu. Przenocowaliśmy w Pawii, by następnego dnia obejrzeć Luccę, gdzie w kościele świętego Marcina od wieków czczone jest cudowne *Volto Santo*. Z fotografii dowiedzieliśmy się, że jest to postać Ukrzyżowanego z szeroko otwartymi oczami, kosmykiem włosów na środku czoła i rozdzieloną na dwoje, rzadką brodą. Ojciec Pfeiffer uważał, że jest to obraz syryjski, który przetrwał ekscesy bizantyjskich i islamskich obrazoburców. I oto nagle, przy kolacji, jak grom z jasnego nieba wybuchła między nami gwałtowna sprzeczka. Ani Ellen, ani ja nie pamiętamy już, o co poszło. Tak czy owak następnego dnia wstaliśmy zbyt późno. W milczeniu wypiliśmy w hotelowym barze *cappuccino* i bez słowa wsiedliśmy do samochodu. Jechaliśmy autostradą przez mglistą Nizinę Padeńską. Za oknami migały pola ryżowe. Czułem się okropnie. Wyjechaliśmy zbyt późno, by odwiedzić Luccę. Tuż przed Genuą Ellen przerwała milczenie: „Przecież zawsze chciałeś zobaczyć obraz z Edessy". „Tak, ale nie wiem, gdzie on jest" – mruknąłem. „Więc może go poszukamy" – nie dawała za wygraną. „Miasto jest za duże". Pojechaliśmy jednak do Genui, przegapiwszy wcześniej właściwy zjazd z autostrady.

Nie pamiętam już, w jaki sposób znaleźliśmy kościół, nie znając przecież nawet jego nazwy. Zaparkowaliśmy samochód niedaleko synagogi, przy *Via Assarotti*, która w dali zdawała się kończyć w morskich falach. Teraz wystarczyło wspiąć się po

Obraz Chrystusa nad głównym ołtarzem kościoła kapucynów w Manoppello.
Pierwsza wzmianka na jego temat pochodzi z roku 1645. Według starych
dokumentów „aniołowie" przynieśli obraz do Abruzji w 1506 roku

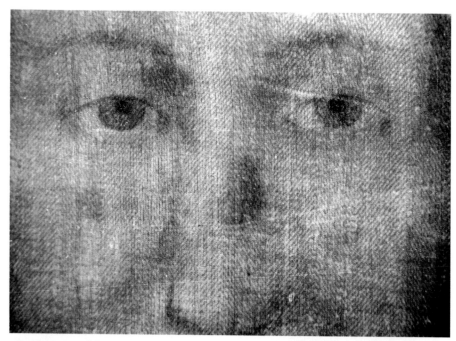

Przezroczysta folia z Obliczem z Całunu Turyńskiego nałożona przez siostrę Blandinę Paschalis Schlömer na Całun z Manoppello (tak zwana „suprapozycja", 16 lipca 2005). Eksperyment dowodzi, że nałożone na siebie obrazy przedstawiają tę samą Osobę. Świadczy o tym zgodność wszystkich proporcji, nawet ran

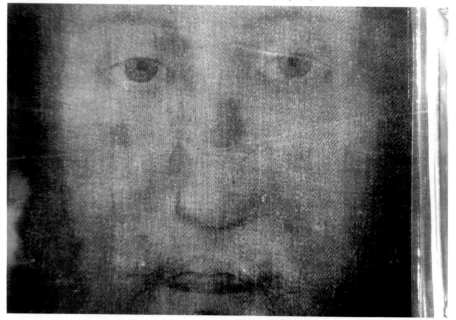

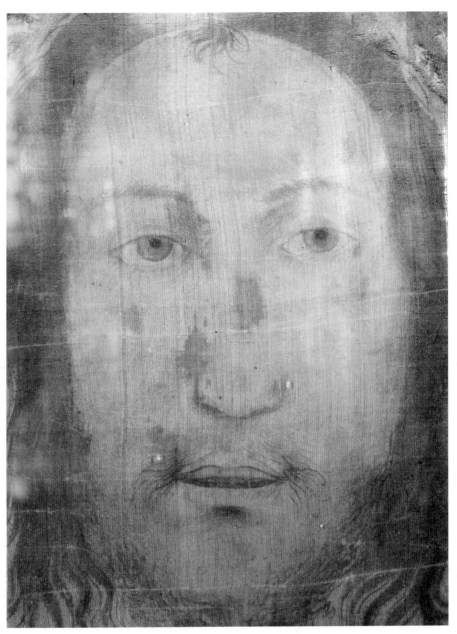

W analogiczny sposób „Święte Oblicze" odpowiada przekazom zawartym w starożytnych źródłach i tekstach, w których od dwóch tysięcy lat pojawiają się wzmianki na temat obrazu Chrystusa, „którego nie namalowała ludzka ręka", oraz o „Chuście Weroniki"

W 1545 roku Marcin Luter pisał o rzymskich relikwiach Weroniki jako o przezroczystej tkaninie, na której nie widać żadnego oblicza. Tak samo wygląda oglądana pod światło relikwia z Manoppello

Siostra Blandina Schlömer prezentuje fenomen częściowej przejrzystości obrazu Chrystusa (4 kwietnia 2005). Przez Całun widać dłoń siostry oraz bransoletę jej zegarka

Całun wystawiono na widok publiczny dopiero w połowie ubiegłego stulecia. Wcześniej obraz przez wieki był przechowywany w skarbcu, a następnie w spowitej w mroku bocznej kaplicy, gdzie rysy Jezusowego Oblicza były praktycznie niewidoczne

W opinii wielu uczonych tak zwany „Mandylion z Edessy" z zakrystii Kaplicy
Sykstyńskiej w Watykanie stanowi „najstarszy wizerunek Chrystusa".
Najnowsze badania określają datę powstania tego temperowego obrazu na IV wiek

Pokrewny, choć zapewne młodszy „obraz typu edeskiego", przechowywany
od co najmniej sześciuset lat w kościele świętego Bartłomieja w Genui.
Czczony jako „prawdziwy i najstarszy wizerunek Chrystusa"

Arcydzieło Pietra Cavalliniego w rzymskim kościele świętej Cecylii. Fresk z XIII wieku przedstawia Chrystusa z otwartymi oczami, półotwartymi ustami, widoczną linią zębów, spuchniętym prawym policzkiem i maleńkim kosmykiem włosów na środku czoła

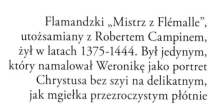

Flamandzki „Mistrz z Flémalle", utożsamiany z Robertem Campinem, żył w latach 1375-1444. Był jedynym, który namalował Weronikę jako portret Chrystusa bez szyi na delikatnym, jak mgiełka przezroczystym płótnie

Około 1460 roku Wenecjanin
Giovanni Bellini namalował
portret Zmartwychwstałego:
błogosławiącego Chrystusa
z ranami, rzadką brodą,
otwartymi ustami, włosami
w kolorze bisioru i cierniową
koroną, która spleciona z włosami
przechodzi w świetlistą aureolę

W 1510 roku Albrecht Dürer
wprowadził typ obrazu
wzorowany na wizerunku
Chrystusa z rzymskiej „Chusty
Weroniki". Dziesięć lat wcześniej
namalował w Norymberdze
autoportret w ujęciu frontalnym,
zarezerwowanym dotąd
dla obrazów Chrystusa

Strona tytułowa *Małego Dzieła Najświętszej Chusty Świętej Weroniki* z 1618 roku,
w którym Jacopo Grimaldi sporządził dokładną listę inwentaryzacyjną relikwii
przechowywanych w Bazylice Świętego Piotra; twarz na obrazie
dokładnie odpowiada wcześniejszym wizerunkom

Sporządzona przez Francesca Speroniego kopia dzieła Jacopa Grimaldiego (1635 rok).
Narysowane czerwoną kredką oblicze wyraźnie odbiega od dawnej tradycji
– uwagę badacza zwracają przede wszystkim zamknięte oczy

Prezentacja relikwiarza Weroniki Urbana VIII na galerii kolumny Weroniki w Bazylice Świętego Piotra w Niedzielę Męki Pańskiej 2005 roku, pomiędzy rzekomymi kolumnami Świątyni Jerozolimskiej. Powyżej wizerunek Weroniki ze szkoły Berniniego

Kamień węgielny, a zarazem potężny skarbiec: kolumna Weroniki w Bazylice Świętego Piotra. Łaciński napis głosi: „Dla godnego zachowania majestatu obrazu Zbawiciela, odbitego na Chuście Weroniki, papież Urban VIII wybudował i ozdobił to miejsce w roku jubileuszowym 1525"

Kościół-sanktuarium „Świętego Oblicza" zbudowano w roku 1620. W latach sześćdziesiątych XX wieku budowlę wyremontowano i rozbudowano. Wykonano nową fasadę, nawiązującą do formy romańskiej bazyliki *S. Maria di Collemaggio* w Aquili

Miasteczko Manoppello na jednej z odnóg masywu Majella; w tle widać Gran Sasso. Widok pozwala zrozumieć, jak wielką przeszkodą komunikacyjną był niegdyś łańcuch Apeninów

Dwa razy do roku obraz Chrystusa przenoszony jest w uroczystej procesji ulicami Manoppello: najpierw w ciągu dnia, trasą wiodącą od świątyni do pobliskich miasteczek i z powrotem, a następnie tuż przed zmierzchem, krótszą trasą, w dół wzgórza i z powrotem. W czasie procesji domy są uroczyście udekorowane, a pochodom towarzyszą fajerwerki i deszcz kwiatów. Dłuższa procesja, odbywająca się co roku w trzecią niedzielę maja, organizowana jest od 1712 roku. Dłuższą tradycję, sięgającą 1690 roku, ma druga procesja, która odbywa się w święto „Świętego Oblicza", przypadające na 6 sierpnia; w tym dniu Kościół rzymskokatolicki obchodzi uroczystość Przemienienia Pańskiego, upamiętniającą wydarzenie z góry Tabor w Galilei

Ojciec Carmine Cucinelli pokazuje kardynałowi Joachimowi Meisnerowi „Wielkanocnego Chrystusa" (4 kwietnia 2005, dziedziniec klasztoru kapucynów w Manoppello). Kilka godzin później koloński kardynał uczestniczył w procesji przeniesienia ciała zmarłego papieża Jana Pawła II z Sali Klementyńskiej do *Scala Regia* Bazyliki Świętego Piotra

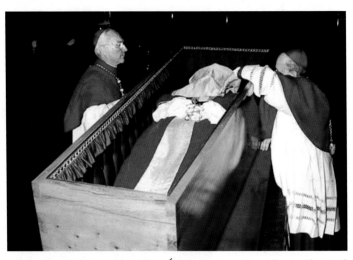

Arcybiskup Stanisław Dziwisz oddaje Ojcu Świętemu ostatnią posługę miłości, okrywając jego twarz „całunem" z najdelikatniejszego jedwabiu. Jest to element nowego pontyfikalnego rytu pogrzebowego, wprowadzonego w tajemnicy przez samego Jana Pawła II

Chiara Vigo, z leżącej w pobliżu Sardynii wyspy Sant' Antioco, jest ostatnią osobą znającą tajniki pozyskiwania i produkcji morskiego jedwabiu. 1 września 2004 roku stwierdziła, że „Święte Oblicze" z Manoppello zostało odbite na takiej właśnie tkaninie

Surowy bisior. Każdej wiosny Chiara Vigo nurkuje w Morzu Śródziemnym na głębokość pięciu metrów, by dokonać „żniw morskiego złota". Morski jedwab był najdroższą tkaniną w starożytnym świecie. Jest to materiał, który można farbować, lecz na którym nie da się malować

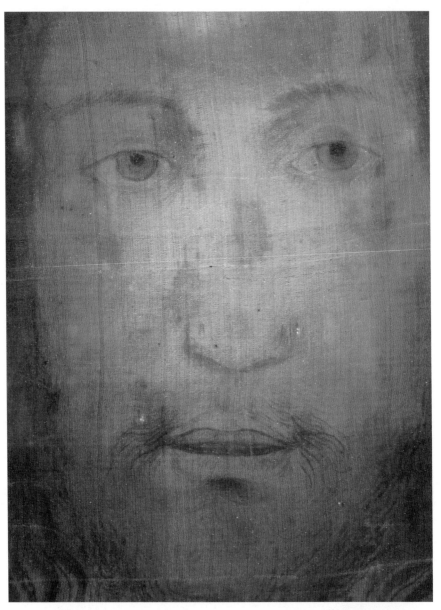

„Wielu mówi o Bogu; w imię Boga głosi się nienawiść i dokonuje gwałtu. Dlatego musimy odnaleźć prawdziwe oblicze Boga. Ukazało się ono naszym oczom w Jezusie Chrystusie, który dla nas pozwolił sobie przebić serce". Papież Benedykt XVI (20 sierpnia 2005, Kolonia)

schodach, potem po jeszcze jednych, już przed samym kościołem *San Bartolomeo degli Armeni*. Mimo niedzielnego popołudnia i zwyczajowej sjesty kościół był otwarty. Z zewnątrz budowla przypomina starą kamienicę z wieloma oknami, która równie dobrze mogłaby stać w Pradze albo Krakowie, zamieszkana przez Franza Kafkę lub Gustava Meyrinka. *AVE SACRA CHRISTI FACIES* – głosi napis nad portalem z białego marmuru – „Witaj, Święte Oblicze Chrystusa!".

W zakrystii kościoła znajduje się naczynie z górskiego kryształu, w nim przechowywana jest stopa Apostoła w złotym sandale. Bartłomiej naprawdę nazywał się Natanael bar-Tolomai i był jednym z owych siedmiu Apostołów, którym Jezus po Zmartwychwstaniu objawił się na brzegu Jeziora Tyberiadzkiego, przy ognisku. To jemu – kiedy Filip przyprowadził go do Nauczyciela, mówiąc „Chodź i zobacz!" – Jezus obiecał, że „ujrzy rzeczy jeszcze większe". Tymczasem ostatnie, co widział przed swym ukrzyżowaniem w Armenii, to oprawcy, żywcem zdzierający z niego skórę. „Fachowcy" nazywali to „darciem pasów", dlatego Bartłomiej został patronem szewców. Ciekawsza od stopy Apostoła jest jednak inna relikwia, również przechowywana w tym kościele: stary, ciemny obraz Chrystusa z *Cappella del Santo Sudario*. Lapidarna inskrypcja obok obrazu głosi: „To Święte Oblicze, które od sześciuset lat znajduje się w kościele świętego Bartłomieja Armeńskiego w Genui, jest, jak głosi tradycja, najstarszym wizerunkiem Chrystusa i prawdopodobnie prawdziwym portretem Zbawiciela". Przyznać trzeba, że to niezwykle sugestywny portret. Wielkie oczy w kształcie migdała mają w sobie coś hinduskiego. Twarz

– niczym przez okno – spogląda na widza ze srebrno-
-złotych, błyszczących ram, zdobionych bardzo delikatnym
wzorem roślinnym. Delikatne wzorki z cienkich, złotych
i srebrnych drucików tworzą maleńkie kwiaty. Poza dzie-
sięcioma obrazkami, cała rama pokryta jest kunsztownym
ornamentem; wygląda obco i pięknie zarazem. Spomiędzy
ram patrzy dwoje dziwnie znajomych oczu. Silne światło
lampy oświetla brązową cerę. Wystarczy jednak, bym zakrył
ręką reflektor, a obraz natychmiast znika w ciemności. Tonie
w głębokim cieniu. Przed laty znalazłem w Jerozolimie, za
ołtarzem kaplicy świętej Weroniki przy *Via Dolorosa*, podobnie ciemną ikonę Chrystusa, która dopiero na zdjęciach
z lampą błyskową odsłania ukryty wizerunek.

Tekst obok obrazu głosi: „W Ewangelii Jana czytamy, że
pewnego dnia przyszło do Apostoła Filipa «kilku Greków»,
mówiąc, że chcieliby zobaczyć Jezusa. Owi «Grecy» byli
posłańcami Abgara V, króla Edessy. O skierowanym do
Jezusa poselstwie Abgara opowiada prastara tradycja, sięga-
jąca pierwszych wieków chrześcijaństwa". Edessę dzieliło od
Jerozolimy zaledwie sześćset kilometrów. Mieszkańcy obu
miast nie mieli też najmniejszych problemów, by się porozu-
mieć, ponieważ za czasów Jezusa posługiwali się tym samym
językiem, aramejskim. Nie ma zatem nic dziwnego w tym,
że sława Jezusa doszła do uszu króla Abgara.

Po raz pierwszy mogliśmy spokojnie i bez pośpiechu
obejrzeć jeden z tak zwanych „obrazów z Edessy", nazywa-
nych również „obrazami Abgara". Tak jak podczas później-
szej wizyty w zakrystii Kaplicy Sykstyńskiej w kwietniu
2005 roku, od razu spostrzegliśmy, że mamy do czynienia

z bardzo starą i czcigodną kopią Całunu z Manoppello, ewentualnie z kopią kopii – tyle że pozbawioną zachwycającej łagodności oryginału. Wielka cześć, jaką otaczano obraz, była jak najbardziej zrozumiała; to naprawdę „żywy obraz", wręcz porażająco piękny. Podobnie jak Mandylion przechowywany w Watykanie, również ten portret namalowano na lnianym płótnie rozpiętym na tablicy z drewna cedrowego. Możliwe, że w czasie, gdy powstawała kopia, również oryginał z Manoppello był rozpięty na drewnie, przez co wydawał się równie ciemny i nieprzezroczysty jak temperowe farby, którymi malowano portrety już w starożytnym Egipcie.

Niegdyś czczono obraz jako relikwię, ponieważ legenda głosiła, że dotykał on samego ciała Chrystusa – tłumaczył wikariusz kościoła świętego Bartłomieja, którego odnalazłem w zakrystii i poprosiłem, by nam opowiedział o samym obrazie i sekwencji pozłacanych płaskorzeźb na ramie – to za jej pomocą jakiś artysta z Konstantynopola tysiąc lat temu, niczym w komiksie, opowiedział całą historię obrazu Abgara. „Legenda zaczyna się w lewym górnym rogu – zaczął ochoczo nasz przewodnik. – Widzą państwo człowieka w łóżku? To król Abgar, który właśnie posyła stojącego przed nim sługę do Jerozolimy, do Jezusa. Ma prosić Nauczyciela, by przyszedł do leżącej nad Eufratem Edessy i uzdrowił jej władcę. Posłaniec nazywa się Ananiasz. Tu z kolei – ksiądz wskazał następny obraz, po prawej stronie – widzimy, jak Ananiasz próbuje w Jerozolimie namalować portret Jezusa. Niestety na próżno. Potem widzimy, jak Jezus myje ręce i twarz, a następnie ociera ją podanym kawałkiem płótna. Na kolejnym obrazku, tutaj, poniżej, daje Ananiaszowi to płótno jako swoisty list, adresowany do króla Abgara. Na następnym obrazku Ananiasz przychodzi do łoża Abgara, a ten, gdy tylko widzi obraz, który Jezus zostawił na płótnie, natychmiast wraca do zdrowia".

W tym miejscu ksiądz na chwilę przerwał, podszedł z powrotem do lewej strony ramy i wskazał na złotą winietę pod pierwszą sceną: „Tu jest dalszy ciąg historii – uśmiechnął się. – Proszę zwrócić uwagę, co dzieje się dalej: kiedy tylko król Abgar umieścił obraz Chrystusa na wysokiej kolumnie, natychmiast spadły z piedestałów stojące wokół pogańskie bożki. Jednak już w następnej scenie widzimy biskupa wspinającego się po drabinie, by umieścić obraz w skarbcu, zabezpieczając go w ten sposób przed wrogami, którzy chcieliby go odnaleźć i zniszczyć. Zapewne miało to miejsce po zdobyciu Edessy przez Karakallę[9], kiedy Kościół musiał zejść do podziemia; biskup schował wówczas relikwię w skrytce w murach miasta. Potem słuch o obrazie na długi czas zaginął, choć nie znaczy to, że o nim zapomniano. Tak w skrócie wygląda historia obrazu, znana nam z tak zwanych *Dziejów Judy Tadeusza*, datowanych na VI wiek po Chrystusie. Z naukowo-historycznego punktu widzenia stwierdzić można, co następuje: w czasach Jezusa Edessą faktycznie rządził król Abgar V – mniej więcej do roku 50. Najpóźniej za czasów Abgara VIII chrześcijaństwo stało się oficjalną, a nawet uprzywilejowaną religią w Edessie".

„A co przedstawiają trzy sceny na dole?" – zapytałem.

„Te sceny wykraczają poza ramy legendy i mówią o konkretnych wydarzeniach historycznych, dobrze poświadczonych

---

[9] Caracalla, Marcus Aurelius Antoninus Bassianus, Marcus Aurelius Severus Antoninus (188-217), syn Septymiusza Sewera; od 212 roku cesarz rzymski.

również przez inne źródła. Z lewej strony widzą państwo płaskorzeźbę, która jest niemal kopią poprzedniej: biskup z drabiną. Scena ta, wraz z kolejną, mówi o wydarzeniach z roku 544, kiedy to najpierw biskup odnalazł obraz, schowany przez jego poprzednika w murach miasta, a następnie mieszkańcy z pomocą wizerunku w cudowny sposób, mimo wielokrotnie silniejszych wojsk przeciwnika, przerwali pierścień perskiego oblężenia. Historyk Ewagriusz Scholastyk wspomina, że obraz nazywano «uczynionym nie ludzką, lecz Boską ręką». Inny kronikarz, Prokop z Cezarei, pisze, że obraz odnaleziono w tajemnym pomieszczeniu w murach miasta i że stało się to po powodzi, która nawiedziła miasto w 525 roku. Jednak według mnicha Niaphorisa, Całun miał zostać ukryty już w 325 roku".

„A ostatni obraz po prawej stronie?".

„To wydarzenie z 944 roku, kiedy wizerunek został uroczyście przewieziony statkiem z Edessy do portu w Konstantynopolu. To wydarzenie jest najlepiej udokumentowane. W watykańskiej Bibliotece Apostolskiej odnaleziono niedawno mowę, którą archidiakon Gregorios wygłosił w tymże roku z okazji przeniesienia obrazu z Edessy do stolicy cesarstwa wschodniorzymskiego. Podczas wprowadzenia obrazu do miasta, przed relikwią kroczył sam cesarz, a za nim patriarcha i kler, wszyscy boso, z płonącymi pochodniami, w obecności ludu witającego cymbałami i uroczystymi hymnami niesioną w procesji relikwię. Archidiakon – to godność równa naszemu arcybiskupowi – nazwał obraz «odbiciem Oblicza Chrystusa», twierdząc, że wizerunek nie został namalowany zwykłymi farbami, lecz kroplami potu i krwi Jezusa. Gregorios dość dokładnie opisał portret: wielkie oczy, kosmyk włosów na czole, rzadka broda. Podkreślił też, że obrazu nie można skopiować i że właściwie tego wizerunku «nie należy nazywać obrazem»".

Spojrzałem jeszcze raz na portret, wprost w ciemne oczy. Naprzeciw wyszło mi głębokie, wręcz bezdenne spojrzenie. Dzieło robi ogromne wrażenie, ale z całą pewnością jest obrazem i może tak być nazywane. W świetle lamp warstwy farb olejnych i temperowych połyskują tak bardzo, że prawie się nie da zrobić zdjęcia. Po lewej stronie głowy znajduje się kunsztownie wykuty w złocie napis: *TO HAGION*, po prawej – *MANDYLION*: „Święty Mandylion". „Co to znaczy?" – zapytałem. „Święty Całun – odpowiedział kapłan. – Według kazania Gregoriosa, Abgar otrzymał obraz nie od Ananiasza, lecz od Judy Tadeusza, jednego z Apostołów Jezusa. «Przyjdę dopiero, kiedy wszystkiego dokonam – miał powiedzieć Jezus Abgarowi przez Ananiasza. – Teraz jednak poślę jednego z Apostołów z moim wizerunkiem, by cię nim uzdrowił». Dlatego po Wniebowstąpieniu Jezusa Juda Tadeusz zabrał obraz i poszedł do Abgara. Relikwię dostał od Tomasza, który z kolei otrzymał ją od samego Jezusa, po tym jak ten wytarł weń swój krwawy pot. Tomasz mówił, że dostał Całun od Jezusa po Jego powrocie z góry, na której się modlił. Była to zapewne Góra Oliwna, na której znajdował się ogród Getsemani".

„Ale przecież na obrazie są wyraźne ślady farby – powiedziałem. – Opowieść Tomasza nie może więc być prawdziwa".

„A jednak to możliwe... – odpowiedział ksiądz, wyjmując z kieszeni sutanny pęk kluczy. Było południe, pora na przerwę obiadową, na czas której kościół był zamykany. My też poczuliśmy głód. – Może pod farbą kryją się ślady potu, na które następnie jakiś malarz nałożył pędzlem odpowiednie kontury".

„Więc skąd pochodzi legenda opowiedziana na ramie obrazu?" – zdążyłem jeszcze zapytać, zanim udaliśmy się na poszukiwanie jakiejś przytulnej restauracyjki. „Legenda jest o wiele starsza. Jako pierwszy o wymianie listów między Jezusem a królem Edessy Abgarem wspomina w 325 roku biskup Euzebiusz z Cezarei, uchodzący za jednego z pierwszych historyków Kościoła. Z kolei w 544 roku, podczas oblężenia Edessy przez Persów, kronikarz Ewagriusz pisał o «uczynionym przez samego Boga obrazie Chrystusa, stworzonym bez udziału człowieka». Spośród znanych nam dokumentów najstarszy przekaz legendy o królu Abgarze znajduje się zapewne w tak zwanych *Dziejach Judy Tadeusza*, dokumencie z VI wieku, spisanym pierwotnie po syryjsku, a potem przetłumaczonym na język grecki".

Polecony nam przez genueńskiego kapłana lokal był niestety zamknięty; ruszyliśmy więc dalej o pustym żołądku. Przez całą drogę wzdłuż tyrreńskiego wybrzeża, aż do samego Rzymu, duchowo towarzyszyło nam spojrzenie oczu z edeskiego obrazu. Przed wyjazdem zdążyliśmy się jeszcze dowiedzieć, że w 1362 roku obraz został zabrany z Konstantynopola przez genueńskiego kapitana Leonarda Montaldo, prawdopodobnie jako „dar lub wynagrodzenie za zasługi wojenne". W 1384 roku obraz podarowano tutejszemu kościółkowi.

Kiedy wróciliśmy do domu, w skrzynce pocztowej czekała na mnie wielka koperta, a w niej gruby plik oprawionych w segregator kopii, które niejaki Matthias Henrich przysłał mojemu przyjacielowi z Allgäu, Martinowi. W środku znalazłem napisany na maszynie roboczy przekład przemówienia archidiakona Gregoriosa z Biblioteki Apostolskiej, dalej transkrypcję tekstu greckiego i szesnastostronicową kopię oryginalnego rękopisu. Wszystkie trzy teksty były dla mnie w równym stopniu niezrozumiałe, najbardziej zaś chyba ciężkie i niezręczne tłumaczenie tej typowo bizantyjskiej mowy. To, co udało mi się zrozumieć, w ogólnym zarysie odpowiadało opowieści genueńskiego kapłana. Mniej zrozumiały był dla mnie sam opis obrazu, brzmiący mniej więcej w ten oto sposób: „Czyż malowidło nie jest wrotami do naszej myśli? Pierwowzorem tego obrazu jest ludzka postać. Jest na nim wyryta światłość. Obraz przedstawia piękną postać w pełni sił życiowych. Na policzkach widać wyraźne zaróżowienia, brzegi ust zaznaczone są na czerwono, wyrasta mały lok włosów, brwi połyskują czernią wraz z pięknie błyszczącymi oczyma, z różnych elementów składają się uszy i nos. Wybrzuszenia na dole zacieniają brodę, wokół zaś opadają włosy".

Poczułem się wewnętrznie zagubiony. Opis tylko w przybliżeniu odpowiadał obrazowi, który widzieliśmy w Genui. Może więc odnosił się do Całunu Turyńskiego – tym bardziej że według jednogłośnej opinii uczonych również Całun przewieziono z Edessy do Konstantynopola w 944 roku? Zrozumiałem jedynie, że chodzi o wizerunek z otwartymi oczami. „Wszyscy potwierdzają, że Oblicze naszego Pana odbiło się na Całunie w cudowny sposób". Reszta ciała pozostaje w cieniu. Bardziej konkretne wypowiedzi znajdowały się w innym przesłanym przez Matthiasa Henricha tekście.

Był to pochodzący z XIX wieku dokument o bardzo długim tytule: *Ubogi żywot i gorzka męka naszego Pana Jezusa Chrystusa i Jego Najświętszej Matki Maryi wraz z tajemnicami Starego Przymierza według wizji świątobliwej Anny Katarzyny Emmerich*, opracowany na podstawie „zapisków Klemensa Brentano". Były to wizje i doświadczenia duchowe mistyczki z westfalskiego Dülmen, opowiedziane przez nią poecie Klemensowi von Brentano. Tekst był zadziwiający, lecz ja już dawno przestałem się czemukolwiek dziwić – również sprzecznościom pomiędzy poszczególnymi wizjami obdarzonej zakonnicy--stygmatyczki.

15 lipca 1820 roku Anna Katarzyna Emmerich podyktowała Klemensowi Brentano, że ujrzała „Judę Tadeusza, krewnego naszego Zbawiciela, który przyszedł do króla Edessy. (...) Apostoł miał w ręku rylec i kiedy wszedł, ujrzałam obok niego jakby ducha. Była to pełna blasku postać Jezusa, tak jak chodził po ziemi, tyle że mniejsza. Król nie patrzył ani na Apostoła, ani na list, tylko oddał pokłon świętej postaci". Potem Juda Tadeusz włożył na niego ręce i uzdrowił go z ciężkiej choroby.

W maju 1822 roku siostra Katarzyna raz jeszcze „ujrzała" króla, tym razem „z daleka. Król wielkiego miasta, leżącego niedaleko od Damaszku, był chory. Miał wysypkę na ciele, choć jeszcze niezbyt widoczną. Wystąpiła na stopie, przez co król utykał". Chory król żywił głęboką miłość do Jezusa, o którym już wiele słyszał – również o Jego mocy uzdrawiania chorych i wskrzeszania umarłych.

Wkrótce potem wizjonerka „ujrzała", jak król wysyła do Jerozolimy młodego człowieka potrafiącego malować piękne obrazy oraz jak posłaniec ów wsiada na wielbłąda i „w towarzystwie sześciu sług na mułach" wyrusza do Galilei, wioząc cenne tkaniny i złoto oraz prowadząc ze sobą stado najpiękniejszych baranków. Nad Jordanem posłaniec długo „z podziwem i uwagą" przyglądał się Jezusowi, po czym począł malować Jego portret „na białej tabliczce, jakby z bukszpanu. Najpierw naszkicował zarys głowy Jezusa, z brodą, lecz bez szyi. Bardzo długo pracował nad portretem, ale nie potrafił go skończyć, ponieważ ilekroć widział Jezusa, popadał w zachwyt i zaczynał malować Jego Oblicze od początku". Kiedy Jezus spostrzegł, że posłaniec nie jest w stanie stworzyć Jego portretu, ulitował się nad nim, przywołał go do siebie, przyjął dary króla i natychmiast kazał je rozdzielić pomiędzy tłumy. Przyjął również list króla Abgara, przeczytał go i „rylcem, który wyjął z poły swego płaszcza", napisał na odwrocie kilka słów odpowiedzi. Następnie zapieczętował list, poprosił, by mu podano wodę, obmył swą twarz, otarł ją, przyłożył do niej list i oddał pismo posłańcowi. „Ten obraz wyglądał inaczej, choć zarazem podobnie". Posłaniec był zachwycony. Mistyczka „ujrzała" następnie, jak sługa Abgara odjeżdża, a jego towarzysze zostają nad Jordanem i przyjmują chrzest. „Ujrzałam też, jak posłaniec przybywa do Edessy, a król wychodzi mu naprzeciw ścieżką wśród ogrodów i jak jest poruszony listem i portretem Jezusa". Oblicze Jezusa przypominało Katarzynie „pergamin przypięty do pomalowanego jedwabnego sukna". Odbite na obrazie Oblicze tak bardzo intrygowało mistyczkę, że kazała Klemensowi Brentano sporządzić sześć szkiców tego wizerunku, a następnie umieścić je w tekście.

Potem historia staje się coraz bardziej skomplikowana. Pewne jest tylko, że istniał przynajmniej jeden – a może nawet kilka – zagadkowych obrazów i że obraz z Genui nie ma nic wspólnego z tym tekstem. Zresztą w stu procentach do tych pełnych sprzeczności tekstów nie pasuje żaden z obrazów, o których kiedykolwiek słyszałem. Jednak w wielkim sporze o obrazy, podczas którego cesarz Leon III Izauryjczyk chciał „oczyścić" kult chrześcijański przez zniszczenie świętych wizerunków, jako główny argument przeciwko obrazoburcom obrońcy ikon przywoływali właśnie „Święte Oblicze" z Edessy, mające pochodzić od samego Jezusa. W tym samym kontekście wspomina o obrazie II Sobór Nicejski z 787 roku. Według ojców soborowych, „Obraz z Edessy" jak żaden inny świadczy o Wcieleniu Chrystusa. Obraz ten ukazuje, że niewidzialny Bóg stał się w Jezusie prawdziwie „widzialny". To dzięki temu wizerunkowi Kościół może nie tylko słuchać słów Boga, lecz również widzieć Jego Oblicze.

Na tym etapie moich poszukiwań zacząłem powoli odczuwać narastające zmęczenie. Czułem się chory jak „król Abgar, który utykał na chorą nogę". Jak on pragnąłem być uzdrowiony i zapomnieć o bolących członkach. Jednak w prawym kolanie czułem potworny ból. Leżąc w łóżku, ledwie mogłem się przekręcić z boku na bok. Każdy ruch był udręką. I wtedy właśnie zadzwoniła siostra Blandina, mówiąc, że muszę koniecznie przeczytać komunikat końcowy z Międzynarodowego Sympozjum Naukowego na temat Całunu Turyńskiego z 2000 roku, zwłaszcza rozdział *Hipotezy na temat pochodzenia Całunu* autorstwa Karlheinza Dietza z Würzburga. Na tekst naprowadziła siostrę jedna z jej niemieckich przyjaciółek. „Dobrze znam ten fragment" – odpowiedziałem z nutą umęczenia w głosie. „Mimo to proszę go przeczytać"

– powiedziała siostra. Wstałem więc z łóżka i pokuśtykałem do apteczki, połknąłem dwie tabletki, popijając je wodą, i ruszyłem w kierunku mojej małej biblioteczki, gdzie szybko odnalazłem odpowiedni tom – jeden z nielicznych, które przetrwały ostatnią serię przeprowadzek. Dopóki ból nie minął, miałem wrażenie, jakbym czytał przez sen. Artykuł liczył 40 stron i jak przystało na prawdziwie naukowe dzieło, był zaopatrzony w 154 przypisy i listę 182 pozycji bibliograficznych. Trudno byłoby bardziej dogłębnie potraktować omawiane zagadnienie. Było to kolejne akademickie arcydzieło profesora Dietza, którego wiedzę i precyzyjne analizy podziwiałem od chwili, kiedy go poznałem.

To od niego dowiedziałem się, że na Wschodzie ikon się nie „maluje". Według tradycji prawosławnej ikonę się „pisze", w związku z czym należy ją rozumieć jako t e k s t. Nigdy nie zapomnę, jak sześć lat temu, żegnając się z Ellen i ze mną w korytarzu swego würzburskiego domu, rozwinął przed naszymi oczami ponad czterometrową, naturalnej wielkości kopię Całunu Turyńskiego i zaczął objaśniać szczegóły tej największej ikony świata. W artykule, który teraz trzymałem w ręku, znów próbował – jak zawsze opierając się na najnowszych wynikach badań – zrekonstruować najstarsze dzieje Całunu. Teraz mogłem się przekonać, jak wiele z tego, co kiedyś przeczytałem, zdążyłem zapomnieć. Analizy zawarte w artykule były o wiele bardziej skomplikowane, niż mi podpowiadała pamięć. Dietz twierdzi mianowicie, że często wspominanym obrazem z Edessy nie jest ani przechowywany w Genui „Obraz Abgara", ani żaden inny znany nam portret Chrystusa. Jego zdaniem za „«nie namalowany ludzką ręką obraz Chrystusa», tak zwany *acheiropoietos* z Edessy" można uznać tylko i wyłącznie Całun Turyński. Jak bowiem twierdzi, „wiele, choć z pewnością nie wszystkie cechy Obrazu z Edessy odpowiadają Całunowi". I mimo że legenda o „Obrazie Abgara" zredukowała wizerunek do „odbicia twarzy Jezusa", za najbardziej przekonujące rozwiązanie „należy uznać sformułowaną przez Iana Wilsona hipotezę utożsamiającą Całun z Obrazem z Edessy".

Szczególne znaczenie ma w tym kontekście wielokrotnie powracające, tajemnicze określenie „Obrazu z Edessy" jako *tetrádiplon*. Wyrażenie to oznacza, że obraz był „czterokrotnie złożony". Opierając się na tym określeniu, Ian Wilson wywnioskował, że musi chodzić o „znacznych rozmiarów płótno", które przed włożeniem do relikwiarza trzeba było kilka razy składać. Najważniejsze źródła potwierdzające jego tezę to przechowywane w Wiedniu i Paryżu dwa prastare rękopisy tak zwanych *Dziejów Judy Tadeusza*. W dokumentach tych znajduje się wzmianka, że kiedy Jezus umył twarz, jako ręcznik podano mu złożony na czworo kawałek sukna, który *Rabbi* przycisnął do swej twarzy. Dłuższa, wiedeńska, wersja *Dziejów...* stwierdza ponadto, że Ananiaszowi, posłańcowi króla Abgara, nie udało się stworzyć obrazu Jezusa, ponieważ „za każdym razem ukazywał się On w innej, nadnaturalnie przemienionej postaci".

W wyniku drobiazgowych analiz uczeni doszli do wniosku, że rzadko spotykany termin *tetrádiplon* należy przetłumaczyć jako „czterokrotnie złożony", „mający cztery fałdy", „złożony w cztery warstwy". „Którąkolwiek z wersji przyjmiemy, *tetrádiplon* to nie ręcznik, a już na pewno nie kawałek sukna wielkości chustki do nosa, lecz wielkie płótno z czterema fałdami, ewentualnie złożone w cztery warstwy". Ów *tetrádiplon* nie może być tożsamy z zachowanymi w Genui i Rzymie małoformatowymi kopiami «Obrazu Abgara»". Karlheinz Dietz z filologiczną wirtuozerią wnioskuje, że „w tym kontekście" *Dzieje*... nie pozwalają zredukować obrazu do „odbicia twarzy Jezusa".

Kręciło mi się w głowie, pewnie także z powodu palącego bólu w kolanie. Zawroty głowy bynajmniej nie ustały, kiedy przypomniałem sobie, jakie poglądy wcześniej sam reprezentowałem i publicznie głosiłem: że Całun Turyński musiał być jakoś specjalnie złożony, ponieważ tylko tak można go było umieścić w szkatule w ten sposób, by przez przeszkloną część było widoczne jedynie Oblicze Jezusa. Dietz pisał, że tylko Całun – i żaden inny obraz – może uchodzić za *tetrádiplon*. Biorąc to pod uwagę, staje się zrozumiałe, dlaczego wiele starożytnych źródeł mówi jedynie o twarzy Jezusa, a nie o odbiciu całego ciała. Nowsze analizy zagięć na płótnie Całunu dały świeżą pożywkę tego rodzaju teoriom.

Artykuł opisywał Całun kompleksowo i wielostronnie. Podobnie jak w *Dziejach Judy Tadeusza*, również u Dietza splatały się źródła różnego pochodzenia i różnej wartości. Zrozumiałem między innymi, że nad „Mandylionem" – niczym motyle, pszczoły i osy nad wiosenną łąką – unosiły się całe stada określeń w rodzaju: „Tadeusz", „Abgar", „Edessa", „Chusta", „Całun", „Cztery zagięcia" czy „Wodne odbicie". Obraz odkryto w VI wieku w murach Edessy – tyle wiemy na pewno. Cała reszta to spekulacje.

Kiedy kilka godzin później zbudziłem się ze snu, po bólu kolana nie było ani śladu. Miałem wrażenie, jakby nigdy mnie nie bolało – nie wiem: dzięki silnej dawce *voltarenu* czy niezwykłej lekturze. Ból zniknął. Tydzień później znów spotkałem się z siostrą Blandiną w Manoppello. Wcześniej jednak, na schodach kościoła zamieniłem kilka zdań z ojcem Germanem di Pietro, dawnym gwardianem klasztoru, który od dawna sceptycznie obserwował moje coraz częstsze wizyty w kościele. „Ojcze – zapytałem już na powitanie – dlaczego obraz nie zostanie wreszcie poddany naukowym badaniom?". Uśmiechnął się. „A po co? Po co go wyjmować spomiędzy tych wspaniałych starych szyb i narażać na uszkodzenie? Nie potrzeba go zanosić do naukowców. Nauka sama z każdym dniem coraz bardziej zbliża się do «Świętego Oblicza». Proszę uzbroić się w odrobinę cierpliwości. Wkrótce to naukowcy przyjadą do Całunu, nie na odwrót". Uśmiechnął się jeszcze raz, po czym wsiadł do samochodu. Spędził tu wiele lat swego życia, zanim jesienią 2004 roku oddał kierownictwo konwentu – a tym samym opiekę nad „Świętym Obliczem" – w ręce dobrodusznego ojca Carmine Cucinellego. Po chwili ujrzeliśmy siostrę Blandinę. Klęczała za ołtarzem, odmawiając przed obrazem różaniec. „Najlepiej widzi się Go w modlitwie" – rzekła z uśmiechem. Przyniosłem z nawy głównej dwa krzesła – dla Ellen i dla siebie – i usiedliśmy. „Dlaczego siostra nalegała, bym przeczytał artykuł Dietza o pochodzeniu Całunu Turyńskiego?" – zapytałem szeptem. „Proszę spojrzeć na obraz" – odpowiedziała, podnosząc w górę różaniec. Łagodne światło późnopopołudniowego słońca wypełniało przestrzeń kościoła. Blandina zgasiła lampy wokół Całunu. Nikt nie przeszkadzał jej w modlitwie, a nam w kontemplacji obrazu. Światło z dwóch okien tylnej ściany kościoła łagodnie przenikało przez cienkie płótno. Przysunąłem krzesło nieco bliżej szyby. Siostra Blandina modliła się po włosku: *Ave Maria, piena di grazia, il Signore é con te* – „Bądź pozdrowiona, Maryjo, pełna łaski, Pan jest z Tobą...". Obraz mienił się w moich oczach. To rozbłyskał, to blakł. Zmieniał się przy każdym poruszeniu głowy, a poruszałem nią bez przerwy: z lewej w prawą, z prawej w lewą, z dołu na górę i z góry na dół. *Tu sei la benedetta fra le donne e benedetto il frutto del tuo seno Gesù* – „Błogosławiona jesteś między niewiastami i błogosławiony owoc Twojego łona, Jezus...". Obraz znów przybrał inny wyraz. *Santa Maria, Madre di Dio, prega per noi peccatori* – „Święta Maryjo, Matko Boża, módl się za nami, grzesznymi...". Wizerunek nabrał wprost nadprzyrodzonego wyrazu, choć zarazem pozostał na wskroś realny. Zamknąłem lewe oko, wodząc prawym po powierzchni płótna niczym skanerem. W świetle dalekich lamp święty wizerunek zupełnie znikł z Całunu; pozostał jedynie kawałek białej tkaniny. *Adesso e nell' ora della nostra morte* – „Teraz i w godzinę śmierci naszej. Amen". Wciąż patrzyłem w milczeniu na obraz. „Chwileczkę – powiedziałem wreszcie, wstając. – Mogłaby siostra jeszcze raz wyłączyć światło?". Blandina przekręciła wyłącznik. „Przecież na Całunie jest jedna – nie! Są cztery zagięcia!" – wykrzyknąłem i podszedłem do szyby relikwiarza. Płótno przedzielają cztery zagięcia – jedno wzdłuż i trzy wszerz – jak linie na dłoni, z których stare kobiety Orientu tak często próbują odczytać przyszłość. Linie są tak wyraźne, że na czole, w miejscu skrzyżowania dwóch zagięć, doszło

nawet do niewielkiego uszkodzenia materiału. Jedno zagięcie
– z góry na dół – krzyżowało się na obrazie z trzema zagięciami wszerz. Zdjąłem okulary, przetarłem oczy i spojrzałem
raz jeszcze. To nie było złudzenie; Ellen widziała dokładnie
to samo. Znów zamknąłem jedno oko, a drugim powiod-
łem po obrazie, podziwiając w zmieniającym się oświetleniu
„rysy tajemniczego, niedostępnego i niezgłębionego Oblicza".
Obraz rzeczywiście „ukazywał się co i raz w innej postaci,
przybierając nadnaturalny wygląd", wymykając się wszelkim
określeniom i definicjom. Przy każdym poruszeniu głowy
zmieniał na moich oczach swój wyraz. Ten obraz składa
się z nieskończenie wielu obrazów; nic dziwnego, że żaden
malarz nie jest w stanie go skopiować. Zupełnie inaczej ma
się sprawa z zagięciami. Te pozostają wyraźne niezależnie od
kąta, pod jakim spoglądamy na obraz.

Delikatne płótno było prawdopodobnie trzykrotnie złożone. Najpierw wszerz z góry na dół, potem jeszcze raz
w poprzek, potem lewa strona na prawą. Zagadką pozostaje
jedynie, w jaki sposób zagięcia pojawiły się na Całunie.

„Często sobie ostatnio stawiam pytanie – przerwała Blandina moje rozważania – czy to nie naturalne, że po śmierci
Maryi Sobór przekazał ten Całun Judzie Tadeuszowi. Przecież spośród Apostołów to właśnie on jako jedyny należał
do rodziny Jezusa!".

Niewierny Tomasz

Barokowy medalion na sarkofagu świętego Tomasza w Ortonie

Posiłek nad brzegiem morza i pierwsza informacja
o zapomnianej, antycznej tkaninie:
bisior i Złote Runo Jazona.

„Święty Tomasz otrzymał przywilej ujrzenia i dotknięcia ran Zmartwychwstałego – napisała siostra Blandina w 1999 roku w zakończeniu swojej małej książeczki. – Oby poprzez intensywniejsze badania nad Całunem i głoszenie chwały Pana podobne doświadczenie stało się udziałem licznych rzesz uczonych". Od tego czasu wiele się zmieniło. Siostra Blandina uszyła sobie nowy welon; nie nosi już czarno-białego habitu trapistek, tylko brązowo-biały z piaskowym nakryciem głowy. Jej przełożona nie życzy sobie, by żyjąca poza konwentem siostra, publicznie zajmująca się tak kontrowersyjnymi sprawami jak Całun z Manoppello, występowała oficjalnie jako trapistka. W sobotę 17 lipca 2004 roku po raz kolejny jedziemy do „jej" kościółka. Poza sobotą i niedzielą wziąłem dodatkowe dwa dni wolnego, które postanowiliśmy spędzić w Abruzji. „Ojciec Germano ma rację, kiedy mówi, że wkrótce wszyscy naukowcy zawitają do Manoppello – powiedziałem do Ellen w drodze. – Nie ma pośpiechu; nie trzeba ich tu specjalnie ściągać. Weźmy na przykład nasz aparat cyfrowy. Dziesięć lat temu żaden zawodowy fotograf nie byłby w stanie zrobić takich zdjęć, jakie dziś mogę zrobić jako amator. Albo pomyśl o moim pierwszym komputerze, który kupiłam szesnaście lat temu, albo o e-mailach, którymi od sześciu lat mogę przesłać wiadomość w ciągu ułamka sekundy, załączając w razie potrzeby tekst całej książki bądź album ze zdjęciami. A możliwość dotarcia do informacji? W ostatnich latach nastąpiła przecież prawdziwa rewolucja. Tak, to prawdziwa rewolucja informacyjna, której granic nikt nie jest już w stanie określić!". Ellen nie zaraziła się moim entuzjazmem. „Gdzie zjemy obiad?" – zapytała. Właśnie wyjechaliśmy z długiego tunelu pod Cucullo i wspinaliśmy się autostradą, poprowadzoną w latach sześćdziesiątych wzdłuż góry. Wspaniałe arcydzieło inżynierii drogowej w samym centrum nawiedzanego przez trzęsienia ziemi regionu. Z prawej strony wyłonił się południowy skrawek masywu Majella z Sulmoną, rodzinnym miastem Owidiusza. „Może zaprosimy Blandinę do jakiejś restauracyjki w Sulmonie? Zawsze chcieliśmy tam pojechać". Nie zastanawialiśmy się długo, tym bardziej że nagle poczuliśmy głód. Szybko więc do Manoppello, po Blandinę, a potem do Sulmony. Cieszyliśmy się na miły wieczór.

Siostra Blandina miała jednak inną propozycję: „Pojedźmy do Ortony. Nigdy tam nie byłam, a zawsze chciałam zobaczyć to miasto". Gdzie to jest? „Na wybrzeżu, sześć kilometrów stąd". Po co mielibyśmy tam jechać? „Ponieważ znajduje się tam grób świętego Tomasza Apostoła, a ja zawsze chciałam go odwiedzić". „Żartuje siostra – odpowiedziałem. – Przecież Tomasz zginął w Indiach, gdzie głosił Ewangelię". „Nie" – siostra Blandina obstawała przy Ortonie, twierdząc, że to właśnie tam znajduje się grób *San Tommaso*. „Czemu nie – poparła ją Ellen. – Ryby też bywają wyśmienite". Musiałem się poddać. Tuż nad pustelnią Blandiny droga prowadzi w góry, za którymi otwiera się nadmorska równina z królującą na niej Ortoną. Był piękny dzień, choć wyjazd jak zwykle się opóźnił, ponieważ Blandina znów o czymś zapominała. Czekaliśmy więc na nią w samochodzie przed domkiem. Nie mieliśmy już prawie szans dojechać do Ortony przez zamknięciem kościoła.

W nieznanym mi dotąd mieście faktycznie znajdowała się bazylika świętego Tomasza Apostoła. Plac przed świątynią był pusty. Prawdopodobnie mieszkańcy i turyści siedzieli właśnie przy kolacji, zajmując wszystkie wolne miejsca w restauracjach. Byłem tak głodny, że parkując uderzyłem tylnym zderzakiem w słupek. Drzwi w portalu głównym bazyliki były jeszcze otwarte. Blandina pchnęła ciężkie wrota i znikła w mroku. Tymczasem my postanowiliśmy zająć miejsca w małej restauracyjce z widokiem na morze, którą odkryliśmy, przemierzając samochodem ulice miasteczka. Nie musieliśmy się zresztą zbytnio spieszyć. Nie licząc rodziny siedzącej przy sąsiednim stoliku, byliśmy jedynymi gośćmi zabytkowego *Palazzo Farnese*. Rozkoszowaliśmy się wypełniającym lokal zapachem. Morze, które widzieliśmy przez okno, nie mogło być bardziej błękitne. Zamówiliśmy wodę i wino, po czym zabraliśmy się do studiowania karty dań. Przy sąsiednim stoliku dwaj synowie i córka wraz z matką pochłonięci byli lekturą jakiejś książki, podczas gdy ojciec czytał gazetę. Wciąż czekaliśmy na Blandinę. „Pójdę po nią" – powiedziałem wreszcie do Ellen, gryząc kromkę chleba.

Portal bazyliki był otwarty. Inskrypcja głosiła, że w 1080 roku Normanowie zniszczyli świątynię, która została odbudowana w 1127 roku. Wysokie wnętrze kościoła tonęło w mroku. Nie było żywej duszy. „Siostro Blandino! – zawołałem cicho. Bez odpowiedzi. – Blandina?!". Znów cisza. W apsydzie natknąłem się na schody prowadzące do krypty. Tam ją znalazłem, klęczącą przed ołtarzem, nad jasno oświetlonym sarkofagiem. Było to złocone, barokowe dzieło z umieszczonym na przedniej części medalionem Apostoła. Z tyłu znajdowała się wpuszczona w posadzkę czarna, popękana kamienna płyta z płaskorzeźbą na środku. Z podłogi spoglądał na mnie brodaty mężczyzna o surowych, niemal chińsko-mongolskich rysach. Po lewej i prawej stronie głowy wyryto w kamieniu greckie słowa: *HAGIOS THOMAS*. Szeroko otwarte oczy, prawa ręka refleksyjnie uniesiona w stronę brody, w lewej – zwieńczona krzyżem laska. Mężczyzna wyglądał obco, jakby przybył z bardzo daleka. „Grób świętego Tomasza" – głosiła tablica wisząca na ścianie krypty. 6 września 1258 roku, „za panowania Manfreda, księcia Tarentu, syna cesarza Fryderyka II", trzy dowodzone przez kapitana Leone ortońskie galery przetransportowały do miejscowego portu zamknięte w „świętym sejfie" kości Apostoła. Statki wracały z wyprawy wojennej po Morzu Egejskim, gdzie pomagały zabezpieczać przed Genueńczykami zmonopolizowane przez Wenecjan szlaki handlowe na Wschód. W związku z wykonywaną misją miały prawo – i obowiązek – splądrować wszystkie opanowane przez Genueńczyków miasta i porty. Podczas wyprawy flotylla zdobyła między innymi wyspę Chios, której mieszkańcy pokazali admirałowi świętą budowlę, a w niej sarkofag z przeniesionym z Indii ciałem Apostoła. „Zgodnie z ówczesnym obyczajem" Leone rozkazał natychmiast przenieść szczątki na swoją galerę, a wraz z nią „armeńską płytę nagrobną z Edessy w Mezopotamii, gdzie do III wieku przechowywano kości

Apostoła". Edessa? To miasto musiało być w owych czasach wielkim europejsko-azjatyckim dworcem przeładunkowym. Po pewnym czasie w krypcie pojawiła się również Ellen.

„Co tu podają? – zapytała Blandina, kiedy usiedliśmy wreszcie przy stoliku. – Jeszcze nigdy nie byłam w takiej restauracji". W klasztorach trapistek zachowywana jest ścisła dieta bezmięsna; tylko w wielkie święta jada się ryby lub potrawy z jaj. „Może *spaghetti alle cozze*? – zaproponowałem. – Nad morzem musi być znakomite". „A co to takiego?". „Spaghetti z małżami". „Ale jak to się je? Nigdy nie widziałam czegoś takiego na oczy". „Pokażę siostrze". Wznieśliśmy winem toast ku czci świętego Tomasza, potem jeszcze jeden, kiedy podano spaghetti. „Jakie piękne!" – wykrzyknęła Blandina, kiedy ujrzała stojącą na stole misę. Wziąłem jedną muszlę i pochyliłem się nad swoim talerzem, lecz Blandina, jak przystało na prawdziwą malarkę ikon, nie mogła oderwać oczu od muszli. „Myśli pan, że mogłabym zabrać kilka ze sobą? Mogłabym w nich mieszać farby!". „Oczywiście". Gdy kelner zniknął z pola widzenia, siostra Blandina szybko zawinęła swoje puste skorupy w „Posłańca świętego Tomasza", gazetkę diecezjalną, którą znalazła przy wejściu do kościoła. Kiedy po kolacji wracaliśmy do samochodu, myślałem o mojej matce, która ze swej pierwszej podróży samolotem zabrała na pamiątkę całą kieszeń torebek z cukrem i mleczkiem do kawy.

Dwa dni później, gdy zamierzaliśmy już wracać do Rzymu, w drodze do samochodu znów spotkaliśmy siostrę Blandinę. Zmierzyła mnie swymi ukrytymi za szkłami okularów oczami. „Stało się coś bardzo ważnego! – powiedziała. – Wie pan, że od dawna zastanawiałam się, na jakim materiale zostało utrwalone «Święte Oblicze». Otóż właśnie z moją przyjaciółką Dorotheą wpadłyśmy na nowy trop. Napisałam na ten temat artykuł". Dała mi pięć kartek zadrukowanych wielką, imitującą odręczne pismo czcionką. Schowałem artykuł, pożegnaliśmy się serdecznie i usiadłem za kierownicą. W domu całe biurko było zawalone czekającą na mnie pracą. Dwa dni później kartki od Blandiny znów wpadły mi w ręce, kiedy szukałem w kieszeni jakichś notatek. Zacząłem je czytać na stojąco, ale po chwili usiadłem z wrażenia. Artykuł nosił tytuł: „20 lipca 2004. Wydarzenie dnia". Tekst brzmi dosłownie tak:

„Stałam w kuchni przy zlewozmywaku, chcąc wreszcie uporządkować muszle, które od niedzieli leżały namoczone w garnku, kiedy zadzwonił telefon. Dorothea Link! Chciała mi opowiedzieć o swoich badaniach nad jedwabnymi próbkami, które jakiś czas temu jej wysłałam. Badając je pod lupą, stwierdziłam, że włókna wykazują dużo większe podobieństwo do Całunu niż jakiekolwiek inne dostępne nam tkaniny lniane lub bawełniane: były nieporównywalnie gładsze. Dorothea potwierdziła wyniki moich badań. Mówiła, że jest przekonana, iż Całun nie został utkany z lnu, lecz z włókien bardzo przypominających jedwab. Oponowałam, twierdząc, że staroegipski bisior był równie gładki i delikatny, a przecież wytwarzano go z włókien lnianych. «Nie – odparła. – W pewnym leksykonie znalazłam informację, że starożytny bisior był mieszanką lnu, jedwabiu i tak zwanego morskiego jedwabiu!». Było to dla mnie coś nowego! – Pytanie o materiał, z którego powstał Całun, zajmuje mnie od niemal trzech lat. Przejrzystość włókien i nadzwyczaj gładka powierzchnia każą wątpić w prawdziwość hipotezy, jakoby płótno utkano z lnu. Z drugiej strony badacze zajmujący się Całunem wykluczyli możliwość utkania Całunu z jedwabiu.

Wymieniałyśmy już między sobą wcześniej tego rodzaju uwagi. Kiedy Dorothea wspomniała o «morskim jedwabiu», powiedziałam spontanicznie: «Ciekawe! Właśnie płuczę muszle!». Nie rozumiem jednak, w jaki sposób można z nich uzyskać jedwab. Wprawdzie w każdej muszli jest mała niteczka, jakby pępowina, która wiąże małża z muszlą, ale jest ona naprawdę maleńka! «Nie – odpowiedziała Dorothea. – Chodzi o bisior, tkaninę z bisioru!». Od trzech lat była absolutnie przekonana, że włókna w tkaninie Całunu nie mają struktury organicznej, lecz przypominają wydrążoną w środku plastikową rurkę. Taki wniosek wyciągała z obserwacji powiększeń materiału na ekranie komputera. «Oddzwonię do ciebie!» – powiedziałam, skupiając myśli na morskim jedwabiu i wracając do osuszania wypłukanych muszli. A zatem te przedziwne stworzenia również wytwarzają coś podobnego do jedwabiu? Ale gdzie? W jaki sposób? Ostrożnie wycierałam skorupy. Żeby można było mieszać w nich farby, musiały być absolutnie czyste. Niestety, mimo dokładnego płukania na wewnętrznej stronie wciąż wyczuwałam nierówności. Kiedy zaczęłam je mocniej pocierać, by usunąć rzekome resztki małża, poczułam lekki opór, a gdy dotknęłam muszli palcami, ujrzałam na nich maleńkie, delikatne niteczki, których nie mogłam oderwać od skorupki: «Bisior!» – przebiegło mi jeszcze raz przez głowę. Zauważyłam, że nici są dość elastyczne i mocne. Na każdej muszli znajdowała się całkiem spora ich ilość. Wyglądały, jakby wyrastały ze skorupki, tworząc mały jedwabny kłębek. Pod lupą zobaczyłam, że wyraźnie połyskują i są dość przejrzyste, jak włókna na wykonanych przez profesora Fantiego mikroskopowych powiększeniach Całunu. Próbowałam je podpalić, by sprawdzić, czy nie są pochodzenia zwierzęcego. Zmarszczyły się i skurczyły do wielkości maleńkich, niebieskawo-czarnych kuleczek, jak tkanina w źrenicach «Świętego Oblicza» na powiększeniach padewskiego profesora.

Włókna wyglądają jak mikroskopijne «rurki» z przezroczystego materiału. Badane przeze mnie niteczki miały nieokreśloną barwę – pomiędzy bielą a różnymi tonami żółci. Muszle miały za sobą gotowanie i kwaśną kąpiel w środkach czyszczących, nic więc dziwnego, że włókna nie były już białe. Wszystkie jednak ich właściwości, łącznie z odcieniami barw, jako żywo przypominały materiał, z którego utkano Całun. Czyżby któraś z obecnych przy pogrzebie Jezusa kobiet – Najświętsza Dziewica lub Maria Magdalena – posiadała taką właśnie cieniusieńką chustę, którą na znak swej miłości okryła oblicze Pana? Niedawno czytałam o Marii Magdalenie, że obmywając Panu nogi, miała na głowie chustę, która była tak cienka, że wprawdzie okrywała jej włosy, lecz «właściwie ich nie zasłaniała». Spojrzałam na mieniące się jedwabnym blaskiem i bajecznie kolorowymi liniami muszle i oczami duszy ujrzałam Całun. Z przepychem, a zarazem subtelnością jego mieniących się jak tęcza barw mogło się równać jedynie piękno natury. Przypomniałam sobie wszystkie odcienie, delikatne włókna i maleńkie «węzełki» na «przypalonych» źrenicach. Zrozumiałam, że oto uczyniłyśmy wielki krok w kierunku poznania niezwykłego pochodzenia tkaniny. Teraz pozostaje jedynie dokładnie zbadać włókna morskiego jedwabiu i ewentualnie porównać je z maleńką próbką włókna z Całunu. Pan stworzenia dobrze wiedział, jakich włókien potrzebuje, by stworzyć tak cudowny obraz jak «Święte Oblicze», a ludzka miłość pozwoliła mu z nich skorzystać! Całun jest więc nie tylko dowodem miłosiernej, bosko-ludzkiej miłości naszego Zbawiciela, lecz również znakiem Jemu okazanej, ludzkiej miłości. Manoppello, 20 lipca 2004, s. Blandina Paschalis Schlömer".

Jeszcze raz przebiegłem oczami po tekście, wstałem i wyszedłem na balkon. *Ho visto il Signore, Halleluja!* – usłyszałem tego poranka w czytanym w kościele świętej Anny fragmencie Ewangelii Jana: „Widziałam Pana". Był 22 lipca. Kościół rzymski obchodził wspomnienie świętej Marii Magdaleny, grzesznicy, którą Jezus szczególnie umiłował. Która stała pod krzyżem, gdy zabrakło Tomasza i Piotra. Która była przy pogrzebie Pana, gdy spośród Apostołów pozostał tyko Jan. I która wreszcie pierwsza ujrzała Go żywego, gdy jeszcze przed świtem pobiegła do grobu, by Go po raz ostatni namaścić, opłakać i okryć pocałunkami. „Zabrano Go" – szlochała, alarmując Apostołów. Zawołałem Ellen, żeby jej opowiedzieć o dokonanym przez Blandinę odkryciu.

Maria Magdalena

Maria Magdalena pod krzyżem. Fragment „Ołtarza z Isenheim"
Matthiasa Grünewalda, Colmar (1510-1515)

Z Sardynii do Abruzji: Chiara Vigo – ostatnia z rodu
znającego tajemnicę wytwarzania bisioru – rozpoznaje
ukryty za „Świętym Obliczem" morski jedwab.

Była to najbardziej przekonująca ze znanych mi hipotez na temat pochodzenia tkaniny. Gdyby się potwierdziła, stałaby się kluczem do odpowiedzi na wiele pytań. Tkanina z macicy perłowej, a w każdym razie z pokrewnego jej materiału – czy można lepiej wyjaśnić charakterystyczny połysk Całunu i występujące na nim efekty, upodabniające go do hologramu? Bisior jest tak samo ogniotrwały jak azbest. W Internecie znalazłem informację, że jego nazwa pochodzi od aramejskiego słowa *bus*. Wzmianka na temat tej tkaniny znajduje się na kamieniu z Rosetty – dzięki jego odkryciu Jean Francois Champollion odczytał hieroglify[10]. Materiał odnajdywano w grobach faraonów, a także w Syrii, w Kanaanie, Mezopotamii i Grecji. Mówią o nim najstarsze wykazy precjozów ze starożytnych skarbców. Drogocenna, baśniowo piękna tkanina była nazywana „tkanym złotem". W jednym ze starożytnych pism znajduje się wzmianka, że bisiorem była wyłożona mityczna skrzynia Jazona. W innym miejscu jest

---

[10] Kamień z Rosetty to odnaleziona w lipcu 1799 roku w egipskim porcie Rosette czarna granitowa płyta, na której paralelnie zapisano ten sam tekst w dwóch wersjach: greckiej i egipskiej. W oparciu o to znalezisko możliwe stało się odczytanie hieroglifów.

mowa o tym, że z purpury i bisioru była wykonana zasłona w Świątyni Jerozolimskiej. W Starym Testamencie materiał ten był zarezerwowany dla dywanów Przybytku i „efodu", czyli wierzchniej szaty arcykapłana. W starożytności nie znano droższej tkaniny. Według *Apokalipsy* – jak dowiedziałem się od profesora Klausa Bergera z Heidelbergu – z tego właśnie materiału miała być wykonana „szata Oblubienicy Baranka", „suknia ślubna Kościoła". Do tej pory nie miałem o tym wszystkim pojęcia. Nigdy wcześniej nie słyszałem o tej tkaninie.

Przejrzystozłoty blask bisioru opisywali poeci i uczeni. Pisali o „materii cienkiej jak pajęczyna". Kiedy dziewczęta wplatały jego włókna we włosy, ukryty blask sprawiał, że na młodzieńców spadał nieodparty urok. Uniwersytet w Rostoku umieścił w Internecie obszerny artykuł na temat bisioru. Wynika z niego, że bisior faktycznie jest pozyskiwany z morza. Z tego samego źródła dowiedziałem się również, w jaki sposób powstają włókna: jak pisze autorka tekstu, pani Norma Schmitz, „znajdujący się przy stopie małży gruczoł wydziela zawierającą białko substancję, która w zetknięciu z wodą twardnieje". Dziś, z uwagi na niebywałe koszty wytwarzania tkaniny, bisior można znaleźć już tylko w niektórych muzeach – a i to w postaci nielicznych, małych fragmentów. „Ze względu na długość włókien, do pozyskiwania materiału szczególnie nadaje się występująca w Morzu Śródziemnym przyszynka szlachetna (*Pinna nobilis*). Jest to największy spośród występujących w tym akwenie – mierzący do 90 centymetrów długości – małż. Zwierzątka stoją pionowo, zagłębione na 5 do 10 centymetrów w osad denny. Do poruszania po piaszczystym dnie wykorzystują właśnie owe nitkowate «odnóża». Włókna są bardzo delikatne, ale zarazem wystarczająco mocne i sztywne. W zależności od rodzaju podłoża i wieku małży, mogą one przybierać różne barwy – od bieli po ciemny brąz. Bisior jest materiałem niepalnym i nie rozpuszcza się w wodzie; opiera się działaniu alkoholu, eteru, rozcieńczonych kwasów i ługów. Muszle zbierano w płytkiej, przejrzystej wodzie – albo nurkując, albo wprost z łodzi, za pomocą stalowych szpikulców na długich kijach lub specjalnych cęgów. Połowy nie były zbyt obfite. Z jednej muszli można było uzyskać maksymalnie do dwóch gramów włókna. Uzyskanie jednego kilograma surowca wymagało wyłowienia do tysiąca muszel. Z tego uzyskiwano dwieście do trzystu gram czystego bisioru. Po wyłowieniu małży, włókna wielokrotnie płukano, suszono i gręplowano. Im dłużej je gręplowano, tym większego nabierały blasku. Jednak swą typową, złotobrązową barwę, czyniącą morski jedwab tak sławnym, uzyskiwały dzięki kąpieli w kwasie cytrynowym. To jedyny odcień, jaki można nadać tkaninie – innego zresztą nikt sobie nie życzył. Włókien nie da się sztucznie farbować".

W odróżnieniu od lnu i jedwabiu, włókna bisioru charakteryzują się specyficzną tęczową barwą i przejrzystością. W momentach takich jak ten miałem ochotę sięgnąć po papierosa, zapominając, ile mnie kosztowało rzucenie palenia. Przecież już legenda o Kamulianie mówiła, że „obraz, którego nie namalowała ludzka ręka", wydobyto – czy też „narodził się" – z wody! Muszla to starożytny symbol Maryi. Podczas którejś relacji z papieskich mszy, stojąc na trybunie prasowej, zauważyłem, że w kolumnadzie Placu Świętego Piotra wszystkie figury świętych stoją w muszlach. To co święte – perła – rodzi się z muszli. Również na Górze Oliwnej pewien franciszkanin pokazał mi przed laty bizantyjską mozaikę z III wieku, przedstawiającą Chrystusa jako przebitą perłę.

Kiedy wyszukiwarce internetowej wpisałem kombinację „bisior + Magdalena", na ekranie pojawił się tekst z *Księgi Ezechiela*: „Zostałaś ozdobiona złotem i srebrem, przyodziana w bisior oraz w szaty jedwabne i wyszywane. Jadałaś najczystszą mąkę, miód i oliwę. Stawałaś się z dnia na dzień piękniejsza i doszłaś aż do godności królewskiej" (Ez 16,13). Autor artykułu-medytacji, Emil Spath, zestawia lament proroka nad Jeruzalem, „niewierną żoną", która „oddawała się każdemu przechodniowi", z fragmentem „Ołtarza z Isenheim" w alzackim Colmar, ukazującym Marię Magdalenę pod krzyżem: tylko ją, bez Chrystusa, przed którym upadła na ziemię. W niej, jak pisze autor medytacji, „niewierna oblubienica, która stała się nierządnicą", ponownie staje się narzeczoną. W colmarskim dziele Matthiasa Grünewalda Maria Magdalena jest jedynym symbolem „nawróconego Izraela". Dlatego pod rękawami jej szaty – a nie na nich! – malarz umieszcza ciężkie, złote bransolety, symbolizujące narzeczeństwo, dar Boga dla starożytnej Jerozolimy. Maria Magdalena z bólu niemal odchodzi od zmysłów; jej wypłakane oczy są pozbawione wyrazu, półotwarte usta wykrzywione w grymasie udręki, ramię wyciągnięte ku Zmarłemu, palce powykrzywiane w bólu. Z jej włosów spływa na czoło i oczy przezroczysty welon, przez który widać najmniejszą nawet rzęsę

– jak przez Całun nad głównym ołtarzem kościoła w Manoppello.

„Kto inny – powiedziała Ellen – mógłby zostawić Całun w grobie Chrystusa? Jeśli rzeczywiście pochodzi on z grobu...". No właśnie: kto spośród uczestników pospiesznego pogrzebu Jezusa? Biblia mówi, że Józef z Arymatei wyprosił u Piłata ciało Jezusa i kupił wielki zwój białego, lnianego płótna, mającego służyć za całun pogrzebowy. Gdyby od Józefa pochodził także ów drogocenny kawałek bisioru – pomyślałem – to czy Biblia przemilczałaby ten fakt? Z pewnością nie zostawili go również rzymscy legioniści, którzy dokonywali egzekucji; ci przecież sami rzucali kości o szatę Zamordowanego. Maryja? Z tego, co mówi na jej temat chrześcijańska tradycja, wnioskuję, że Matka Jezusa ubierała się raczej w wełnę i len niż aksamit, jedwab i klejnoty. Co innego Maria Magdalena. Biorąc pod uwagę jej wcześniejszą „profesję", w której tak ważną rolę odgrywa uwodzicielskie piękno, zupełnie inaczej wyobrażam sobie jej garderobę. Damy z frankfurckiej Elbestrasse również nie muszą sobie odejmować chleba od ust, by się odziewać w futra z lisa. To samo musiało z pewnością dotyczyć Magdali, portowego miasteczka nad jeziorem Genezaret. Jeśli którakolwiek z towarzyszących Jezusowi kobiet mogła mieć kawałek bisioru, to tylko Maria z Magdali. Czy ktokolwiek mógłby się oprzeć argumentom siostry Blandiny? Kto, jeśli nie Maria Magdalena, mógłby złożyć w grobie Mistrza – jako wzruszające *adieu* – drogocenny welon? A zatem: Chusta Marii Magdaleny!

Sprawa ta nie dawała mi spokoju. Znalazłem gdzieś informację, że w starożytności morski jedwab pozyskiwano i wytwarzano przede wszystkim w dwóch miastach: Aleksandrii na egipskim i Antiochii na syryjskim wybrzeżu Morza Śródziemnego. W późniejszym okresie sztuka ta rozszerzyła się na inne miejscowości położone nad Morzem Śródziemnym. Wiadomo na przykład, że wielkim centrum wytwarzania bisioru był leżący na południu Włoch Tarent. Niestety z biegiem czasu niezwykła sztuka zupełnie odeszła w zapomnienie. Jedynym miejscem, gdzie dzisiaj wytwarza się jeszcze niewielkie ilości morskiego jedwabiu, jest Sant' Antioco, mała wyspa na południowy zachód od Sardynii; możliwe, że w nazwie wyspy pobrzmiewają echa starożytnej „jedwabnej" metropolii – Antiochii. Wyspa jest „ostatnią jedwabną nitką w tkaninie morza".

26 lipca zaproponowałem mojej berlińskiej redakcji, że wybiorę się na krótki rekonesans na Sardynię – śladem ostatnich włókien legendarnego Złotego Runa. Pomysł doskonale pasował do rozpoczynającego się właśnie sezonu ogórkowego. W Internecie znalazłem informację, że na Sant' Antioco mieszka ostatnia na świecie osoba znająca tajemnicę wytwarzania bisioru. Z tego zresztą powodu *signora* Chiara Vigo odegrała bardzo ważną rolę podczas wystawy poświęconej „Złotym włóknom z dna morskiego", zorganizowanej wiosną 2004 roku w bazylejskim Muzeum Kultur. Motto wystawy brzmiało: „Wszystko umiera dwa razy. Najpierw własną śmiercią, nieodwołalnie i konkretnie, potem w świadomości tych, którzy przeżyli". Koniecznie chciałem – na ile mi sił starczy – nieco odsunąć moment drugiej śmierci tej fascynującej, dziś już niestety zapomnianej sztuki włókienniczej. Znów jednak uprzedziła mnie siostra Blandina. „*Gentile*

signora Vigo!" – zaczęła swój datowany na 3 sierpnia list, w którym donosiła o „Świętym Obliczu" i swoim nowym odkryciu, załączając odpowiednie fotografie i pytanie, czy nie mogłaby tej kwestii skonsultować z panią Vigo, jako wybitną ekspertką w tej dziedzinie. Wieczorem 6 sierpnia – kiedy w Manoppello przy dźwiękach werbli i trąb tradycyjnie wspomina się Przemienienie Jezusa na górze Tabor – siostra Blandina odsłuchała nagraną na automatycznej sekretarce wiadomość, że przesłane przez nią dokumenty wskazują, iż Całun rzeczywiście mógł zostać utkany z bisioru, choć rzecz jasna wydanie ostatecznej opinii wymaga osobistego zbadania tkaniny przez *signorę* Vigo. Blandina kilka razy odsłuchała nagranie. Nie potrzebowała dużo czasu, by przekonać pana de Lucę, burmistrza Manoppello, do pokrycia kosztów przelotu Chiary Vigo. Miała ona zamieszkać w pustelni *suor* Blandiny. Ellen i ja obiecaliśmy zapewnić transport z rzymskiego lotniska do Manoppello.

1 września 2004 roku, w późnojesienny, rześki poranek, pośród ciągnącej od morza chłodnej bryzy, Ellen, łamiąc zakaz zatrzymywania, zaparkowała samochód przed halą „A" Portu Lotniczego im. Leonarda da Vinci w Fiumicino. Miała zaczekać w aucie, podczas gdy ja poszedłem odebrać naszego sardyńskiego gościa. O tej porze na lotnisku panowała jeszcze senna atmosfera. Wielki zegar w hali przylotów wskazywał godzinę 7.35, kiedy wylądował samolot *Alitalia* AZ 1570 z Cagliari. Siedem minut później, o 7.42, w dalekim Biesłanie w Północno-Wschodniej Osetii uzbrojony w karabiny i ładunki wybuchowe oddział terrorystów wtargnął do Szkoły Podstawowej nr 1. Budynek wypełniony był tłumem

nauczycieli, rodziców i dzieci, mających rozpocząć nowy rok szkolny. Obrazy, które w następnych dniach przewinęły się przez ekrany telewizorów na całym świecie, do dziś napawają grozą. Ponad trzystu zamordowanych zakładników. Opis iście apokaliptycznych tragedii od dawna stał się codziennym chlebem reporterów, ale te dni były czymś wyjątkowym. My jednak tego dnia nie słuchamy radia – ani na lotnisku, ani potem na autostradzie. Dziennikarze mają trochę łatwiej – przebiega mi przez głowę, kiedy stojąc w hali przylotów, przypominam sobie ojca Pfeiffera i jego nieustanną pogoń za naukowymi dowodami oraz typowy dla uczonych i profesorów lęk, że ktoś kiedyś mógłby im zarzucić mniejszą lub większą nieścisłość albo wręcz pomyłkę. Dziennikarze – zwłaszcza reporterzy – nie muszą niczego dowodzić. Przeciwnie. Mają własne manie i zawodowe skrzywienia, ale nie są sędziami, adwokatami, profesorami ani nauczycielami. Jeśli tylko mają w sobie dość odwagi – i nie chcą odbierać chleba profesorom, adwokatom, sędziom czy nauczycielom – mogą poprzestać na opisywaniu faktów i wydarzeń, których byli świadkami, które obserwowali przez długie dni, w świetle i ciemności, z daleka i z bliska. Im więcej głosów, tym lepiej. Im więcej sprzeczności, tym więcej autentyzmu i życia.

Kiedy Chiara Vigo przeszła przez bramkę kontrolną, mogłem schować karton, na którym wielkimi literami wypisałem jej nazwisko. Jej paznokcie są niczym prawdziwe szpony. Mogłaby z powodzeniem zagrać główną rolę w którymś z filmów Piera Paola Pasoliniego. „Dla naszego ludu bisior jest tkaniną świętą – powiedziała w samochodzie. – Absolutnie nie na sprzedaż". Co miało znaczyć owo „dla naszego

ludu"? Czy wyspa nie jest częścią regionu Sardynii? Owszem
– zaśmiała się głośno, po czym wyjaśniła, że pochodzi
z „narodu Pana" i mówi po sardyńsku, włosku i aramejsku.
Zaraz też zaintonowała pieśń, śpiewaną przez powracają-
jących z morza rybaków. Ludność wyspy wywodzi się od
Chaldejczyków, Aramejczyków i Fenicjan, od samej księż-
niczki Berenike, córki Heroda i ukochanej cesarza Tytusa,
zdobywcy Jerozolimy. „Berenike?" – chciałem zapytać, lecz
nagle spostrzegłem, że Chiara trzyma w porannym świetle
mały pęczek surowego, niegręplowanego morskiego jedwabiu, delikatniejszego od anielskiego włosia. W promieniach
słońca „złoto morza" mieniło się wszystkimi odcieniami
brązu. Ellen z wrażenia pomyliła drogę i zamiast na pustej
obwodnicy, znaleźliśmy się w centrum Rzymu, w godzinach porannego szczytu. Chiara zaczęła się śmiać jeszcze
głośniej. To już trzydzieści lat – powiedziała – jak ostatni
raz była w Rzymie. Chciała wtedy porzucić swoje niezwykłe zajęcie i uciec z Sant' Antioco. Zagubiona w wielkiej
metropolii siedziała w autobusie i patrzyła na tysiące obcych
domów, kiedy naprzeciwko niej usiadła Cyganka. „Czego
tu szukasz? – zapytała. – Przed czym uciekasz? Powinnaś
szybko wrócić do domu, tam, skąd przybywasz, i gdzie, nim
skończysz pięćdziesiąty rok życia, staniesz się sławna na
cały świat". Zapytałem, kiedy Chiara skończy pięćdziesiąt
lat. „Za sześć miesięcy, 1 lutego 2005 roku". Już sam dźwięk
jej śmiechu napełniał radością. Taką samą radością napełniał widok morskiego jedwabiu w porannym słońcu. I jej
opowieści. Chiara jest jak niewyczerpane źródło. Co roku
w czasie majowej pełni księżyca nurkuje na głębokość pięciu

metrów, by zbierać na dnie morza złote nici, które potem czesze i tka, przemieniając w maleńkie klejnoty. Pędziliśmy autostradą w kierunku Manoppello, gdzie w ratuszu czekał na nas burmistrz miasteczka. Właśnie tego dnia otrzymał od prezydenta republiki, Carla Azeglio Ciampiego, uroczyste potwierdzenie nadania Manoppello praw miejskich.

Siostra Blandina czekała przez kościółkiem, na wzgórzu Tarigni. Kiedy przekroczyliśmy próg świątyni i minęliśmy tanią atrapę organów, naszym oczom ukazał się wiszący nad tabernakulum mleczny czworokąt *Volto Santo*, spowity padającym z tyłu światłem. Chiara upadła przed ołtarzem na kolana i w milczeniu patrzyła w górę. Potem, gdy weszliśmy po umieszczonych za ołtarzem schodach i stanęliśmy przed obrazem, uklękła raz jeszcze. Całun – powiedziała – wykonano z najdelikatniejszej tkaniny, jaką kiedykolwiek widziała. „Ma oczy baranka i lwa zarazem" – rzekła, czyniąc znak krzyża. „*O Dio!* On jest Panem nieba i ziemi".

„To bisior! – powtórzyła dwa, trzy, cztery razy i zapadła w nabożne milczenie. – To bisior!". Można go barwić, ale tylko purpurą, a Chiara jest ostatnią na świecie osobą, która zna tajniki tej sztuki. Jeszcze w samochodzie opowiadała nam, że potrafi nadać tkaninie różne odcienie czerwieni i zieleni. „Na bisiorze nie da się malować. To po prostu niemożliwe. Niemożliwe też, żeby utkać z niego tak delikatny całun. Wszystko inne jest możliwe".

Chiara została w Manoppello pięć dni. Wiem, że jest ostatnią tkaczką, która potrafi wytwarzać bisior, jednak ciekawi mnie, w jaki sposób, nie przeprowadziwszy dokładnych

badań, doszła do wniosku, że tkanina *Volto Santo* to morski
jedwab. „Ponieważ Całun ma właściwości charakterystyczne
tylko i wyłącznie dla tej i dla żadnej innej tkaniny na świecie
– odpowiedziała ze swoim morskim śmiechem. – Znam to
płótno od dzieciństwa: to jedyny materiał, który przepusz-
cza jasne światło, w cieniu nabiera barwy brązowej, a gdy
go łagodnie oświetlić, staje się miedzianozłoty. To typowe
właściwości bisioru. Nietrudno zauważyć, że ma je również
«Święte Oblicze». Kiedy na nie patrzę, czuję na całym ciele
dreszcze. Oczywiście, Całun trzeba gruntownie zbadać, ale
jestem przekonana, że to bisior".

Oglądając u siostry Blandiny mikroskopowe powiększenia włókien Całunu, Chiara stwierdziła, że obraz zawdzięcza swój specyficzny połysk typowemu dla bisioru osadowi
morskiej soli. Wyjaśniła też, że to właśnie sól sprawia, iż
materiału nie da się pomalować. Dlaczego? „Niech pan
spróbuje pomalować macicę perłową, a sam pan zrozumie.
To po prostu niemożliwe". Chiara spędziła wiele godzin
przed obrazem. Resztę swego pobytu w Manoppello prze-
siedziała u Blandiny, rozczesując surowe włókna i zanurzając je w różnych kąpielach. Wyjaśniła nam przy tej okazji,
że w kwasie cytrynowym włókna nabierają złotej barwy,
podczas gdy pod wpływem krowiego moczu stają się bled-
sze, jaśniejsze. Chiara nigdy nie sprzedaje utkanego przez
siebie materiału. Mówi, że bisior nie jest na sprzedaż – za
żadną cenę. Daje go jedynie w prezencie, wedle własnego
uznania: „Bisior to święta tkanina – mówi. – Należy wyłącznie do Boga". „Tak jak ikony – odpowiada Blandina, stojąc

przy piecu. – Ikony też nie są na sprzedaż. Autor otrzymuje ofiarę zależną od finansowych możliwości obdarowanego. Tak w każdym bądź razie powinno być".

Po obiedzie Chiara zabrała się za skręcanie z gręplowanego, brązowego bisioru owych sławnych anielskich włosów. Tym samym, przekazywanym od wieków z pokolenia na pokolenie ruchem nawinęła na wrzeciono dziesięć do dwudziestu takich nici. Pierwsze, co z nich zrobiła, to bransoletka dla naszej córki Christiny. Na przywiezionych z Sardynii maleńkich krosnach rozpięła piętnaście nici jako osnowę, po czym wprawną ręką zabrała się do tkania płótna, mającego nam posłużyć podczas badań jako materiał porównawczy. Z góry nas jednak uprzedziła, że nigdy jeszcze nie widziała tak cienkiej przędzy i tak delikatnej tkaniny jak na „Świętym Obliczu". I nigdy nikomu nie uda się zbliżyć do tego ideału. Kiedy ubrana w swoją wzorzystą suknię bez rękawów siedziała na werandzie, dzieląc się ze mną swoimi papierosami, wyglądała jak surowa nauczycielka ze szkoły *flamenco* – zwłaszcza, gdy znów zaczęła śpiewać pieśń rybaków wypływających o poranku w morze.

W noc poprzedzającą jej wyjazd zrobiła dla mnie różaniec z bisioru – abym mógł się łatwiej i lepiej modlić. „Dzięki niemu pańska opowieść o tym odkryciu stanie się pieśnią. Proszę pomyśleć, że musi pan zanurzyć się w przejrzyste wody i wydobyć swą opowieść na powierzchnię".

Na autostradzie, tuż przed lotniskiem, zapytałem ją, od jak dawna jej rodzina kultywuje rzemiosło, którego tajniki zna jako ostatnia na świecie. „*O Dio!* – zaśmiała się raz jeszcze. – Od niepamiętnych czasów. Tradycję przekazywano zawsze w linii żeńskiej. Ja nauczyłam się jej od mojej babci, a ona z kolei od swojej". Chiara potrafi wymienić nazwiska do dziesiątego pokolenia wstecz – z datami urodzin i śmierci. „Wśród moich matek i pramatek osiem kobiet nosiło imię Magdalena. Sąsiednia wyspa, która kiedyś była centrum połowu małży i wytwarzania bisioru, nazywa się *Santa Maddalena*".

Dworzanin etiopski i kabalista znad jeziora Genezaret

Kościół Bēta Giyorgis w Lalibeli, Etiopia

Refleksja historyczna na temat stwórczych dłoni Boga:
od stworzenia świata do Piety *Michała Anioła.*

Wróciłem do domu i usiadłem przy biurku. Natychmiast skopiowałem fotografie na twardy dysk komputera i jeszcze raz przyjrzałem się grecko-kananejskim rysom Chiary, jej archaicznej gestykulacji, palcom, w których brzmi muzyka, mimice. Przyglądałem się, jak tka, patrzyłem na mały kłębek gręplowanego bisioru w drewnianym pudełku, połyskującego na słońcu przed domem siostry Blandiny. Potem jeszcze raz obejrzałem siedem zdjęć w takiej kolejności, w jakiej je wykonałem, gdy Chiara porównywała utkane przez siebie płótno z tkaniną „Świętego Oblicza". W porównaniu z Całunem wykonane przez nią na moich oczach nici były grube jak wełniana włóczka, a struktura tkaniny jak rybacka sieć. Zresztą Chiara z góry to zapowiedziała. „Sprowadzę tu z Turynu cały kongres włókienniczy – przyrzekła przed *Volto Santo*. – Takiej tkaniny żaden z nich nie potrafi wykonać; ba, w życiu nie widział czegoś takiego".

Zdjęcia były tu i ówdzie nieostre; przy takiej odległości próbki od oryginału trudno było ustawić odpowiednią ogniskową. Jednak na ekranie komputera wszystkie fotografie pokazywały coś, czego w Manoppello kompletnie nie dostrzegłem. Na wszystkich zdjęciach – niezależnie od ostrości – kolor wykonanej przez Chiarę tkaniny dokładnie zgadzał się z trudną do określenia barwą „Świętego Oblicza". Był to ten sam nieuchwytny odcień, który zmienia się przy każdym poruszeniu oczu: brązowy, złoty, kasztanowy, zielonkawożółty – na każdym zdjęciu, w każdym ujęciu obie tkaniny miały absolutnie identyczną tonację. Tyle że na Całunie ów odcień nie występował na całej powierzchni, lecz wyłącznie w najciemniejszych fragmentach portretu: we włosach, oczach, otwartych ustach.

A zatem, jeśli Całun wykonano z morskiego jedwabiu, oryginalnym kolorem musi być ten właśnie ciemny odcień, nie jasny.

Nie było to więc wcale białe płótno.

Nowa zagadka zaprzątała mój umysł przez dobre kilka tygodni. Jeśli Całun rzeczywiście wykonano z bisioru – na co wskazywałby jego odcień – to jak namalować na nim jasne obszary? I co to znaczy „namalować"? Na bisiorze nie da się przecież malować. Czy zatem nowa zagadka nie była jeszcze większa od poprzedniej? Jak umieścić jasny wizerunek na ciemnym tle? Pytanie to było ściśle związane ze stanowczym zaprzeczeniem prawdziwości wizerunku przez całe rzesze mądrych mężów i niewiast, z taką wyniosłością i pewnością siebie unikających choćby spojrzenia na Całun. Podawany przez nich argument był prosty i pozornie nie do obalenia: obraz został po prostu namalowany. Każdy, kto twierdził, że na tym podłożu nie da się malować, uznawany był za pomyleńca; zresztą – jak uważano – wokół obrazu zdążyła się już zgromadzić cała gromada takich szaleńców. Przecież na każdej fotografii wyraźnie widać delikatne ślady pędzla. Zdaniem krytyków nie warto zatem osobiście jechać do Manoppello (a przecież z bliska każdy z nich musiałby zauważyć, że w padającym od tyłu świetle wszystkie „ślady pędzla" znikają). Subtelność wizerunku jest, ich zdaniem, najlepszym dowodem, że mamy do czynienia z malowidłem. Oczy, widoczne dopiero w powiększeniu rzęsy, woreczki łzowe, włosy brody, zęby (!), wszystko to było tak delikatnie zarysowane, że od razu dawało się dostrzec rękę artysty, który doskonale znał się na ikonografii starożytnego świata. Wystarczy porównać obraz z innymi wczesnochrześcijańskimi ikonami. Dlatego eksponat ten nie mógł być wzorcem, ale co najwyżej kopią kopii nieznanego nam oryginału – albo oryginału utrwalonego na Całunie Turyńskim.

Kiedy jednak weźmiemy pod uwagę, że: po pierwsze – pod mikroskopem nie widać choćby resztek farby; po drugie – na morskim jedwabiu w ogóle nie da się malować; i wreszcie po trzecie – na tak cienką tkaninę nie da się nanieść farby, pozostaje tylko jedna możliwa odpowiedź: jeśli obraz nie został namalowany, czyli na tkaninę nie naniesiono barwnika, znaczy to, że musiał zajść proces odwrotny – barwnik musiał zostać z tkaniny usunięty.

To nie ciemny obraz został naniesiony na jasne tło, lecz jasny obszar wyłonił się z ciemnego. Rozważając tę kwestię, przypomniałem sobie o miejscu, którego nigdy jeszcze nie odwiedziłem, ale dokąd już od wielu, wielu lat pragnąłem pojechać – od czasu, gdy jako mały chłopiec przeczytałem w pożółkłym szwajcarskim czasopiśmie artykuł na jego temat. Kiedy zaczynałem pracę dziennikarską, chciałem tam pojechać, by napisać obszerny reportaż dla kolorowego dodatku „Frankfurter Allgemeine Zeitung". Niestety, nic z tych planów nie wyszło. Na pamiątkę pozostała mi tylko książka, którą kupiłem w ramach przygotowań do przyszłej podróży. Zabierałem ją ze sobą przy wszystkich kolejnych przeprowadzkach. Publikacja ta opowiada o legendarnej miejscowości w górach Etiopii, wywodzącej swoją starożytną chrześcijańską kulturę od Apostoła Filipa i owego dworzanina królowej Kandaki, który kilka miesięcy albo lat po Zmartwychwstaniu Jezusa został ochrzczony przez Apostoła, gdzieś pomiędzy Jerozolimą a Gazą. Dlatego cesarze i królowie etiopscy aż do końca swego panowania – co nastąpiło zaledwie kilka dziesięcioleci temu – uważali się za członków domu króla Dawida. Jeden z ich prastarych tytułów to „Lew Judei". Nic dziwnego, że w średniowieczu władcy ci chcieli zbudować we Wschodniej Afryce nowe Jeruzalem, którego pierwowzór mieli okazję podziwiać, odbywając pielgrzymki do Ziemi Świętej – ze wszystkimi kościołami i wszystkimi miejscami uświęconymi ziemską obecnością Jezusa. Okazało się jednak, że na wybranym przez nich terenie występuje poważny problem: w okolicy tej nie było niezbędnych do zbudowania miasta kamieni, nie mówiąc o białych kamieniach Jeruzalem.

Wówczas doradcy i architekci kapłanów i królów wpadli na dość niezwykły pomysł. Kazali robotnikom wykopać w stosunkowo miękkim podłożu szerokie jamy – prostokątne lub w kształcie krzyża. Robotnicy mieli kopać tak długo, aż dotrą do litej skały. Potem z tych skalnych bloków, znajdujących się pod powierzchnią ziemi, kamieniarze wykuwali całe kościoły – z oknami, drzwiami, ołtarzami i kunsztownymi fryzami; jednym słowem – z tym wszystkim, co jest potrzebne w prawdziwej świątyni. Całość miała być wykuta z jednego bloku. Robotnicy usuwali więc tylko to, co zbędne, nie dodając niczego nowego, nawet najmniejszego kamyka. Stosowali się do dewizy największych rzeźbiarzy: stworzyć coś nowego, usuwając ze starego to, co zbędne. Tą zasadą kierował się Michał Anioł, kiedy za pomocą dłuta wydobył z marmurowej bryły swoją *Pietę*. Usunął tylko to, co okrywało znaną nam wszystkim formę: Matkę tulącą na swym łonie martwego Syna – z lokiem na środku czoła, półotwartymi ustami, odsłoniętymi zębami i rzadką brodą, jak na Całunie z Manoppello. W ten sposób – niczym rzeźby – powstały wszystkie kościoły w etiopskim mieście kapłanów – Lalibeli. Ta niezwykła forma uczyniła z nich arcydzieła światowej kultury. Dopiero teraz, kiedy byłem już stary, dzięki obrazowi z Abruzji opuściło mnie pragnienie zobaczenia tego legendarnego miasta. Czyż bowiem „Święte Oblicze" nie przypomina arcydzieł z Lalibeli? Tu usunięto naturalną, złocistobrązową barwę morskiego jedwabiu, wydobywając biel świętego wizerunku. Obraz powstał przez rozjaśnienie pierwotnego odcienia tkaniny.

Ponad dwa tysiące mil od Lalibeli, na północnym brzegu jeziora Genezaret, leży inne starożytne miasto, opowiadające bardzo podobną historię. Safed jest jednym z nielicznych miejsc w Ziemi Świętej, gdzie po upadku Jerozolimy i wygnaniu przez Rzymian jej mieszkańców przez dwa tysiące lat przetrwała żydowska wspólnota. Jezus musiał znać to „miasto na górze". Po wygnaniu Żydów z Hiszpanii, co nastąpiło w 1492 roku, Safed stał się jednym z najważniejszych ośrodków myśli żydowskiej. W XVI wieku jeden z tutejszych kabalistów, Izaak Luria, stawiał sobie pytanie, czy – a jeśli tak, to w jakim sensie – możliwa jest ludzka wolność, jeśli Bóg jest wszechmocny. Czy Jego wszechmoc nie „przypiera wszystkiego do ściany", nie zamyka w klatce? Może jesteśmy tylko maleńkimi cząstkami prochu, bezwolnymi wobec wszechmocnego Boga? Medytując nad tym pytaniem, Izaak Luria spoglądał ze swej izdebki na nieogarnioną przestrzeń jeziora. I oto kiedyś, patrząc na srebrzyste wody, zrozumiał tajemnicę Boga i Jego działania: stwórczy akt Boga można zrozumieć jedynie jako akt najwyższej powściągliwości. Stwarzając świat, Bóg „wycofał się", by utworzyć dla dzieł swej wszechmocy wolną przestrzeń, w której będą mogły żyć i oddychać. W ten sposób świat i ludzie mogą zachowywać swoją egzystencję i wolność wyboru. Bóg myśli inaczej niż my. „Myśli moje nie są myślami waszymi" – powiedział dwa i pół tysiąca lat temu przez usta proroka. Kabalista z Safed określił tę zasadę samoograniczenia Boga hebrajskimi słowami „zim-zum". W ostatnim stuleciu znany filozof z Mönchengladbach, Hans Jonas, w czasie swojego amerykańskiego wygnania wyprowadził z tego niepozornego odkrycia Izaaka Lurii zupełnie nową wizję świata i człowieka: filozofię odpowiedzialności. Może więc w nowym stuleciu myśl ta pozwoli nam znaleźć odpowiedź na pytanie, jak powstał niezwykły wizerunek Chrystusa z Manoppello? Czy – z technicznego punktu widzenia – nie jest to przejaw Boskiej „powściągliwości"? Tak jakby Bóg chciał na tym Całunie pozostawić odcisk swego palca, dowód swojej stwórczej mocy, a zarazem wskazówkę, na czym polega tajemnica Boskiego stworzenia. Jakby chciał nam powiedzieć, że stwarza – „robiąc miejsce" i pozwalając oddychać. Wycofując się. Bóg nie naciska. Stwarza tak, jak Jezus tchnął na Apostołów, gdy po Zmartwychwstaniu mimo zamkniętych drzwi stanął pośród nich, ukazując się Piotrowi, Filipowi, Janowi, Jakubowi, Judzie Tadeuszowi, a potem Tomaszowi.

„Zgaś wreszcie światło" – powiedziała Ellen. Zrobiło się późno.

Ojciec Pio i ojciec Domenico

Ojciec Pio, zdjęcie zrobione w San Giovanni Rotondo
około roku 1960

Dwaj ojcowie chrzestni „Świętego Oblicza" w epoce nowożytnej: święty z Gargano i jego współbrat, który rozpoznał w „Obliczu" swego Wybawcę.

Akordeon małego Albańczyka, który latem nie przestaje zawodzić pod moim oknem, dawno już umilkł. Nad ulicami Rzymu przetaczała się pierwsza jesienna burza, a ja przewracałem się w łóżku z boku na bok. Czas zaczął biec szybciej – niczym gwałtowny wiatr za oknem mojego mieszkania. Życie co jakiś czas nieoczekiwanie przyspiesza. Ledwie wiosną tego roku „odkryłem" Weronikę. W marcu, podczas służbowej podróży do grobu ojca Pio pierwszy raz miałem okazję osobiście obejrzeć obraz. To właśnie wtedy, w drodze do miejsc związanych z największym włoskim świętym XX wieku, poznałem siostrę Blandinę. Dziś wydaje mi się, jakbyśmy się znali od lat. A teraz we wszystko znów wmieszał się ojciec Pio, tajemniczy zakonnik, którego osoba i czyny wciąż stanowią temat rozmów i wspomnień mieszkańców południowej części „włoskiego buta".

Wysłałem reportaż na temat sensacyjnego odkrycia dokonanego przez Chiarę Vigo i czekałem na jego publikację w moim berlińskim dzienniku. Pisząc ten tekst, byłem przekonany, że to największe odkrycie w mojej karierze, bomba, która przyniesie mi sławę i ugruntuje pozycję mojej gazety. Tymczasem mijał już drugi tydzień, a z Berlina wciąż nie nadchodziła żadna odpowiedź. Jakby nic się nie wydarzyło, jakbym nie napisał żadnego artykułu. Każdego ranka pukałem w niemalowane, jak gdyby to mogło w jakikolwiek sposób wpłynąć na decyzję o opublikowaniu tekstu. Na próżno. Kolegium redakcyjne wciąż znajdowało ciekawsze tematy: premierę nowego filmu o Hitlerze, podróż służbową ministra spraw wewnętrznych, tydzień mody w Nowym Jorku, spotkanie uczniów z berlińskimi filharmonikami, skandal piłkarski w Neapolu, skandal seksualny w Hongkongu i tak dalej. Każdy dzień przynosił nową sensację, która zajmowała miejsce przewidziane dla mojego artykułu na temat Oblicza samego Boga!

W trzecim tygodniu zwątpiłem. „Minęły już czasy, kiedy tego typu reportaże przyciągały uwagę czytelników" – powiedziałem do Ellen. Przynajmniej w Niemczech, gdzie era chrześcijańska dobiegła końca, zaś związane z nią początki naszej kultury przestały budzić zainteresowanie przeciętnego odbiorcy. A może nie umiałem redakcyjnym kolegom dość jasno przedstawić wagi tego odkrycia. Tak – pomyślałem – zaczynam się starzeć. Niedługo moi młodsi włoscy koledzy podchwycą temat i z właściwą sobie egzaltacją uderzą w dzwony i zadmą w trąby, ogłaszając światu wielką sensację. A ja tyle się natrudziłem i naślęczałem nad starymi księgami – wszystko na próżno. Czas ruszyć szlakiem innej przygody.

W czwartek 23 września 2004 roku, nieświadom niczego, jak zwykle poszedłem do kiosku i wyjąwszy ze stojaka egzemplarz „Die Welt", zacząłem go kartkować, zastanawiając się, jakąż to znowu sensację dnia zaserwowali dziś czytelnikom redaktorzy. Na pierwszej stronie dowiedziałem się o postępach w procesie „odbudowy Wschodnich Niemiec"

– z sześcioma zdjęciami federalnego ministra budownictwa. Kiedy doszedłem do działu reportażu, ze zdumieniem ujrzałem zajmujące niemal pół strony powiększenie „Prawdziwego Oblicza Jezusa" z Manoppello. Zdjęcie, które zrobiłem w dniu moich ostatnich urodzin. Resztę strony zajmował mój artykuł – w najlepszym miejscu dziennika. Słońce świeciło jasno, a ptaki trzepotały skrzydłami nad kioskiem. Szef działu, Wolfgang Büscher, specjalnie przerwał swój urlop, żeby przygotować mój tekst do druku. To było nasze ostatnie wspólne dzieło, po którym opuścił „Die Welt", by, jak się później dowiedziałem, udać się w dalszą wędrówkę przez świat i inne redakcje.

Na tym samym stojaku, obok „Die Welt", znajdował się „L'Osservatore Romano" z umieszczoną na stronie tytułowej fotografią ojca Pio. Miałem wrażenie, że stary kapucyn patrzy wprost w moje oczy. Tego dnia – 23 września – przypadała rocznica jego śmierci, którą od czasu kanonizacji ojca Pio, czyli od 2002 roku, Kościół obchodzi jako wspomnienie naznaczonego stygmatami świętego kapucyna. „*Volto Santo* w Manoppello to z pewnością największy cud, jaki mamy" – powiedział w 1963 roku ojciec Pio do jednego ze swych zakonnych braci, mimo że nigdy osobiście nie widział obrazu – w każdym razie nie w taki sposób, jak to czynią zwykli śmiertelnicy.

Teraz, w związku z moim reportażem o *Volto Santo*, włoscy dziennikarze ujawnili ukryte w sobie pokłady patriotyzmu. Żaden z nich nie był skłonny przyznać, że Całun pozostawał dotąd prawie nieznany. Co jakiś czas – twierdzili – pojawiał się w różnych tytułach prasowych, po czym popadał w zapomnienie, przynajmniej poza Abruzją. Od wieków opiewano go w pieśniach i poezji. Kościół nigdy nie zaprzeczył prawdziwości relikwii. W 1718 roku papież Klemens XI udzielił „odpustu zupełnego kar doczesnych" wszystkim pielgrzymom, którzy w ciągu siedmiu lat nawiedzą kościół i przechowywany w nim święty obraz. Przed „Świętym Obliczem" stawało z czcią i pokorą wielu biskupów, a kardynałowie odbywali prywatne pielgrzymki – by wymienić choćby Sekretarza Stanu Angela Sodano, Dionigiego Tettamanziego i Carla Marię Martiniego, którzy uprzedzili mój przyjazd tutaj z kardynałem Meisnerem. *Ho visto Gesù*! – napisał w księdze gości wstrząśnięty Giulio Andreotti, były premier Włoch. – „Widziałem Jezusa!". W latach siedemdziesiątych wiele serca i pracy w szerzenie czci niezwykłej relikwii włożył profesor Bruno Sammaciccia. W latach osiemdziesiątych w jego ślady poszedł ojciec Antonio de Serramonesca, opierając się na źródłach i pracach, które opublikował jeszcze w latach sześćdziesiątych. Wreszcie w ostatniej dekadzie w Manoppello pojawili się przedstawiciele Niemiec i Austrii – ojciec Pfeiffer i profesor Resch z Innsbrucku. Począwszy od dnia mojej publikacji, włoscy dziennikarze zaczęli nazywać *Volto Santo* „drugim Całunem Turyńskim": *Seconda Sindone*. Zaraz też w najważniejszych – i tych mniej ważnych – gazetach zaczęły się pojawiać artykuły o odkryciu Całunu z morskiego jedwabiu. Kolorowe magazyny zamieściły obszerne reportaże, a telewizja wyemitowała filmy dokumentalne i programy z udziałem Chiary Vigo i ojca Pfeiffera. Niedługo potem przekłady mojego reportażu zamieszczono w dwóch amerykańskich magazynach. 6 stycznia 2005 roku tekst ukazał się w Moskwie, a następnie we Francji. 30 grudnia do Manoppello przybyła liczna grupa Rosjan i Greków, a po nich jakaś mówiąca wyłącznie po chińsku rodzina z Szanghaju, która nabożnie upadła na kolana przed obrazem. Zachęcony taką reakcją postanowiłem spędzić urlop w konwencie kapucynów w Manoppello. Miałem być gościem nowego gwardiana, ojca Carmine Cucinellego. Chciałem poświęcić czas odpoczynku na zbieranie materiałów do niniejszej książki. Którejś niedzieli na furcie rozległ się dzwonek – ktoś chciał się ze mną widzieć. Krępy mężczyzna z krótko przystrzyżoną, czarną brodą i przyjaznym spojrzeniem przedstawił się jako Antonio Bini, ekonomista z pobliskiej Pescary. *Signore* Bini od lat na własną rękę badał Całun i starał się szerzyć jego kult. Przyjechał po przeczytaniu mojego artykułu. Jako właściwe referencje wydobył jednak z teczki świadectwo chrztu, z którego wynikało, że został ochrzczony 6 stycznia 1953 roku, w Uroczystość Objawienia Pańskiego, w kościele parafialnym *San Donato* w San Giovanni Rotondo, w prowincji Foggia – przez *Rev. P. Pio di Pietralcina*. Ochrzcił go więc sam ojciec Pio!

Przywieziony przez Antonia stos książek, jak i sterta artykułów nie dotyczyły jednakże wyłącznie legendarnego kapucyna, lecz również jego „małego" brata z Manoppello: *Padre Domenico da Cese del Volto Santo*. Ojciec Domenico, dwumetrowy olbrzym z długą brodą i błądzącym po niebie spojrzeniem, to jeden z najważniejszych apostołów kultu „Świętego Oblicza" w XX wieku. Propagował cześć Całunu na długo przedtem, nim pojawiła się tu siostra Blandina. „Dlaczego przebywacie tyle kilometrów, by mnie zobaczyć? – miał kiedyś powiedzieć ojciec Pio do swoich czcicielek z Abruzji i Gargano. – Macie przecież ojca Domenica". Grób *Padre Domenico* w jego rodzinnym Cese koło Avezzano w Abruzji, podobnie jak grób ojca Pio, jest dziś znanym celem pielgrzymek – oznajmił Antonio Bini, szukając w jednej z książek fragmentu mówiącego o tym, jak to 22 września 1968 roku ojciec Domenico, „idąc około godziny szóstej rano z konwentu do kościoła, by otworzyć główne drzwi, w drodze powrotnej zastał w pierwszej ławce chóru ojca Pio, klęczącego przed *Volto Santo* z głową wspartą na dłoniach".

W tym czasie legendarny święty był już znany w całych Włoszech z daru bilokacji, to znaczy poświadczonej przez wiarygodnych świadków obecności w dwóch miejscach jednocześnie. Obaj ojcowie, Pio i Domenico, słynęli również ze stygmatów, czyli ran Chrystusa noszonych na dłoniach, stopach i boku. Kiedy tego poranka, przed trzydziestu sześciu laty, Domenico zapytał swego świętego brata, co tu robi, ten odpowiedział: „Sam sobie już nie ufam. Módl się za mnie. I do zobaczenia w Raju!". „Niech będzie pochwalony Jezus Chrystus" – odpowiedział skonsternowany Domenico. Dwadzieścia godzin później ojciec Pio zmarł w oddalonej o jakieś dwadzieścia kilometrów celi, której od dawna już nie opuszczał.

„Od tej chwili zaczęło się dosłownie polowanie na relikwie, jak w starożytnym Rzymie – Antonio Bini uśmiechnął się nieśmiało. – Ojciec Pio przyszedł przed swoją śmiercią przed «Święte Oblicze», jak starzec w jednym z sonetów Petrarki, który udał się w ostatnią podróż swego życia do Bazyliki Świętego Piotra, do Weroniki, ponieważ – jak pisze poeta – «trawiony tęsknotą pragnął raz jeszcze spojrzeć na wizerunek, który już wkrótce miał oglądać w niebie». Ojciec Pio był tej nocy jak ów pielgrzym. Była to też jego ostatnia cudowna bilokacja przed śmiercią: przyszedł do tego obrazu, a przecież miał wiele mistycznych wizji Chrystusa".

Z kolei ojciec Domenico zmarł 17 września 1978 roku w równie osobliwych okolicznościach. Tak zwany *bambino*, *cinquecento*, jednym słowem: Fiat 500, najmniejszy chyba w tamtych czasach samochód świata, potrącił olbrzyma na turyńskiej ulicy, wskutek czego mnich zmarł. Zdążył jednak jeszcze pocieszyć młodego kierowcę, który wielokrotnie odwiedzał swą ofiarę w szpitalu. „Nie pozwól, by ten wypadek zniszczył twoje szczęście. Jestem stary i nic się nie stanie, jeśli umrę, ale ty jesteś młody. Żyj w bojaźni Bożej i przygotuj się dobrze do swojego ślubu!".

„Brzemię dobrej opinii jest krzyżem wielu świętych" – napisał w pośmiertnym wspomnieniu o świątobliwym kapucynie biskup jego diecezji. Ta prawda dotyczyła również ojca Domenica. „W świątyni w Manoppello gorliwie krzewił kult «Świętego Oblicza», a u kresu ta właśnie cześć zawiodła go do Turynu, gdzie chciał oddać hołd Całunowi, a gdzie czekała na niego siostra Śmierć, by powitać go serdecznym, choć niespodziewanym uściskiem".

Przez czternaście lat domem ojca Domenica był konwent kapucynów w Manoppello. Urodził się 27 marca 1905 roku jako Emidio Petrarca; dokładnie w Wielkanoc 2005 roku skończyłby sto lat. Mogło się jednak zdarzyć i tak, że nie dożyłby dziesiątego roku życia. 12 stycznia 1915 roku głosem swawolnego nicponia, który cieszy się z wolnego dnia w szkole, zawołał w klasie: „Dziś w nocy będzie trzęsienie ziemi!". Następnego ranka, dokładnie o wpół do ósmej, kiedy chłopiec był z ojcem na mszy świętej, okolice Avezzano nawiedziło trzęsienie ziemi, jakiego nie pamiętali najstarsi mieszkańcy. Kościół legł w gruzach, grzebiąc pod zwałem kamieni Emidia i jego ojca. Jednak niespodziewanie jakiś mężczyzna z zakrwawioną twarzą wydobył ich spod gruzów. Przez wiele dziesięcioleci Emidio nie widział mężczyzny, który go uratował – aż do października 1964 roku, kiedy, już jako kapucyn, odbył pielgrzymkę do Manoppello. „To przecież on! – zawołał, kiedy stanął przed Całunem z morskiego jedwabiu i pierwszy raz spojrzał na «Święte Oblicze». – To ten człowiek uratował mnie w 1915 roku! To jego twarz!". Pięćdziesiąt lat po ocaleniu poprosił więc przełożonego o przeniesienie do Manoppello, gdzie pragnął resztę życia oddać na służbę obrazu z wizerunkiem swego Wybawiciela. Jak sobie przypomina ojciec Lino, który – pomimo że nie podzielał wiary ojca Domenica w prawdziwość *Volto Santo* – po śmierci olbrzyma zajął jego posterunek, w czasie rozmów z pielgrzymami jego świątobliwy współbrat porównywał niematerialne piękno obrazu do subtelnych barw i wzorów na skrzydłach motyla. Dopiero po latach odkryto, że na skrzydłach motyla efekty barwne rzeczywiście powstają mimo braku na nich pigmentu – wyłącznie poprzez załamanie i nakładanie fal świetlnych, jak w przypadku tęczy.

„Domenico był dość kontrowersyjną postacią – powiedział ojciec Emilio po moim spotkaniu z *dottore* Binim. – Z powodu swej zdolności uzdrawiania, w oczach niektórych braci uchodził wręcz za maga, dysponującego niezwykłymi mocami. Jednak okoliczna ludność kochała go i czciła jako świętego i mędrca". Był wczesny ranek. Siedziałem z ojcem Emiliem, ojcem Carmine i ojcem Linem w chórze, na ostatnim miejscu modlitwy ojca Pio. Na ile starczało mi sił, starałem się ich wspierać w porannej modlitwie. Kiedyś musiał tu siedzieć i klęczeć ojciec Domenico, a ciemnobrązowy odcień drewna wskazywał, że od tamtej pory ławki nie były odnawiane. Już kilka miesięcy temu ojciec Pfeiffer zwrócił mi uwagę na olejny wizerunek olbrzymiego mnicha, pokrywający się kurzem pośród przypadkowo zgromadzonych eksponatów maleńkiego muzeum na strychu świątyni: charyzmatyczny niedźwiedź, z błękitnymi oczami i długą, spływającą po brązowym habicie śnieżnobiałą brodą, trzyma w masywnej łapie prawej ręki kopię „Świętego Oblicza", delikatnie przyciskając ją do serca jak miłosny list. Musiał być trochę podobny do siedzącego obok mnie ojca Emilia, który kilkadziesiąt lat spędził jako misjonarz Indian w górzystych okolicach Kolumbii, a dziś z oddaniem pielęgnuje klasztorny ogród.

Nie licząc dwóch migocących lampek za naszymi plecami, w kościele panowała zupełna ciemność. O godzinie szóstej ojciec Carmine otworzył główne drzwi, tak jak to 22 września 1968 roku uczynił ojciec Domenico. Siedzieliśmy na miejscach uświęconych dziesiątkami, setkami, tysiącem lat modlitwy. „Dusza moja pragnie Boga żywego – recytowaliśmy słowa psalmu. – Kiedy wreszcie przyjdę i ujrzę oblicze Boże?".

Siedząc w ławce, widzę jedynie wyłaniające się znad balustrady oczy *Volto Santo*. Dopiero kiedy wstaję, mogę zobaczyć całe, królujące w górze Oblicze, w którego spojrzeniu zanurzali się ojciec Pio i ojciec Domenico, ufając, że ta sama para oczu wyjdzie im naprzeciw w innym świecie, że spotkają ją w Obliczu łaskawego Sędziego.

Po jutrzni zostałem w chórze, podczas gdy ojciec Carmine i ojciec Emilio udali się do zakrystii, by przygotować się do mszy świętej. Z pisku gumowych podeszew wywnioskowałem, że przyszedł Oswaldo, brodaty zakrystian. Przeszedł za balustradę, aby zapalić stojące na ołtarzu, tuż pod *Volto Santo*, świece. Zamigotały jarzeniówki. Sam nie wiem: jawa to czy sen? Czując chłód, szczelniej otulam ramiona płaszczem. W świetle lamp przemyka mi przez myśl, że chrześcijaństwo stało się w pewnym sensie duszą nowoczesnego świata. Poczynając od Europy, owa nowoczesność okryła swym płaszczem całą kulę ziemską – tym, co dobre, i tym, co złe. Nawet telewizory w dalekim Pekinie zostały zaprojektowane w Europie, a było to możliwe dopiero, gdy chrześcijaństwo rozerwało krąg tabu, ściskający starożytny świat. Jednak duszą Europy i chrześcijaństwa wciąż jeszcze jest zbudowany na fundamencie Apostołów Kościół. Istota Kościoła nadal urzeczywistnia się w sakramentach i Ewangelii. Struktura współczesnego, zglobalizowanego świata przypomina więc w jakimś stopniu rosyjską *matrioszkę*, w której wnętrzu kryje się następna, mniejsza laleczka. W mojej głowie kłębiły się myśli, jakbym cofnąwszy się o kilkadziesiąt lat, do czasów frankfurckich, znów miał przygotować lekcję historii. Tam, gdzie nie da się naszego świata rozłożyć na mniejsze cząstki, natrafiamy na wiarę w Zmartwychwstanie zamordowanego Syna Bożego, o którym już Apostoł Paweł powiedział, że bez Niego nasza wiara byłaby pustą paplaniną.

Jeśli jednak jeszcze raz dokładnie przyjrzymy się najstarszym i najważniejszym świadectwom tej wiary, wówczas w samym rdzeniu Ewangelii Jana, po odkryciu pustego grobu przez Marię Magdalenę, napotkamy krótki, liczący zaledwie kilka wersów tekst z I wieku, mówiący o dwóch mężach i dwóch kawałkach płótna. „Uczeń, którego Jezus miłował" – pisze Ewangelista – przybiegł o poranku do grobu, „a kiedy się nachylił, zobaczył leżące płótna, jednakże nie wszedł do środka. Nadszedł potem także Szymon Piotr, idący za nim. Wszedł on do wnętrza grobu i ujrzał leżące płótna oraz chustę, która była na Jego głowie, leżącą nie razem z płótnami, ale oddzielnie zwiniętą na jednym miejscu. Wtedy wszedł do wnętrza także i ów drugi uczeń, który przybył pierwszy do grobu. Ujrzał i uwierzył" (J 20,5-8). Oto jądro Ewangelii.

Biorąc pod uwagę wszystkie poszlaki, od dawna nie ma już żadnych wątpliwości, że płótno, o którym pisze Jan, to nic innego jak utkany z delikatnego lnu Całun Turyński, przechowywany w stolicy Piemontu jako relikwia Męki Chrystusa. Co do chusty natomiast, ani ojciec Pio, ani ojciec Domenico nie mieli wątpliwości, że musi to być ów kawałek morskiego jedwabiu, umieszczony w masywnej ramie nad ołtarzem kościoła kapucynów w Manoppello. W ich oczach Całun ten był prawdziwym „Sercem Świata". Jednak na delikatnej jak nylon tkaninie nie mógł się zachować pot ani krew Chrystusa. Prawdziwa „Chusta", którą Jezus otarł swą twarz – o czym ojcowie nie mogli wiedzieć – znajduje się poza granicami Włoch. Od tysiąca dwustu lat przechowywana jest w Oviedo w Asturii, górskiej prowincji Północnej Hiszpanii. Jeszcze w średniowieczu relikwia była znana całym rzeszom pielgrzymów, jednak w późniejszych wiekach wierni spoza Hiszpanii niemal całkowicie o niej zapomnieli.

Święta Krew

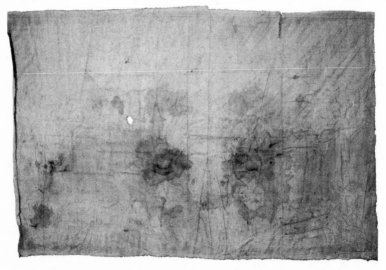

Całun z katedry Świętego Zbawiciela w Oviedo w Asturii

Druga Weronika w oparach celtyckiej mgły,
spowijającej Asturię. Krótka podróż do Całunu
w Oviedo, otaczanego czcią od VIII wieku.

Z ostatniej podróży do Oviedo zapamiętaliśmy, że jesienią dzień wstaje tu o wiele później niż w Rzymie. O ósmej jest jeszcze zupełnie ciemno. Deszcz zmoczył otaczające miasto doliny. Przestało już padać, ale ulice z czerwonego kamienia wciąż lśniły w świetle lamp. Czekaliśmy z Ellen w lewym portalu katedry *San Salvador.* Chroniąc się przed wilgocią, szczelniej zapiąłem płaszcz. Stare królewskie miasto leży w dolinie kończącej prastarą „drogę jakubową" do Santiago de Compostela. Dziś dolinę spowija celtycka mgła. Pół dnia jechaliśmy wzdłuż wybrzeża, z lewej strony podziwiając strzeliste *Picos de Europa*[11], z prawej – kipiel Zatoki Biskajskiej. Zaledwie dwa tygodnie wcześniej irlandzkie linie *Ryan Air* uruchomiły nowe połączenie lotnicze z Rzymu do Santander. Odtąd wystarczyło wziąć dzień wolnego, by w obie strony przebyć trasę, na którą w młodości, odbywając pierwszą daleką podróż, potrzebowałem wielu tygodni. Bardziej jednak niż wędrówka do dalekiej krainy, była to wówczas podróż w głąb historii. Każdy bowiem, kto w ostatnich latach choć trochę interesował się Całunem Turyńskim, wie, że również tutaj, w Oviedo, od VIII wieku przechowywane

---

[11] Najwyższy szczyt Gór Kantabryjskich (2648 m n.p.m.).

jest *Sagrado Rostro* – „Święte Oblicze", zwane też *Santo Sudario* – „Świętym Całunem".

Cámera Santa jest najstarszym skarbcem Hiszpanii. Na przechowywanym tu Całunie nie został jednak utrwalony żaden obraz, a jedynie krew i plamy wody. Relikwia została bardzo dokładnie przebadana, natomiast w ostatnich latach pogłębiła się i zacieśniła intensywna współpraca pomiędzy hiszpańskimi naukowcami a badaczami z Turynu. Porównanie uzyskanych wyników pozwoliło stwierdzić frapującą zgodność śladów na obu Całunach – między innymi tę samą grupę krwi AB zmarłego Mężczyzny. Można powiedzieć, że z jednej strony pomiędzy relikwiami istnieje jakaś tajemnicza zgodność, z drugiej zaś, że się nawzajem uzupełniają. Z jednej strony mówią to samo o śmierci potwornie zmaltretowanego, ukrzyżowanego Mężczyzny, z drugiej zaś każda z nich mówi coś, o czym druga milczy. Od lat marzyłem, by tu przyjechać. Teraz marzenie stało się koniecznością.

Myślałem sobie, że może rzeczywiście – nawet jeśli Ewangelie na ten temat milczą – istniała jakaś chusta, którą pewna kobieta otarła krew wychłostanego, przemierzającego drogę kaźni Skazańca i że kolektywna pamięć zachowała jej postać w formie pozabiblijnej tradycji. Może tradycja ta została w późniejszym okresie powiązana z tajemniczym „Świętym Obliczem", by w ten sposób przekonująco wyjaśnić niezwykłe okoliczności jego powstania? Czyżby zatem tak właśnie zrodziła się owa szósta stacja drogi krzyżowej, która w formie alegorii złączyła dwa różne kawałki płótna w jedno wydarzenie?

Jedno nie ulegało wątpliwości: Całun z Manoppello nie mógł służyć do otarcia twarzy Jezusa. Jest zbyt cienki i delikatny. Poza tym tego rodzaju tkaniną nie dałoby się zetrzeć krwi; żadnej kobiecie nie przyszłoby nawet na myśl próbować. Może więc to Całun z Oviedo był owym kawałkiem płótna, któremu zawdzięczała swe imię – i legendę – prastara Chusta Weroniki?

Sam nie wiem, czego szukałem w Oviedo. Na zobaczenie Całunu nie było najmniejszych szans. Może po prostu moja natura reportera wymagała, bym osobiście odwiedził to miejsce? Bym spróbował obejrzeć to, o czym miałem pisać? „Mam nadzieję na wszystko, nie oczekuję niczego" – napisałem w wysłanym jeszcze z Rzymu e-mailu do nieznanego mi Jesúsa Marii z Oviedo, który miał być naszym przewodnikiem. Jego adres dostałem od jednego z rzymskich przyjaciół.

Taka sama „jasno-ciemność" musiała panować o tej godzinie, gdy Maria Magdalena zdążała w pośpiechu do grobu, a potem z jeszcze większym rozgorączkowaniem wracała do Piotra i Jana. Nad pustym placem zalega szarość wczesnego poranka. Jakiś Kastylijczyk otwiera właśnie drzwi gotyckiej katedry. Świeży wiatr znad Atlantyku wdziera się pod nasze płaszcze. Całą naszą podróż odbyliśmy dla tej krótkiej chwili. Poprzedniego wieczora dostałem w recepcji kartkę, że kwadrans przed ósmą mamy czekać przed kościołem. Trzy razy do roku – w Wielki Piątek, w święto Podwyższenia Krzyża Świętego (14 września) oraz osiem dni później, w uroczystość świętego Mateusza, Ewangelisty i Apostoła – na zakończenie liturgii odbywa się krótka ceremonia błogosławieństwa, podczas której zgromadzeni w katedrze wierni mogą na własne oczy ujrzeć Całun. Tylko trzy razy do roku. Poza tym nikt nie może zobaczyć relikwii. W te trzy dni kościół pęka w szwach. Przybywają pielgrzymi z całego świata – tylko dla tego krótkiego błogosławieństwa. Niedawno jeden z polskich kardynałów starał się o pozwolenie na obejrzenie Całunu poza ustalonym porządkiem; na próżno.

Widzę, jak Jesús przedziera się w naszym kierunku przez tonący w półmroku plac. U jego boku kroczy jakiś mężczyzna, który po chwili zostanie nam przedstawiony jako Pedro. Witamy się krótko i wchodzimy razem do ciemnej katedry. Nasi hiszpańscy przewodnicy znikają w zakrystii, skąd po chwili wracają z miejscowym kanonikiem; ksiądz podaje nam na powitanie rękę. Przechodzimy do prawej nawy katedry, gdzie gospodarz otwiera drzwi, a gdy wchodzimy do środka, dokładnie je za nami zamyka. Wspinamy się po schodach starej wieży, a stamtąd schodzimy do *Cámera Santa*. Wczoraj wieczorem w barze Jesús opowiadał nam, jak w 1934 roku anarchiści próbowali za pomocą potężnych ładunków dynamitu wysadzić w powietrze kryptę wraz z mieszczącym się w niej skarbcem. Obydwa sklepienia pofrunęły pionowo w górę, ale ponieważ nastąpił tak zwany „efekt kominowy", przechowywane tu drogocenne eksponaty pozostały nienaruszone.

Nie wierzyłem własnym oczom. Pedro otworzył ciężką kratę, podszedł do wielkich, złoconych ram, włożył klucz w zamek szklanych drzwiczek, wyjął umieszczony za szybą wielki karton z fotografią Całunu, otworzył podwójne drewniane drzwiczki, rozsunął czerwoną, poprzetykaną złotymi nićmi zasłonę i stanęliśmy oko w oko z *Santo Sudario*, Całunem Chrystusa. Myślałem, że śnię. Jesús i kanonik cofnęli się. Jak urzeczony wpatrywałem się w tkaninę i zachowane na niej plamy krwi. Podniosłem frędzle zasłony, by cień nie przeszkadzał w kontemplacji obrazu. Obrazu? To nie jest dobre słowo. To nie jest obraz. To poplamiony krwią kawałek płótna wielkości ręcznika, w kolorze pustynnego piasku. Czułem się jak na audiencji u papieża. Don Benito powiedział, że możemy zostać tyle czasu, ile potrzeba na zmówienie jednego *Ojcze nasz*, potem musi zamknąć relikwiarz. Mężczyźni stanęli za naszymi plecami. Nic nas nie oddzielało od Całunu i Świętej Krwi. Patrzyłem i nie wierzyłem własnym oczom.

„Żywa krew" sączyła się Mężczyźnie z ran na tyle głowy, zaś „krew umierającego" popłynęła z Jego ust i nosa. Kiedy głowa opadła na piersi, krew popłynęła aż na czoło – objaśniał nam Jesús. Na głowę Ofiary wciśnięto wieniec z cierni. Jego śmierć była śmiercią umierającego na krzyżu. Wyjeżdżając z Rzymu, zabrałem ze sobą aparat fotograficzny, ale sama myśl, że miałbym fotografować Całun, wydawała mi się bluźnierstwem. Brązowe płótno sprawia wrażenie, jakby było zmięte. Widnieją na nim rdzawe plamy: to Święta Krew. Tkanina lekko połyskuje różnymi odcieniami brązu. Patrzyliśmy bezpośrednio na płótno – bez szyb, drzwiczek i innych zabezpieczeń. Mogłem ucałować Całun, lecz nie uczyniłem tego. Mogłem dotknąć, lecz nie dotknąłem. Mogłem oprzeć czoło o plamy krwi, lecz tego nie zrobiłem. Wszystko to jednak uświadomiłem sobie dopiero potem, stojąc przed katedrą w spływających na Oviedo strugach deszczu. Relikwię otaczała niezwykła aura nietykalnego dziewictwa. Od wieków mówi się o Świętym Graalu jako „naczyniu" uświęconym Krwią Chrystusa. A oto ta sama Krew – oddalona na dwie dłonie od moich oczu; przez długość jednego *Ojcze nasz*.

Nagle cud się kończy; Pedro zamyka skrzynię. Z niedowierzaniem spoglądam na Ellen, potem na umieszczone na podłodze zimne neonówki, oświetlające od dołu prastarą tkaninę. Spojrzeliśmy na przechowywane w stojącej obok szafie pięć cierni z drzewa akacji, które tkwiły w Całunie w czasie, gdy przybył do Oviedo, a potem na wielką skrzynię ze srebrnymi obiciami – dar króla Hiszpanii, Alfonsa. Na przedniej ścianie relikwiarza znajduje się wypisany arabskimi literami cytat z *Apokalipsy świętego Jana*, na pokrywie – łacińskimi – *SUDARIO*, nazwa przechowywanej w nim od 1113 roku relikwii. Czuję się oszołomiony. Jak we śnie, który ulotni się dopiero, kiedy zasiądę w południe w jednej z *bodegas* Oviedo, zajadając się smakowitą rybą i popijając wino.

„Proszę wygodnie usiąść, jak w kinie – napisała mi Blandina w SMS-ie, który przeczytałem już po opuszczeniu katedry. – Przede wszystkim proszę zachować spokój ducha. Tym, który tu działa, jest sam Bóg!”. To cenna rada. Po tym bowiem, co o Całunie opowiedział mi Jesús i co przeczytałem w kupionych w Oviedo książkach oraz raportach badawczych, nie mam wątpliwości, że wbrew temu, co sądziłem – i w co przez wiele stuleci wierzono – nie jest to w żadnym wypadku chusta, którą kobieta imieniem Weronika miałaby wytrzeć krew z twarzy idącego na ukrzyżowanie Skazańca. Nic dziwnego, że ludzie uważali Całun za taką właśnie chustę – bo i za cóż innego mieliby go uważać, jeśli prawdziwy jest jego związek z Pasją Chrystusa, jak im to przekazuje prastara tradycja?! Jednak – jak wykazały drobiazgowe badania z 1989 roku – w rzeczywistości jest do dokument, na którym z iście aptekarską dokładnością został utrwalony moment śmierci Ukrzyżowanego – dokładniej niż na Całunie z Turynu i w jakimkolwiek innym świadectwie, łącznie z Ewangeliami.

Kiedy Człowiek, do którego twarzy przyciśnięto ten kawałek płótna, w ostatnim okrzyku rozpaczy wyzionął ducha – mówi tkanina – Jego ciało, przybite za nadgarstki do krzyża, opadło bezwładnie jak ciężki worek. Chwilę wcześniej żebra i opróżnione z resztek powietrza płuca zostały niemal sprasowane. Głowa opadła do przodu, brodą na piersi, pochylona w kierunku lewego ramienia, a z ust rzuciła się gwałtowna fala „martwej krwi": mieszanina wody ustrojowej i krwi, która zgromadziła się w płucach w czasie agonii, zdecydowanie różniąca się swym składem od krwi płynącej ze zwykłej rany. W czasie agonii w płucach musiała powstać odma. W chwili śmierci krew rzuciła się z nosa i ust Umierającego. Krwotok był tak gwałtowny, że jakaś pobożna żydowska dłoń – Rzymianie nie byli w tych sprawach tak wrażliwi – musiała szybko sięgnąć po ten kawałek płótna i przycisnąć go do ust i nosa Umarłego. Krwawienie było tak obfite, że trzeba było złożyć płótno na dwoje i jeszcze raz przycisnąć do twarzy Skazańca, owijając je wokół głowy niczym bandaż. Tkanina okazała się jednak zbyt krótka: ma około 82 centymetry długości i około 0,5 metra szerokości. Pozostaje jednak niewątpliwe, że chusta pokryła również część mniejszych, zadanych przez ciernie, ran z tyłu głowy, z których – jak stwierdzili lekarze – przed śmiercią wypłynęła „żywa krew". Godzinę przed zetknięciem z płótnem rany te musiały jeszcze krwawić. Nos był złamany. Na tkaninie odbiła się także krew z brody i kosmyka włosów na karku.

Po śmierci Zmarły wisiał jeszcze zapewne przez godzinę na krzyżu. Po trzech kwadransach ktoś kolejny raz próbował za pomocą prowizorycznego opatrunku zatamować krwawienie. Wreszcie położono ciało w pozycji poziomej, w związku z czym znów popłynęła krew z nosa. Jeszcze raz ktoś starał się zatrzymać krwawienie, zostawiając przy okazji na Całunie wyraźny odcisk palca. W grobie zdjęto opatrunek. Tego wszystkiego mogliśmy się dowiedzieć dopiero kilka lat temu. Do tego czasu płótno było jedynie pokrytą krwią, bardzo starą i otoczoną niezwykłą czcią relikwią.

Splot włókien na Całunie z Oviedo wskazuje na jego starożytne pochodzenie i ścisłe związki z obszarem syryjsko-palestyńskim. Znany kryminolog z Zurychu, Max Frei, oprócz zabrudzeń znalazł na płótnie ślady pyłków ostu – dokładnie tego gatunku, który kwitnie wiosną w okolicach Jerozolimy – oraz innych kwiatów, występujących przede wszystkim w Afryce Północnej i Południowej Hiszpanii. Ten sam badacz przed laty w analogiczny sposób zrekonstruował drogę, którą przebył Całun Turyński: z Jerozolimy, przez Edessę, Konstantynopol i Lirey we Francji, aż po Turyn. W wypadku Całunu z Oviedo wyniki badań dokładnie odpowiadały licznym dokumentom hiszpańskim, od dawna utrzymującym, że relikwia wraz z innymi drogocennymi świadectwami Męki Chrystusa pod wpływem naporu gwałtownie rozprzestrzeniającego się islamu została przeniesiona z Ziemi Świętej do Północnej Afryki, a następnie do Południowej Hiszpanii, gdzie w tym samym czasie w tajemniczy sposób pojawiły się przechowywane dotąd na Półwyspie Synajskim szczątki Apostoła Jakuba.

„Czy w grobie nie zaczyna się powoli robić zbyt ciasno? – zapytała Ellen w drodze powrotnej do Rzymu. – Chyba mamy jeden Całun za dużo? Święty Jan mówi, że w grobie znajdowały się dwa kawałki płótna: duży pas lnianej tkaniny i chusta. Tymczasem w Turynie, Oviedo i Manoppello mamy razem trzy Całuny – by tylko na tych trzech poprzestać". Spoglądałem przez okno na migocące w dole światła Barcelony. Nie wiedziałem, co odpowiedzieć. Co do jednego nie miałem wątpliwości: wszystkie trzy świadectwa są wstrząsająco prawdziwe. Nie miałem żadnej teorii, która mogłaby lec w gruzach; kompletnie nie miałem pojęcia, jak sobie wzajemnie przyporządkować te trzy płótna. To, że krwawy Całun z Oviedo pochodził z grobu, wydawało mi się oczywiste. To, że – jak pisze Jan – leżał na głowie Zmarłego, wydawało mi się mało prawdopodobne. Przecież został o w i n i ę t y wokół głowy. Czy to zatem możliwe, żeby potem leżał „zwinięty na innym miejscu"? Kto wie? Może sprzeczności wynikały z odpowiedniego rozumienia słów użytych w greckim oryginale Ewangelii; mimo dokładnego przestudiowania fachowej literatury, nie umiałem odpowiedzieć na to pytanie. Nie wiedziałem już, czy Całun z Manoppello pochodzi z grobu Chrystusa; tego nie wie nikt. Nie spodziewałem się też, że kiedykolwiek znajdzie się ktoś, kto ostatecznie odpowie na to pytanie – a już na pewno nie tego, że uczyni to *suor* Blandina, której przy najbliższej okazji przekazałem książki, dokumentację i zdjęcia z Oviedo. Osobiście nie miałem czasu, aby się przez nie przekopywać.

Kilka tygodni później Blandina zadzwoniła, mówiąc, że muszę ją koniecznie odwiedzić. Niestety nie miałem czasu na wyjazd do Manoppello. Mimo to siostra nalegała, bym jak najszybciej przyjechał, ponieważ dokonała wstrząsającego odkrycia. Poprosiła niemieckich przyjaciół, żeby z materiałów, które jej przekazałem, wykonali reprodukcje w skali jeden do jednego. Powiedziała tylko, że muszę je koniecznie zobaczyć! Co takiego? Sam zobaczę, jak tylko przyjadę! Znowu „suprapozycje"? – zapytałem. Zobaczę, jak przyjadę. I rzeczywiście zobaczyłem – i wciąż widzę – i byłem bardziej poruszony niż którymkolwiek z poprzednich eksperymentów, wykonanych przez Blandinę na Całunie Turyńskim. Blandina zaznaczyła na obu – tak różnych przecież płótnach – punkty referencyjne, po czym przykleiła taśmą przezroczystą folię z Obliczem z Manoppello do krwawego odbicia twarzy z Oviedo. Moim oczom ukazała się zadziwiająca zgodność, bardziej wstrząsająca od wszystkich jej wcześniejszych badań i o większej sile dowodowej niż efekty pracy badaczy z Oviedo.

Tu krew nie wypływała z jakiejś hipotetycznej, zrekonstruowanej postaci Straceńca – książki z Oviedo pełne były tego rodzaju szkiców – lecz wprost z półotwartych ust Człowieka z Manoppello, z Oblicza, które kontemplowałem przez tyle poranków i wieczorów. Fala krwi płynęła, rozszerzając się w kierunku lewego policzka, gdzie na Całunie z Manoppello twarz ma lekko różowy odcień. Potem, kiedy głowa zwisła na piersi, krew popłynęła w górę policzków, wzdłuż nosa, dokładnie pomiędzy brwiami, by ostatecznie zastygnąć na czole w postaci krwawego trójkąta. Tkaniny idealnie do siebie pasowały. „Zaczęłam się już uspokajać – powiedziała Blandina – ale kiedy odkryłam tę zgodność, mój spokój prysł jak bańka mydlana".

„Z tego, co czytałem, opatrunek zdjęto z twarzy Jezusa jeszcze przed pogrzebem. A zatem to musi być owa chusta,

o której Jan pisze, że leżała «na innym miejscu, osobno»"
– powiedziałem.

„Tak mówią naukowcy zajmujący się Całunem z Oviedo,
ale po tym, co zobaczyłam, sądzę, że było inaczej. Zbyt wiele
tu zgodności. Moim zdaniem wszystko wskazuje na to, że
w grobie ten Całun pozostał na twarzy Jezusa – pod Całunem
Turyńskim! Badania w Oviedo wykazały, że płótno zostało
położone na twarzy Zmarłego, nie zaś użyte do jej wytarcia
z krwi i potu, ponieważ ślady nie są rozmazane. Sądzę więc,
że płótno przyłożono do twarzy Jezusa tuż przed Jego śmiercią, obwiązując je wokół głowy. Potem nikt już go nie zdej-
mował, został pod Całunem. Po co zresztą by miano je zdej-
mować? W Izraelu był zwyczaj okrywania twarzy zmarłych.
Łazarz wyszedł z grobu z obwiązanymi członkami i chustą
na twarzy, dlatego Jezus kazał go «rozwiązać». Z pewnością
również w wypadku Jezusa ciało zostało owinięte w kilka
kawałków płótna. Na przykład w Cahors na południu Francji przechowywany jest swego rodzaju «czepek», który według
tamtejszej tradycji był użyty przy pogrzebie Jezusa. Również tu
– jak czytałam – na wewnętrznej stronie płótna stwierdzono
ślady krwi i aloesu. Żydzi używali tego rodzaju «czepków
pogrzebowych» – zwanych *pathil* – by zapobiec otwarciu ust
zmarłego. Źródła historyczne wskazują, że relikwia znajduje
się w Cahors co najmniej od 1239 roku; wcześniej była przechowywana w Konstantynopolu, gdzie nazywano ją *Sudarion*.
Nie sądzę, by była w tym jakaś sprzeczność. Przeciwnie – coraz
bardziej się przekonuję, że wszystkie relikwie, niczym puzzle,
składają się w jedną całość. Być może Całun z Oviedo został
przymocowany do twarzy Chrystusa za pomocą «czepka»

z Cahors, po czym ciało zostało owinięte w nasączone aloe-sem i mirrą płótna, a na koniec całość obwiązano bandażami. Tak przynajmniej wynika z analizy chust, które ułożono na twarzy Zmarłego: na wszystkich widać poprzeczne linie i ślady pofałdowania, jakie zwykle powstają na rozwijanym bandażu. Ślady są bardzo delikatne, niemal niewidoczne. Dlatego na Całunie Turyńskim, który okrywał ciało Jezusa – od spodu, od stóp przez głowę, i na wierzchu znów do stóp – na odbiciu głowy nie ma śladu ani jednego włosa, który byłby zabrudzony krwią; jest tylko odbicie czoła i tyłu głowy. Krytycy Całunu już dawno wskazali na ten zdumiewający fakt. Na płótnie nie ma też odbicia ciemienia. Ale przecież to miejsce okrywał właśnie «czepek» z Cahors! Im bardziej zakorzenia się we mnie ta myśl, tym bardziej, zwłaszcza biorąc pod uwagę Całun z Oviedo, skłaniam się do poglądu, że Jezus został po śmierci niemal «opakowany» w płótna – na tyle, na ile czas na to pozwalał. W poranek wielkanocny musiał się wydostać z tych pęt niczym pisklę ze skorupki jajka – nie rozbijając dolnej części skorupy. A może powinniśmy sobie wyobrazić Zmartwychwstanie tak, że Jezus z mozołem zdjął z oczu bandaże, później powoli spuścił z płyty grobowej jedną nogę, potem drugą, ziewnął i zaścielił swe grobowe łoże, składając Całun i odkładając go w kącie? Takie wyobrażenia to przecież czysty absurd. Myślę, że Zmartwychwstanie Jezusa przebiegało zupełnie inaczej. Zmarły – jak każdy Żyd – został owinięty w bandaże; mówiąc to, mam na myśli te wszystkie tkaniny, które nazywamy Cału-nami, a zapewne również wiele innych. Ciało Jezusa było zawinięte w te płótna niczym w kokon, z którego po trzech dniach wydobył się jak motyl – z tą różnicą, że Jego «kokon» nie został rozerwany. Nie byłoby w tym zresztą nic dziwnego, skoro po Zmartwychwstaniu Jezus potrafił przechodzić przez ściany, nie burząc ich. Zmartwychwstanie nie było zwykłym otwarciem oczu – było cudem".

Blandina poszła do sąsiedniego pokoju, skąd wróciła z kartką, na której typowymi dla siebie zamaszystymi ruchami naszkicowała Jezusa w owym «kokonie»: wielki czworokątny Całun, a na nim twarz w czepku, mniejszy, również czworokątny Całun od nasady włosów po brodę i bandaż, który wszystko utrzymywał w całości. „Cztery Całuny, względnie *Sudaria* – napisała w lewym górnym rogu, zaś w dolnym: – Kolejność (od góry do dołu): 1. Manoppello, 2. Turyn, 3. Cahors, 4. Oviedo".

„Gdzie więc po Zmartwychwstaniu leżał Całun z Oviedo?" – zapytałem, oddając Blandinie rysunek.

„Pod Całunem z Manoppello, tam, gdzie leżała głowa Jezusa – gdzieżby indziej. Był twardy od wyschniętej, zaskorupiałej krwi. Ewangelista uznał, że Całun z Manoppello i leżące pod nim Całun z Oviedo i «czepek» z Cahors to jeden kawałek płótna. Dwa dni po śmierci Jezusa Całun z Oviedo był kawałkiem sztywnego od krwi i wody płótna. W poranek wielkanocny, po zniknięciu ciała, płótno wskazywało miejsce, gdzie spoczywała głowa Chrystusa. Całun wraz z «czepkiem» z Cahors leżał pod prześcieradłem jak kulisty kawałek zmiętego papieru. Kiedy w grobie pojawili się Piotr i Jan, pozostałe płótna i bandaże oraz biały Całun Turyński leżały na płycie grobowej. Dlatego w oryginalnym, greckim tekście Ewangelii jest mowa o tym, że płótno l e ż a ł o (gr. *keinai*), w odróżnieniu od chusty, która była „z w i n i ę t a (gr. *entylisso*) na miejscu głowy".

„O którym jednak Całunie mówimy? Przed chwilą siostra powiedziała, że Całun z Oviedo leżał pod Całunem z Manoppello".

„Zgadza się".

„Jednak dlaczego Jan pisze o nim *Soudarion*? Przecież ta tkanina nie ma nic wspólnego z chustą, którą wycierano pot? Jest zbyt delikatna, by wchłonąć choćby kroplę wody".

„To prawda. Poza tym nie ulega wątpliwości, że położono go na samym wierzchu, jako ostatnie okrycie twarzy Jezusa. Dlatego nie ma na nim ani kropli krwi. Ani krew, ani pot nie przesiąkły przed dolne warstwy płócien. A ten kawałek drogocennej tkaniny był ostatnim wyrazem szacunku wobec Pana, ostatnim miłosnym *adieu*".

„Czyim? Marii Magdaleny?".

„Bardzo możliwe. Zawsze myślałam o Matce Bożej – dopóki nie dowiedziałam się, że został utkany z morskiego jedwabiu. Dziś nikt chyba nie potrafi odpowiedzieć na to pytanie".

„Czyżby więc w grobie było więcej płócien, mimo że Jan wspomina tylko o dwóch?".

„Z pewnością było ich więcej! Zresztą to nieprawda, że Jan pisze tylko o dwóch kawałkach. Ewangelista wspomina wyraźnie o «chuście», ponieważ miała dla niego szczególne znaczenie ze względu na utrwalony na niej obraz. Jak inaczej miał to wyrazić? O pozostałych płótnach pisze, używając liczby mnogiej – po grecku *othonia*. Ewangelia Jana charakteryzuje się dość ograniczonym, ale z całą pewnością bardzo świadomie dobranym słownictwem. W innych fragmentach nie ma mowy o płótnie, lecz o «bandażach». W czasie żydowskich pogrzebów nie oszczędzano na płótnie. W Korneli-münster koło Akwizgranu przechowywany jest jeszcze jeden «Całun Pana» – również utkany z aleksandryjskiego bisioru – który w czasach al-Raszida[12] przywędrował z Jerozolimy na dwór Karola Wielkiego. W 814 roku cesarz podarował relikwię pobliskiemu opactwu benedyktynów. Jest to duży kawałek nadzwyczaj delikatnej tkaniny, bez śladów krwi. Oczywiście nigdy nie badano jej pod kątem ewentualnego związku z pozostałymi relikwiami z grobu Jezusa. Możliwe, że również to płótno znajdowało się w grobie, choć równie prawdopodobna jest hipoteza, że dopiero po Zmartwych-wstaniu owinięto w nie pozostałe tkaniny. Dlatego nawet jeśli Ewangelista pisze tylko o dwóch płótnach, możemy być niemal pewni, że było ich więcej. Taki po prostu panował zwyczaj. Jan wspomina jedynie o dwóch kawałkach, ponie-waż miały one w sobie coś szczególnego. Na dwóch z nich pozostało bowiem odbicie Jezusa!".

„Ale dlaczego Ewangeliści nie wspominają wprost o Ca-łunie? Jan pisze tylko: «Zobaczył i uwierzył!». Nie wspomina nic o obrazie".

„Ewangeliści nie pisali o wszystkim. Fakt, że w grobie zostały płótna, był dowodem, że wbrew podnoszonym od samego początku zarzutom, ciała Jezusa nie zabrały – jak byśmy dziś powiedzieli – «hieny cmentarne». O ile pamię-tam, mówił o tym już Jan Chryzostom, w IV wieku. Przecież złodzieje nie rozwijaliby Jezusa z płócien. To nie miałoby sensu.

---

[12] Harun ar-Raszid (ok. 763-809), pochodził z rodu Abbasydów; w la-tach 786-809 kalif; jego panowanie to okres największego rozkwitu kalifatu; mecenas kultury, nauki i sztuki, bohater *Księgi tysiąca i jednej nocy*.

Raczej zabraliby ciało razem z chustami. Po drugie, Jan pisał o Zmartwychwstaniu, pozostając w środowisku żydowskim, gdzie obowiązywał ścisły zakaz wykonywania jakichkolwiek podobizn i wizerunków. Ponieważ pierwsza wspólnota chrześcijan musiała respektować to przykazanie, Jan nie mógł publicznie mówić o Całunie – jakkolwiek byłby to święty wizerunek. Groziłoby to uznaniem przez Żydów obrazu za bluźnierstwo, a co za tym idzie – zbezczeszczeniem i zniszczeniem relikwii. Dlatego od początku trzeba było ją ukrywać. Czy to, że Paweł nie wspomina wprost o Maryi, ma świadczyć o jego braku szacunku wobec fizycznej Matki Mesjasza, którą przecież musiał osobiście poznać? A może o tym, że Jezus w ogóle nie miał Matki?".

„Chwileczkę, siostro, jeszcze jedno pytanie. Mówiła siostra przed chwilą o tym, że zanim Jezus został złożony w grobie, obwiązano Go w płótna, niczym orientalną, żydowską mumię. Tymczasem wizerunki na Całunie Turyńskim i naszym, z Manoppello, przedstawiają ciało Jezusa w taki sposób, że mogły powstać tylko leżąc płasko jak płyta fotograficzna. Jeśli ciało, jak siostra twierdzi, było zawinięte w płótna, wówczas na obrazach musiałyby odbić się wyraźne zniekształcenia! Twarz na Całunie z Manoppello wyglądałaby tak, jak odbicie twarzy siostry, gdybyśmy ją pomalowali farbą, a następnie przyłożyli do niej ręcznik. Powstałby obraz, który nie miałby nic wspólnego ze «Świętym Obliczem»! To samo dotyczy Całunu Turyńskiego!".

„Ma pan rację. To prawda – Całuny z Turynu i Manoppello to nie odbicia. Nigdy nimi nie były. Nie są też wynikiem fotograficznego naświetlania, ani nie mają nic wspólnego z wymyślanymi w ciągu ostatnich dziesięcioleci teoriami i hipotezami. Gdyby któraś z nich była prawdziwa, obraz na Całunach musiałby być całkowicie rozmazany – jak na Całunie z Oviedo. To, że Jezus został owinięty w płótna i obwiązany bandażami, jest dla mnie bezspornym faktem, możliwym do udowodnienia na drodze naukowych badań i analiz. Jednak oznacza to zarazem, że wizerunki z Turynu i Manoppello są i zawsze pozostaną zagadką. Są one wynikiem cudu, jakkolwiek niechętnie używa się dziś tego słowa, zwłaszcza w kręgach znanych mi teologów".

Uśmiechnęła się promiennie i spojrzała na mnie zza okularów.

„Mój ojciec zwykł mawiać, że Pan Bóg potrafi pisać prosto na krzywych liniach. Sam pan widzi: te płótna były pozwijane i poskręcane, ale kiedy Bóg postanowił namalować na nich obraz Męki swojego Syna, uczynił to z doskonałością nieosiągalną dla wszystkich późniejszych artystów, malujących na najbardziej płaskich płótnach. Najważniejsze nie jest bowiem to, w jaki sposób powstał ten wizerunek, ale to, że – podobnie jak odbicie na Całunie z Turynu – w ogóle nie miał prawa zaistnieć! Nie ma na świecie obrazu, który choćby w przybliżeniu mógł się równać z tymi dwoma!".

Rozmawiając z siostrą Blandiną, trudno liczyć, że się będzie miało ostatnie słowo. I wcale nie zamierzałem go jej odbierać. Patrzyłem w milczeniu na podwójny obraz w jej rękach, „zmontowany" w zaciszu pustelni. Z otwartych ust „Świętego Oblicza" wypływał potok krwi z Całunu z Oviedo. Wydawało mi się, że dotarłem do kresu moich poszukiwań. Cóż więcej mógłbym jeszcze zobaczyć?

Deszcz róż na Górze Przemienienia

Góra Tabor w Galilei, Izrael

Objawienie i ożywienie obrazu z Manoppello
w świetle słońca, pod płatkami róż i językami ognia.
Prawdziwy vicarius Christi.

Zajmowałem się Całunem od kilku lat. Na pamięć znałem wszystkie argumenty zwolenników i przeciwników relikwii. Przewertowałem mnóstwo książek, przekartkowałem dziesiątki katalogów, stosy biuletynów i tysiące przypisów. Wszędzie powtarzały się te same argumenty. Niemal każdy, kto odwiedza kościół w Manoppello, w pierwszej chwili czuje się zgorszony „brzydotą" Oblicza – nawet moja kochana żona oraz moi przyjaciele: Peter („szkaradzieństwo") i Christian („koszmar"). Prawie wszyscy w pierwszej chwili protestują: „Wszystko, tylko nie to!". I muszę przyznać, że w pewnej mierze rozumiem ich obiekcje.

Pobieżny – ale również uważny – widz nie dostrzega początkowo, że w obrazie kryje się mnóstwo twarzy. Dostrzega to garstka kobiet sprzątających kościół i uczestniczących każdego poranka w mszy świętej. Widzi to Rita z drugiej, Teresa z trzeciej oraz Pia i Silvia z piątej ławki; także Oswaldo, brodaty zakrystian z zachrypniętym głosem, który nie opuszcza żadnego nabożeństwa. A najlepiej widzi to oczywiście siostra Blandina. Żaden człowiek – poza Madonną – nie spędził przed Całunem tyle czasu, ile w ciągu kilku ostatnich lat spędziła przed nim siostra Blandina. „To nieprawda!

– oponuje jednak ojciec Lino. – Sam widziałem, może pan to śmiało napisać, jak ojciec Domenico każdego ranka już o czwartej rano – o czwartej! – klęczał przed *Volto Santo*. Spędził przed nim więcej czasu niż ktokolwiek inny".

„Proszę stanąć w tym miejscu – powiedziała do mnie siostra Blandina. – Stąd wygląda szczególnie pięknie". Stanąłem więc tam, gdzie mi kazała, i nagle ujrzałem zupełnie inny obraz. Ponieważ jestem o głowę wyższy od Blandiny, widzę, jak przez tkaninę przebija światło umieszczonej za relikwiarzem neonówki, której siostra nie może widzieć. Dziesięć stojących przed Całunem osób zawsze widzi dziesięć różnych wizerunków – w zależności od kąta, pod jakim patrzą. Dlatego zdjęcia zamiast „wyrównywać drogę Panu", raczej czynią ją jeszcze bardziej wyboistą. Na czole i skroniach oraz pod oczami Chrystusa kryją się jasne, krwawoczerwone włókna, widoczne tylko wówczas, gdy wyłączymy bezpośrednie oświetlenie obrazu. Widać je również na ekranie komputera. Ta twarz żąda, by ją przenoszono na ikony. Żąda malarskiego „przekładu". Reprodukcje dzieł starych mistrzów są nieporównanie bardziej wierne niż zdjęcia Całunu. *Volto Santo* nie da się powielić. Tak jak – póki co – nie da się sklonować osoby.

Któregoś grudniowego wieczora, kiedy miałem już wracać z pustelni do konwentu, siostra Blandina chciała mi na siłę wcisnąć ciężką latarkę. „Dziękuję – powiedziałem. – Poradzę sobie". „Proszę ją wziąć – odparła. – Na zewnątrz jest ciemno jak w grobie". „Więc wezmę ze sobą gwiazdy". Ostatecznie zabrałem jednak latarkę. Następnego poranka chciałem ją oddać siostrze przed Całunem, gdzie byliśmy umówieni. Znów przyniosłem dwa krzesła. Patrzyliśmy na obraz. Ponieważ kościół był pusty, Blandina zgasiła lampy wokół Całunu. Na zewnątrz padał deszcz. Włączyłem latarkę i skierowałem wąski strumień światła na czoło, potem na oczy i usta Chrystusa. Zmiana ze światła statycznego na wędrujące przynosi zadziwiający efekt. Obraz nie zmienia swojej natury, lecz zmienia się jego wyraz, a wraz z nim nasze wrażenia. „Och!" – westchnęła Blandina. Choć tak dobrze zna obraz, czegoś takiego nigdy jeszcze nie widziała. Podaję jej latarkę, a ona dotyka światłem twarzy Jezusa, jak dotykała jej Maria Magdalena, za życia spojrzeniem, po śmierci – swymi dłońmi. W tym świetle twarz zdaje się należeć do Kogoś, kto wszedł do tego pomieszczenia przez zamknięte drzwi. Taką właśnie musiał ją widzieć Apostoł Tomasz.

Dwa razy do roku wizerunek Chrystusa sam wychodzi na spotkanie ludzi, wędrując w uroczystej procesji ulicami Manoppello.

Dłuższa procesja ma miejsce w drugą niedzielę maja, krótsza – 6 sierpnia, w Święto Przemienienia Chrystusa na górze Tabor. Za każdym razem obraz wędruje w naturalnym świetle słońca: pierwszy raz w środku dnia, po raz drugi – przed zmierzchem. Podczas wędrówki, pod wpływem promieni słońca, obraz niemal ożywa. Już w wieczór poprzedzający procesję miasto zmienia się nie do poznania. Na ziejący przez cały rok pustką parking przed kościołem zajeżdża autokar za autokarem. Do miasteczka płynie rzeka ludzi z północy i południa. W wigilijny wieczór odbywa się „próba generalna". Pośród zapadającego zmierzchu z sąsiedniej wioski przybywa do Manoppello procesja z drewnianą figurą świętego Pankracego, która następnego dnia ma „towarzyszyć" wizerunkowi Chrystusa. Stojąc z tyłu świątyni, mam wrażenie, że kobiety musiały przyjść do kościoła wprost z salonów fryzjerskich. Procesji towarzyszy orkiestra dęta. Na przeciskającą się przez ciasne, wiejskie zaułki kawalkadę sypie się deszcz kwiatów, rzucanych z okien przez pobożne niewiasty. Potem pochód opuszcza zabudowania, by wspiąć się na drugą stronę doliny, na wzgórze Tarigni. Tam świętego Pankracego wita huk petard, a na późnopopołudniowym niebie rozkwitają fajerwerki. Jednak mimo całego przepychu to tylko próba przed główną uroczystością.

„Il Volto Santo" – miejscowy hotel pielgrzyma – pęka w szwach. Na parkingu stoją kuchnie polowe i budki ze słodyczami. Pielgrzymi muszą się przecież gdzieś posilić. W Manoppello pełno jest starszych małżeństw, mieszkańców pobliskich wiosek, którzy od samego rana zajadają w barze „Świętego Oblicza" marynowaną fasolę i wieprzowe szaszłyki, popijając je miejscowym piwem. Z Ameryki, Niemiec i Włoch przyjechały trzy rodzone siostry Blandiny. W kościele od rana odprawia się mszę za mszą – na wszystkich świątynia wypełniona jest po brzegi. Kobiety śpiewają jeszcze głośniej niż zwykle. Przed prezbiterium stoi ciężki, pomalowany na srebrno drewniany stelaż. Osiemdziesięciosiedmioletni ojciec Ignazio, ubrany w ozdobiony złotym brokatem ornat, towarzyszy niosącemu ciężką monstrancję ojcu gwardianowi; procesja wychodzi zza głównego ołtarza, gdzie zwykle przechowywane jest „Święte Oblicze", a następnie podążając boczną nawą i środkiem kościoła, wraca do stelaża, na którym Całun ma być niesiony w głównej procesji. Kobiety i mężczyźni cisną się naprzód. Ślą w kierunku obrazu pocałunki, próbują dotknąć szyby, sypią przed relikwię płatki kwiatów. Wrota kościoła są szeroko otwarte.

Przez cały dzień po środkowym przejściu kościoła, na wprost ołtarza błąka się jakiś bezpański pies, rozkosznie tarzając się po podłodze. „Pojawia się w każde święto – usłyszałem w barze. – Niektórzy uważają, że to duch kapucyna, który ma jeszcze do wykonania jakieś dobre uczynki". Głosy wiernych łączą się w wyznaniu wiary w „Stworzyciela nieba i ziemi, wszystkich rzeczy widzialnych i niewidzialnych". Następnie umieszczony na nosidle Całun wędruje na barki czterech mężczyzn w czerwonych szatach, zapewne członków jakiegoś bractwa, którzy wynoszą relikwię przed główny portal, gdzie jeszcze na chwilę stawiają ją na schodach. Z wnętrza kościoła, na tle błękitnego nieba, Całun wydaje się śnieżnobiałym, przezroczystym prostokątem. Na zewnątrz czeka burmistrz miasteczka, udekorowany trójkolorową szarfą, w otoczeniu zaproszonych dostojników – nadburmistrza Pescary i innych głów okolicznych gmin i miasteczek. Znów odzywa się orkiestra dęta. Na placu przed kościołem kłębi się tłum pielgrzymów z wybrzeża i z gór. W końcu procesja rusza. Na czele grupa ludzi z kiwającą się ponad ich głowami figurą świętego Pankracego. Grupka dzieci w białych szatach z przyszytymi anielskimi skrzydłami poprzedza kapucynów w brązowych habitach, którzy śpiewem i dymiącym kadzidłem torują drogę „Świętemu Obliczu". Za kapucynami dwaj *carabinieri* w wyjściowych mundurach, z czerwonymi piórami na czapkach. Wreszcie *Volto Santo*.

Czekam pod filarem, po prawej stronie portalu. Kiedy tylko „Święte Oblicze" opuszcza kościół, natychmiast zmienia się w jasnoszary prostokąt, wyraźnie odcinając się od błękitu nieba. Od tej pory z każdym krokiem, na każdym zakręcie, obraz zmienia swój wygląd. Każda zmiana kierunku, każda zmiana kąta spojrzenia sprawia, że wizerunek ulega diametralnej przemianie – wciąż przecież pozostając tym samym obrazem. „Jak dobrotliwie patrzy! – powiedziała Ellen przy pierwszym zakręcie. – Uśmiechnął się, gdy Go wynoszono z kościoła. Widziałeś? Jakby cały rok czekał na ten moment". „Nie zawsze patrzy tak łagodnie" – odpowiedział idący obok nas stary *signore* Luigi Blasioli, który podczas wojny na własne oczy widział, jak w czasie ataku aliantów na cofające się wojska niemieckie Manoppello spowiła gęsta mgła. Nawet dziś – twierdził – mógłby pokazać mi miejsce, gdzie spadły cztery bomby, które na szczęście ani nie wyrządziły krzywdy ludziom i zwierzętom, ani nie uszkodziły żadnego domu. „Święte Oblicze" ustrzegło wioskę przed nieszczęściem. „Ale nie! Nie zawsze patrzy tak łaskawie – powtórzył stary Luigi raz jeszcze. – On wciąż się zmienia, czasem jest nawet bardzo surowy".

Po obu stronach drogi kwitną akacje, rozsiewając wokół cudowny zapach. Procesja powoli wije się w dół po czterech zakrętach wzgórza, aż do głównej ulicy, prowadzącej na szczyt, do wioski, która jest celem naszej wędrówki. Na tle otaczającej nas zieleni obraz nabiera lekko różowego odcienia; oczy Chrystusa stają się intensywnie zielone. Potem wizerunek znika, a na moście, na tle nieba, znów staje się srebrnoszary. Jednak nawet na chwilę nie przestaje na nas patrzeć. Czasem łagodnie, czasem natarczywie. W padającym z boku cieniu patrzy jak ktoś, kto wygląda z okna, ukryty za zasłoną. Dwa kroki dalej ma się wrażenie, jakby odsunął zasłonę na bok. W wiosce kobiety wywiesiły z okien najpiękniejsze i najcenniejsze tkaniny z brokatu i adamaszku, a teraz sypią z balkonów na Całun płatki róż. Wydaje mi się, jakby na pielgrzymów zstępowały języki ognia. Na błękitnym niebie pojawiają się fajerwerki, a orkiestra zaczyna grać najpiękniejsze melodie. Pomysł wprowadzenia procesji był po prostu genialny. Tylko tak – w naturalnym świetle – Całun rozsiewa pełnię swego aromatu, niczym flakon otwartych na powietrzu perfum. Wcześniej, kiedy „Święte Oblicze" przez cały rok było schowane w ciemnej kaplicy kapucyńskiego kościoła, kontrast pomiędzy tym świętem a szarą codziennością musiał być jeszcze bardziej uderzający. Zanim Tomasz Edison wynalazł i opatentował żarówkę, ukryty w ciemnościach obraz musiał wyglądać jak Mandylion z Watykanu albo z Genui. Jednak nawet najsubtelniejsze oświetlenie nie może się równać z promieniami słońca. Dopiero w blasku porannego, południowego i wieczornego słońca oblicze z Całunu emanuje pełnią wyrazu. Dopiero wtedy staje się pełnią siebie.

Tymczasem przeszliśmy przez romański, ozdobiony lwami portal kościoła świętego Mikołaja. Ojciec Pfeiffer, jako honorowy gość, przewodniczy uroczystej mszy świętej. W kazaniu mówi o Raju – wzruszony, lekko zaróżowiony, błogo uśmiechnięty. Nie jest jeszcze wprawdzie honorowym obywatelem tego Niebiańskiego Ogrodu, ale od wielu już lat cieszy się tym zaszczytnym przywilejem w Manoppello.

Po uroczystościach zaprasza nas na posiłek do leżącego poza granicami wioski zajazdu, gdzie oczywiście korzysta z honorowej gościny. Tutejsza kuchnia, choć niewyszukana, pozwala zrozumieć, dlaczego niegdyś wszyscy papiescy kucharze pochodzili z Abruzji. „Zapomniałem zadać ojcu jeszcze kilka pytań – mówię w drodze. W tym świątecznym dniu możemy bez obaw iść samym środkiem pustej ulicy. – Jeśli to prawda, że w tym małym abruzyjskim miasteczku przechowywany jest jedyny autentyczny wizerunek Chrystusa, to czy wszystkie przytaczane przez ojca argumenty, mające wyjaśnić, dlaczego przez czterysta lat Całun pozostawał zapomniany, nie są pozbawione sensu? Jeśli to prawda, to czy wieść o relikwii nie rozniosłaby się lotem błyskawicy po wszystkich okolicznych wioskach i miasteczkach? Dlaczego więc, pytam raz jeszcze, dlaczego ktoś ma ojcu uwierzyć, zamiast uznać go – i wszystkich, którzy się z ojcem zgadzają – za obłąkanych szaleńców? Dlaczego?".

„Pyta pan, dlaczego? A dlaczego ktoś ma wierzyć w to, co miliard dwieście milionów katolików i chrześcijan innych konfesji wyznaje – albo przynajmniej powinno – w niedzielnym *Credo*? «Wierzę w Boga, Ojca wszechmogącego, Stworzyciela nieba i ziemi, i w Jezusa Chrystusa, Syna Bożego Jednorodzonego...». Przecież nie trzeba w to wierzyć. Zresztą: któż jest w stanie naprawdę uwierzyć w to, że «Stworzyciel nieba i ziemi» stał się kiedyś człowiekiem, jak utrzymują chrześcijanie? Ta myśl sama w sobie wydaje się po prostu szalona. Tak też od początku traktowali tę wiarę Żydzi – wiarę, która przecież wyrosła z samego serca ich religijnej tradycji. Tak też traktują ją po dziś dzień – a wraz z nimi muzułmanie, buddyści, hinduiści, poganie, agnostycy i ateiści. To, że Bóg przestał być odtąd obcy i daleki, lecz pozostaje blisko nas w małym kawałku chleba, który Kościół katolicki przechowuje w złotej szkatule nad lub obok głównego ołtarza – Stwórcę nieba i ziemi zamkniętego w materii i zaryglowanego w sejfie! – wszystko to wydaje się im całkowitym absurdem. Tak, to ogromne wyzwanie dla naszego rozumu! A jednak taka właśnie jest wiara Kościoła katolickiego, nawet jeśli *de facto* wyznaje ją coraz mniejszy odsetek jego członków. Treść tej wiary jest niepojęta. Proszę więc pozwolić, że odpowiem pytaniem na pytanie: czyż fakt, że Bóg zostawił autentyczny ślad swojego Wcielenia i że obraz ten, który w czasie, gdy przechowywano go w komnatach pałacu cesarskiego w Konstantynopolu, dostępny był jedynie dla bizantyjskiego cesarza i przedstawicieli najwyższego kleru, dziś wystawiony w świetle halogenowych lamp dostępny jest dla każdego, kto chce nań spojrzeć, jest mniejszym wyzwaniem dla naszego rozumu? Że o każdej porze możemy przyjść i pozostać przed nim tak długo, jak chcemy? Nikt nie musi w to wierzyć. Co jednak jest większym cudem? To pierwsza sprawa. Druga – nie mająca nic wspólnego z wiarą bądź niewiarą – to fakt, że w odniesieniu do «Świętego Oblicza» nie ma technicznej możliwości, by każdy, kto tego chce, mógł osobiście sprawdzić jego autentyczność".

Ojciec Pfeiffer zakończył swą płomienną przemowę, więc mogłem zadać następne pytanie: „Załóżmy – choćby na chwilę – że ten albo następny papież przyjmie argumenty ojca i wybierze się w pielgrzymkę do Manoppello, tak jak w 1998 roku Jan Paweł II do Turynu. Przyjmijmy też, że po tej pielgrzymce Całun zostanie poddany drobiazgowym badaniom i analizom. Załóżmy wreszcie, że jeszcze za życia ojca lub już po śmierci potwierdzą się wszystkie ojca hipotezy. Czy w związku z tym coś się zmieni – dla Kościoła albo dla świata?".

„Ależ oczywiście! Byłoby to jak gwałtowne trzęsienie ziemi. Ten wizerunek to najdoskonalszy wzorzec człowieka; jego odnalezienie oznaczałoby, że wzorzec ten znów znajduje się w Kościele. Chrystus jest wzorcem osoby ludzkiej i jej wolności – jest pełnym Człowiekiem, w którym nie ma miejsca na nasze nieposłuszeństwo. W Jego spojrzeniu wiele kontrowersji i błędnych teorii rozpłynie się jak poranna mgła. Każda wrogość zmieni się w miłosierdzie. Kościół ma jedną Głowę – to znaczy Chrystusa. To On jest Panem. A to Jego prawdziwy wizerunek, starszy od najstarszych tekstów Nowego Testamentu! Jeśli więc mamy Jego prawdziwy obraz, łatwiejsze będzie przywrócenie jedności chrześcijan – tak z Kościołami protestanckimi, jak i wschodnimi, greckim i rosyjskim, w których ikona ma nieporównanie większe znaczenie niż na Zachodzie. Na Wschodzie obraz – i nie mówię teraz bynajmniej o abruzyjskim oryginale, matce wszystkich ikon – zawsze miał to samo znaczenie, jak Biblia; tam zresztą ikona traktowana jest jak pismo. Dzięki temu odkryciu obraz nabierze nowego, niewyobrażalnego wymiaru. Dla wysiłków ekumenicznych odkrycie i uznanie prawdziwości tej praikony, tego autentycznego wizerunku Chrystusa będzie miało rewolucyjne znaczenie i pociągnie za sobą niewyobrażalne skutki. Co do tego nie mam najmniejszych wątpliwości. A tak na marginesie – możliwe, że leżące na wybrzeżu Adriatyku Manoppello znajduje się dokładnie na starożytnej linii rozgraniczającej chrześcijaństwo wschodnie od zachodniego. Odkrycie to będzie miało wreszcie dalekosiężne skutki dla papiestwa i jego roli w Kościele i świecie".

„W jakim sensie?".

„Otóż tym, co kiedyś przyciągało pielgrzymów do Rzymu, była Weronika: prawdziwy wizerunek Chrystusa. W ostatnich czterystu latach papieżom brakowało tego najpotężniejszego magnesu. To dla Weroniki tłumy wiernych ściągały do Rzymu, nie ze względu na papieży. Ci byli zwykłymi władcami, jakich wielu w Europie – zresztą niemałą liczbę z nich trudno by było uznać za wzorcowe przykłady; wcale nie byli lepsi od współczesnych sobie królów i książąt. Dziś, dzięki Bogu, uległo to zmianie i oby tak pozostało. Dzięki odnalezieniu obrazu jeszcze bardziej wzrośnie autorytet papieża jako następcy Piotra, to znaczy Apostoła, na którego słabych barkach Jezus wzniósł budowlę Kościoła. Zarazem jednak jego rola jako namiestnika, czy też zastępcy Chrystusa – po łacinie *vicarius Christi* – nie tylko ulegnie gwałtownej zmianie, lecz w ogóle zostanie zdjęta z jego barków. Rola ta bowiem początkowo wcale nie była udziałem papieża, a sama idea zastępstwa nie pochodzi z Zachodu, lecz ze Wschodu, z cesarstwa wschodniorzymskiego, gdzie od czasów Konstantyna Wielkiego, od 313 roku, to cesarz uchodził za «wikariusza Chrystusa». Było to zaś możliwe tylko dlatego, że znajdował się w posiadaniu cudownego obrazu Chrystusa. Na Wschodzie władcę mógł reprezentować – i niejako zastępować – tyko obraz, nigdy osoba. Jeśli cesarz nie mógł przybyć do jakiejś prowincji, posyłał tam swój wizerunek, który witano w bramach miejskich ze świecami i pochodniami w rękach, jakby to był sam władca. Powtarzam raz jeszcze: zastępować króla mógł tylko obraz, nigdy człowiek! Obraz od zawsze był formą uobecnienia władcy – począwszy od wizerunku na monetach, a na portretach prezydentów na ścianach naszych urzędów skończywszy. I tak jak obraz był nieprzekupnym reprezentantem cesarza, tak też tylko ikona mogła być «wikariuszem Chrystusa». To, że znów będziemy dysponować wizerunkiem Jezusa, ma ogromne znaczenie nie tylko w wymiarze ekumenicznym. Fakt ten musi również pociągnąć za sobą skutki w wymiarze wewnątrzkościelnym; dla Kościoła odnalezienie prawdziwego obrazu Chrystusa będzie jak trzęsienie ziemi. Niektórzy z moich kolegów mówią wprost: «Jeśli masz rację, będzie to oznaczać rewolucję». Nie mogą uznać prawdziwości obrazu, ponieważ znają możliwe konsekwencje tego faktu. I w tym tkwi problem – nawet jeśli jeszcze większa wiąże się z tym łaska".

Usiedliśmy na werandzie zajazdu i zaczęliśmy się zastanawiać, czym uczcić dzisiejsze święto, a ja znów pomyślałem, że moja książka jest już gotowa. Byłem pewien, że nie zobaczę nic bardziej fantastycznego niż procesja ze „Świętym Obliczem" w deszczu kwiatów i różanych płatków. Bóg stał się człowiekiem, nie doktrynalną strukturą – mówił obraz niesiony drogą pomiędzy abruzyjskimi pagórkami. – Jakże wtedy lśnił! – Chrześcijaństwo nie jest religią księgi. „Cudowny obraz z Manoppello przyszedł na świat, lecz świat go nie poznał – powiedziała kobieta przy sąsiednim stoliku, która wraz z mężem przyjechała na procesję aż z Hamburga. – To z pewnością prawdziwy wizerunek

Chrystusa". Po drodze poznałem jeszcze Fabrizia, młodego mieszkańca Manoppello, który od dwudziestu lat zbiera wszelkie możliwe informacje na temat Całunu. Chciał się ze mną podzielić swoją wiedzą, ale po tym, co usłyszałem od ojca Pfeiffera o właściwym rozumieniu idei zastępstwa, nie potrzebowałem już żadnych nowych wiadomości. Przed oczami wciąż miałem niezwykły blask „Świętego Oblicza": w złotorudym świetle zachodzącego słońca i pośród cieni przydrożnych drzew.

W tajnym skarbcu Watykanu

Schody w filarze Weroniki rzymskiej Bazyliki Świętego Piotra,
Donato Bramante, 13 marca 2005

Za zaryglowanymi drzwiami: nawiedzenie
watykańskiej Weroniki przez prasowego reportera
i dumny koniec starej legendy.

Dotarłem już do wszystkich interesujących mnie informacji, zobaczyłem wszystko, co było do zobaczenia. Padły ostatnie argumenty za i przeciw. Wiedziałem, że nigdy nie uda mi się wejść za ostatnie, zaryglowane wrota. Ostatnia zagadka miała pozostać nie rozwiązana. Nigdy nie będzie mi dane obejrzeć prawdziwej Weroniki Jerozolimskiej – *Sancta Veronica Ierosolymitana*. Długo żyłem nadzieją, że jednak zobaczę ostatni element układanki, który skompletowałby moje poszukiwania „Prawdziwego Oblicza Chrystusa". Zdążyłem się już pogodzić, że ta nadzieja nigdy się nie spełni – tak jak pragnienie, by raz jeszcze ujrzeć papieski „Mandylion z Edessy". Wiedziałem, że nie mam szans zobaczyć – a cóż dopiero sfotografować – „prawdziwej Weroniki". Kanonicy mieli po temu swoje powody. Nie mogłem jednak popadać w rozpacz. Filar Weroniki pod kopułą Bazyliki Świętego Piotra miał pozostać tajemnicą.

Na moją ostatnią prośbę, skierowaną do archiprezbitera bazyliki, kardynała Marchisano, nie otrzymałem żadnej odpowiedzi. Na pocieszenie raz jeszcze przeczytałem w książce Iana Wilsona (*Tajemne miejsca i święte wizerunki*) opis bezskutecznych zabiegów autora, któremu także nie było

dane ujrzeć tego „najważniejszego obrazu chrześcijaństwa".
„Nowy powiew *głasnosti* – napisał w swoim pełnym rezygnacji apelu w zakończeniu książki – musi wreszcie powiać też w ciemnych zakamarkach Bazyliki Świętego Piotra i Pałacu Apostolskiego". Mimo tego apelu można się spodziewać, że zapewne również w przyszłości kanonicy bazyliki pozostaną jedyną grupą rzymian mających prawo nieograniczonego dostępu do Weroniki. Tak jak w XV wieku, kiedy to król Fryderyk III, a po nim król Danii, Christian, poprosili papieża Mikołaja V, by mianował ich kanonikami bazyliki, ponieważ tylko tak mogli z bliska obejrzeć obraz.

Na początku 2005 roku w liście do kardynała ostatni raz ponowiłem swoją prośbę, po czym odłożyłem sprawę do teczki z napisem „sprawy nie zrealizowane". Jednak kilka tygodni później z radością mogłem tę teczkę znowu otworzyć. „Wyjątkowo – brzmiała szybko udzielona odpowiedź w piemonckiej niemczyźnie – udzielam Panu pozytywnej odpowiedzi, choć z góry muszę uprzedzić, że relikwia przechowywana na piętrze kolumny znajduje się w bardzo złym stanie i jest niemal nie do rozpoznania". Nie wierzyłem własnym oczom. Będę mógł zobaczyć Weronikę – i to bez mianowania mnie kanonikiem Bazyliki Świętego Piotra! Po tych słowach archiprezbiter bazyliki zakończył list, prosząc o podanie terminu, w jakim chciałbym zobaczyć relikwię. Już w następną niedzielę udałem się z Ellen do bazyliki, a kiedy po nieszporach procesja kanoników wracała do zakrystii, ruszyłem jej śladem. Niestety kardynał zdążył już wyjść tylnymi schodami. Zameldowaliśmy się więc u furtiana, a ten uprzejmie powiadomił watykańskiego dostojnika o naszym przybyciu. Po kilku minutach drzwi się otworzyły. Przedstawiliśmy się. „Dobrze – odpowiedział kardynał – zobaczmy więc, jaki termin najbardziej by nam odpowiadał". Wyjął notes i kilka razy go przekartkował. „Może w czwartek rano, o dziesiątej?". Termin pasował idealnie.

„Proszę koniecznie zabrać miarkę! – napisała siostra Blandina w SMS-ie. – Musi pan zmierzyć obraz". W czwartek rano, punktualnie o godzinie dziesiątej zgłosiliśmy się u kardynała Marchisano w *Fabbrica di S. Pietro*. Marmury świątyni lśniły jak śnieg w słońcu. Miałem ochotę się uszczypnąć: oto nadszedł wreszcie tak długo wyczekiwany dzień! Na wszelki wypadek włożyłem do torby aparat fotograficzny ze świeżo zmienionymi bateriami. Kupiliśmy też latarkę, by obejrzeć nawet najbardziej ukryte zakamarki tajnego skarbca Watykanu. Do kieszeni płaszcza schowałem miarkę. Kardynał poprosił nas do salonu. Na ścianie nad sofą wisiał portret Chrystusa w kosztownych, barokowych ramach, o ile się nie mylę pędzla Mantegny: z włosami w kolorze bisioru. „Nie, nie – uśmiechnął się gospodarz, zajmując miejsce. – Te wszystkie obrazy to oczywiście kopie". Patrzyłem nad jego ramionami na dwie reprodukcje Całunu Turyńskiego, wiszące obok okna. Podążył za moim wzrokiem. „O tym pan powinien coś napisać!" – zauważył z dumą lokalnego patrioty. Kardynał pochodził z okolic Turynu i tam właśnie nauczył się tak dobrze mówić po niemiecku. „Chętnie – odparłem. – Poza tym chciałbym się zająć relikwiami z Oviedo i Cahors. Chciałbym z nich złożyć pewną mozaikę i napisać, co te relikwie mogą nam dziś powiedzieć. Po to tu jestem". Kardynał słuchał uważnie. Rozmawialiśmy chwilę o Niemczech i Włoszech, o Bogu i świecie; gospodarz opowiedział nam, jak po kampanii abisyńskiej Mussoliniego widział na ulicach Turynu pierwsze czarne koszule. Mój rozmówca był wszechstronnie wykształconym, subtelnym człowiekiem. Słuchałem go z taką samą uwagę, jak on mnie. Nagle wstał – czyżby coś usłyszał? Może brzęczenie kluczy w rękach jednego ze swoich podwładnych, mającego nas zaprowadzić na górę filaru Weroniki i tam otworzyć dla nas skarbiec? Ja nic nie słyszałem. A więc już czas – pomyślałem. Znów miałem ochotę się uszczypnąć. Gospodarz poprowadził nas przez korytarz, otworzył drzwi i podał rękę na pożegnanie. „Jak to? – zapytałem. – Czy nie mieliśmy obejrzeć Weroniki?". „Tak, tak. Proszę czekać na list".

Opuściliśmy Watykan łukowym wyjściem pod lewą dzwonnicą, mijając salutującego nam szwajcarskiego gwardzistę. Na dworze było chłodno i rześko. Dzień wydawał się jeszcze jaśniejszy, marmur jeszcze bielszy, a niebo jeszcze gładsze niż zwykle. Trzymając rękę w kieszeni płaszcza, bawiłem się miarką i zamiast „prawdziwej Weroniki" fotografowałem Ellen. Gdzie popełniłem błąd? Czyżby kardynał zauważył, że mam w torbie aparat fotograficzny? A może moja żona nie miała wstępu do hermetycznego świata mężczyzn? A może wszystkie te okoliczności razem złożyły się na obraz mojej osoby, nie przystający do niepisanych obyczajów Watykanu? Może powiedziałem coś niewłaściwego? Nie miałem pojęcia, gdzie leżała przyczyna niepowodzenia. Również Ellen nie dostrzegała niczego, co być może powinniśmy byli zauważyć dużo wcześniej. Nie potrafiłem znaleźć odpowiedzi na te pytania. Nie nadchodziła też odpowiedź z Watykanu. Początkowo z niecierpliwością każdego poranka przeglądałem pocztę w poszukiwaniu listu, wkrótce dni zamieniły się w tygodnie. Wreszcie straciłem nadzieję. Zrozumiałem, że nigdy nie zobaczę Weroniki.

Tymczasem musiałem doprowadzić swoją książkę do końca. Mój berliński redaktor czekał na pierwsze próbki tekstu. Miałem niewiele czasu na przygotowanie reszty manuskryptu. Z okazji urodzin znów wziąłem kilka dni urlopu i zabrałem Ellen do małego zajazdu w okolicy Manoppello, gdzie ani Internet, ani sieć komórkowa nie mogły mi przeszkodzić w napisaniu ostatnich rozdziałów książki. Gospodarz znał nas, a my znaliśmy gospodę. Ellen zabrała ze sobą jakąś ciekawą książkę, a ja rozpakowałem laptopa, przesunąłem stół pod okno, skąd miałem przepiękny widok na wzgórza i stoki Abruzji, i z przyjemnością przytuliłem się do ciepłego kaloryfera. Była połowa marca, ale na wzgórzach wciąż leżał śnieg; mieliśmy naprawdę ciężką zimę. Wokół panował absolutny spokój. W jadalni, piętro niżej, znów przysunięto stół bliżej kominka i żarzących się w nim kawałków drewna oliwkowego; w południe czekała tam na nas otwarta butelka wina, a kucharz bez słowa podał nam przekąski, potem dwa talerze swojej niezrównanej *pasta*, a po niej drugie danie. Dopiero wtedy zapytał, czy mamy jakieś szczególne życzenia co do deseru.

Happy Birthday! Nie miałem zwyczaju jakoś szczególnie obchodzić swoich urodzin, jednak ten rok był dla mnie wyjątkowo pomyślny i miałem wszelkie powody do świętowania. Ach, życie, ach, ten cudowny świat! – myślałem.

Przede wszystkim jednak chciałem wykorzystać ten wieczór i noc na pracę; zamierzałem przelać na papier to wszystko, co kryło się jeszcze w zakamarkach mojej pamięci. Usiadłem więc do komputera i zacząłem pisać. Nie przeszkadzały mi telefony, więc mogłem spokojnie pracować – do chwili, gdy poczułem przenikający moje ciało chłód. Wstałem, aby nieco odkręcić ogrzewanie. Zastanowiłem się przez chwilę, czy nie powinienem w ogóle przesunąć stołu w cieplejszy kąt pokoju. Położyłem dłonie na kaloryferze – był ledwie ciepły. Sprawdziłem w sypialni – to samo. Zszedłem do gospodarza, lecz i on był bezradny wobec awarii. Kręcił mnóstwem kurków i przełączników – wszystko na próżno. Taki pech mógł spotkać każdego właściciela zajazdu, zwłaszcza w Abruzji, zwłaszcza tej zimy. Siła wyższa. Pół godziny później kaloryfery były już lodowato zimne. W łóżku wcale nie było cieplej. Kołdry okazały się zbyt cienkie, a płaszcz, który na nich rozłożyłem, co chwila lądował na podłodze. To była straszna noc – było zbyt zimno, by spać, a ja byłem nazbyt zmęczony, by sięgnąć po sweter lub jeszcze jedną parę skarpet. „Musimy stąd jak najszybciej wyjechać – powiedziała Ellen, kiedy nastał ranek. – Z okazji twoich urodzin odwiedzimy jeszcze raz *Volto Santo*, a potem jak najszybciej wracamy do Rzymu – ciepłym autkiem do ciepłej wanny. Tu zabrakło już nawet ciepłej wody". Poczułem targające mną dreszcze. „Masz rację. Nie możemy zostać. Zmarzłem jak pies".

Dopiero w samochodzie wróciło mi czucie w palcach. Pokryte śniegiem góry lśniły w promieniach zimowego słońca. Była to prawdziwa uczta dla oczu. Koło południa przestałem myśleć o stole przy kominku w naszym ulubionym zajeździe, a nawet o czekającej na mnie w Rzymie ciepłej kąpieli. Czułem, że przyszła wreszcie wiosna. Wypakowaliśmy bagaże, a kiedy podłączałem na biurku laptopa, zauważyłem, że na telefonie błyska czerwona lampka, sygnalizująca nagraną wiadomość. Nacisnąłem klawisz, by ją odsłuchać. „*Buon giorno* – usłyszałem nieznany kobiecy głos. – Dzwonię z *ufficio* Jego Eminencji Kardynała Francesca Marchisano, archiprezbitera Bazyliki Świętego Piotra. Chodzi o ustalenie terminu, kiedy mógłby pan obejrzeć Weronikę. Próbowałam się z panem skontaktować, ale niestety bezskutecznie. Jeśli to możliwe, proszę o kontakt". Niestety, kiedy podawała numer, na linii pojawiły się jakieś zakłócenia. „Proszę pytać o *segnoritę* René. Życzę miłego dnia. Do usłyszenia". Odsłuchałem wiadomość jeszcze kilka razy, aż wreszcie udało mi się zrozumieć i zapisać podany przez panią René numer. Zaraz też postanowiłem się z nią skontaktować. Jakiś męski głos poinformował mnie, że pani René nie ma już w biurze. Będzie dopiero w piątek – to znaczy następnego dnia – przed południem; w sobotę nie będzie jej w ogóle. Zadzwoniłem więc w piątek. „Ach! – powiedział ten sam głos, który usłyszałem dzień wcześniej, nagrany na sekretarce. – Dobrze, że pan dzwoni. Myślałam już, że nie uda mi się z panem skontaktować. Może pan zobaczyć Weronikę w niedzielę o godzinie szesnastej, podczas procesji kanoników. Ale żadnych zdjęć, bardzo proszę! Proszę przyjść o szesnastej do zakrystii świętego Piotra i zapytać o *signore* Maura. On panu wszystko wyjaśni".

Planowaliśmy z Ellen, że wrócimy z gór w sobotę. Gdybyśmy zrealizowali nasze plany, nie udałoby mi się skontaktować z panią René. Ogrzewanie w Manoppello musiał chyba przykręcić anioł albo sam Juda Tadeusz.

W sobotę wieczorem, jak dziecko przed wymarzoną wycieczką, przygotowałem swój najlepszy garnitur i krawat, a w niedzielę rano jeszcze raz wyczyściłem buty i przetarłem okulary. Przygotowałem latarkę, notatnik i aparat z *zoomem*; miarka od czasu ostatniej wizyty w Watykanie wciąż leżała w kieszeni mojego płaszcza. Na niedzielne popołudnie byliśmy zaproszeni na pewną uroczystość, odbywającą się na Zatybrzu. Kiedy zbieraliśmy się do wyjścia, okazało się, że komunikacja w Rzymie jest sparaliżowana z powodu trwającego maratonu. Jak przystało na Wieczne Miasto, nie było też żadnych taksówek i musieliśmy wracać pieszo przez *Trastevere*. Obiad się opóźnił, zupa była przesolona, w związku z czym pokłóciliśmy się, aż wreszcie Ellen krzyknęła: „To niemożliwe! Spójrz na zegarek: za dziesięć czwarta! Leć szybko". Pobiegłem. Zapomniałem kapelusza i szalika, a stojąc w kolejce przed bramkami bezpieczeństwa przy kolumnadzie uświadomiłem sobie, że zapomniałem też zabrać notatnik i teleobiektyw. Zadzwoniłem do Ellen z prośbą, żeby przyniosła mi je na nieszpory. Kiedy zdyszany wpadłem do zakrystii, była punkt czwarta.

Signore Mauro Benzoni, zakrystian Bazyliki Świętego Piotra, był niskim, przyjaźnie usposobionym człowiekiem. Zapytałem, ilu zakrystianów pracuje w tak wielkiej świątyni. „Jeden – odparł. – Ja". Potem uznał za stosowne wyjaśnić mi kilka szczegółów dotyczących zbliżającej się uroczystości: otóż dziś, w Niedzielę Męki Pańskiej, kanonicy wraz z chórem udadzą się w wielkiej procesji do ołtarza głównego, na którym będą spoczywać relikwie; następnie jeden z kanoników dokona uroczystego okadzenia ołtarza. „Co to za relikwie?" – zapytałem. „Szczątki rzymskich męczenników i świętych. Oni również uczestniczą w dzisiejszym święcie i uroczystym błogosławieństwie". Potem procesja przy śpiewie *Litanii do Wszystkich Świętych* uda się powoli w kierunku głównego portalu bazyliki i z powrotem, a wreszcie kanonicy zasiądą w chórze, by odśpiewać nieszpory, po których, już z balkonu, dokonają uroczystego pobłogosławienia wiernych relikwiami Weroniki. Podczas nabożeństwa – poprosił *signore* Benzoni – mam czekać u stóp filara Weroniki, abym mógł mu towarzyszyć, kiedy uda się na górę, by wydobyć relikwię ze skarbca. Przeszliśmy do nawy bazyliki i zakrystian wskazał mi dokładnie miejsce, gdzie miałem na niego czekać.

Spojrzałem w górę. Balustrada *loggii* była dziś ozdobiona purpurowym aksamitem i sześcioma wysokimi świecznikami. Z uwagą śledziłem przebieg procesji – na początku krzyż, za nim chór Kaplicy Papieskiej w białych komżach, dalej kanonicy w fioletach, wreszcie główny celebrans w kosztownej starej kapie; na samym końcu kroczył kardynał w purpurze. *Sancta Maria* – usłyszałem jak głos Pabla Colino, kierownika chóru, dialogując z głosami wiernych rzymian, wypełnia bazylikę łacińskim tekstem litanii. – *Ora pro nobis*! Módl się za nami! *Sancte Michael, Sancte Bartholomae, Sancte Ioannes, Sancte Simon, Sancte Thaddae, Sancte Thoma, Sancta Maria Magdalena*. I co chwila: *Ora pro nobis*, módl się za nami, módl się za nami, módl się za nami! Wstrząsające błaganie przenikało do szpiku kości. Obok kardynała kroczył *signore*

Mauro, ubrany w ciemny garnitur; po chwili oddzielił się od procesji, podszedł do mnie, schylił się i otworzył małe drzwiczki w cokole filara. Wszedł na czwarty stopień ukrytych wewnątrz schodów, otworzył następne drzwi, zapalił światło w korytarzyku, który prowadził do małego pomieszczenia w samym centrum filara, wzniesionego przez Donata Bramantego jako główny nośnik wielkiej kopuły. Pomieszczenie było zupełnie białe, pozbawione wszelkich ozdób i jasno oświetlone. Na końcu korytarza zakrystian wziął leżącą na kamieniu czerwoną adamaszkową torbę, potrząsnął nią, z zadowoleniem kiwnął głową, słysząc pobrzękiwanie, i postawił stopę na pierwszym stopniu pięknych, kręconych schodów. Z prawej strony, zamiast poręczy, po ścianie wiła się lina, w środku ślimakowatych schodów taka sama lina zwisała pionowo z góry na dół. *Signore* Mauro odwrócił się w moim kierunku i rzekł: „Nie będziemy się spieszyć. Wbrew pozorom schody są naprawdę męczące. Wchodząc na górę, zawsze myślę o wspinaczce na Golgotę". Próbowałem liczyć stopnie, ale szybko straciłem rachubę. Miałem wrażenie, jakby w głowie szumiało mi stado os. Na kilku ostatnich stopniach znów usłyszałem dochodzący z bazyliki łaciński śpiew; tu, na górze, brzmiał jeszcze donośniej niż na dole. Ze schodów weszliśmy do małego pokoju, a z niego na korytarz prowadzący wprost na *loggię* kolumny Weroniki. Wbrew temu, co sobie wyobrażałem, pokój wcale nie był ciemny – nie był to typowy, mroczny skarbiec. Przeciwnie. Było to jasne pomieszczenie, otwarte na główną nawę bazyliki. *Dominus a dextris tuis, conquassabit in die irae suae reges* – dobiegał z dołu śpiew chóru. – *De torrente in via bibet, propterea exaltabit caput*; „Pan jest po Twojej prawicy, / zetrze królów w dzień swego gniewu. / On po drodze pić będzie z potoku, / dlatego głowę podniesie". Na górze głosy brzmiały jeszcze czyściej i piękniej. *Signore* Mauro podśpiewywał po cichu.

Nigdy nie widziałem piękniejszego skarbca. Pod łukowym sklepieniem przejścia pomiędzy komnatą a balkonem znajdowała się krata zdobiona maleńkimi pszczołami, motywem zaczerpniętym z herbu Barberinich, rodziny papieża Urbana VIII. Korytarz miał szerokość wąskiego pokoju. Na bocznych ścianach namalowano freski doskonale imitujące gobeliny. Za balkonem otwierała się bezkresna przestrzeń świątyni. Zakrystian sięgnął do haftowanej srebrnymi nićmi torby i wyciągnął z niej cztery wielkie klucze i małą, ręcznie zapisaną książeczkę; jednym z kluczy otworzył znajdującą się po prawej stronie kratę. „Skarbiec pochodzi z XVI wieku i od tego czasu znajduje się nieprzerwanie w użytku" – powiedział. Odsunął na bok wiszącą za kratą ciemnoczerwoną zasłonę, włożył dwa kolejne klucze w zamki po lewej stronie stalowych drzwi, przekręcił je, i wreszcie ostatnim kluczem otworzył kolejno trzy zamki po prawej stronie drzwi, tworzące zapewne oddzielny od pozostałych mechanizm. Całość musiała być doskonale naoliwiona. Zakrystian pchnął ciężkie drzwi, które bezgłośnie otworzyły się w lewą stronę. Były obite brokatem. Za nimi wisiała brokatowa zasłona, na której ciężki, złoty haft ukazywał narzędzia męki Chrystusa, a na środku kolorowe odwzorowanie Jego Oblicza.

Nie wierzyłem własnym oczom. „Czy mogę zrobić zdjęcie? Samej zasłony" – zapytałem. *Signore* Mauro pokręcił przecząco głową. Niestety, to niemożliwe. To wykraczałoby poza obowiązujące reguły. Zakrystian ujął zasłonę w dwa palce i zawiesił ją na specjalnych klamrach, umieszczonych po obu stronach drzwi. O wszystkim pomyślano, o wszystko zadbano. Sam skarbiec jest stosunkowo małym pomieszczeniem, w całości wyłożonym tkaniną ze złotego brokatu. Ujrzałem stojące w cieniu relikwie Weroniki, a obok niej krzyż. Najpierw jednak *signore* Mauro przyniósł kryształowy pojemnik, w którym przechowywana jest końcówka włóczni. „Niestety sam czubek jest ułamany – powiedział, podając mi relikwię do ucałowania. – Proszę spojrzeć, brakuje dokładnie tego kawałka, który znajduje się w Paryżu". Znów poczułem w uszach szum. Taki mały kawałek metalu! „Wszystkie relikwiarze pochodzą z czasów Urbana VIII" – powiedział mój przewodnik, po czym odstawił kryształ w wyłożonej ciemnoczerwonym adamaszkiem niszy w lewej ścianie skarbca. Z góry adamaszkowy Chrystus spogląda na zgromadzone u Jego stóp tajemnicze przedmioty kultu; to specjalnie dla nich wybudowano to pomieszczenie. W niszy leży kosztowna stuła i para starych adamaszkowych rękawiczek. „Lancą udziela się błogosławieństwa w drugą niedzielę Wielkiego Postu. Dziś będzie błogosławieństwo Weroniką i relikwiami Krzyża Świętego. W Wielki Piątek – samym Krzyżem. Stuła i rękawiczki są przygotowane na te właśnie okazje". Po tych słowach podeszliśmy do Weroniki, mój towarzysz wyjął obraz z relikwiarza i ustawił w niszy.

Prawdziwa Weronika! *Sancta Veronica Ierosolymitana*. Uklękłem, by móc ją lepiej widzieć. Poruszałem głową w lewo, w prawo. W odróżnieniu od pozostałych precjozów przechowywanych w tym pomieszczeniu, musiałem się prawie zmuszać do patrzenia na obraz, na którym praktycznie nic nie widać. Nie ma na nim niczego, co przyciągałoby wzrok, budziło ciekawość lub rozbudzało zmysł piękna. Trudno sobie wyobrazić większy kontrast niż ten, który istnieje pomiędzy watykańską Weroniką a resztą precjozów z tego wyjątkowego skarbca.

Ikonę okrywa szyba, pod którą majaczy niewyraźny, pozbawiony konturów obraz. Jakiś poplamiony, szarobrudnawy kawałek materiału, bez rysunku czy śladów farby. Jedyny zaznaczający się kontur to trójkątne wycięcie w złotej „sukience" – na twarz i brodę. Jest to takie samo metalowe okrycie jak na „Mandylionie z Edessy", który niedługo potem mieliśmy zobaczyć z Ellen w zakrystii Kaplicy Sykstyńskiej, i jak na obrazie z Genui, który widzieliśmy wcześniej. To z pewnością odwzorowanie tych prastarych obrazów. I tylko dzięki temu wycięciu w złotej „sukience" można z daleka uznać obraz za wizerunek Chrystusa. Poza tym na płótnie nie ma żadnego śladu. Kompletnie nic. Co więcej, wcale nie wydaje się ono tak stare, jak inne znane mi relikwie. Nie ma mowy o rysunku, czy choćby nawet szkicu twarzy Chrystusa. Obraz nijak nie pasuje do starych kopii Weroniki bądź też jej – nawet krytycznych lub wręcz złośliwych – opisów. Nie jest to bynajmniej „kawałek białego lnu", jak ironicznie pisał Luter. W prawym górnym rogu tkanina sprawia wrażenie uszkodzonej. Wyraźnie widać, że pomiędzy szybą a obrazem znajduje się rozpięta siatka. Wyjąłem z kieszeni latarkę i przyjrzałem się z bliska mate riałowi; zbadałem każdą, najmniejszą nawet plamkę. Trudno jednak powiedzieć, czy to w ogóle jest tkanina. Latarka na niewiele się przydała. Może lampa błyskowa byłaby w stanie wydobyć więcej, ale – przy całej życzliwości mojego przewodnika – nie mogło być mowy o fotografowaniu. Obraz umieszczony jest w ciężkiej, zdobionej szlachetnymi kamieniami ramie. Po lewej i prawej stronie znajdują się dwa uchwyty. „Proszę zobaczyć, jakie to ciężkie". Podniosłem relikwię – jakieś pięć, może siedem kilo. „Rama również została ufundowana przez Urbana VIII. Tu, z tyłu, znajduje się odpowiednia inskrypcja". Rama zachowała się bez zarzutu. Zresztą wszystko jest tu doskonale zachowane. Wszystkie precjoza z tego skarbca są w doskonałym stanie, jakby dopiero co opuściły warsztat artysty czy rzemieślnika. Na tym tle Weronika jest prawdziwą ruiną. Trudno powiedzieć, jak wyglądała kiedyś.

Natura pokrzyżowała plany twórcy tego dzieła – o ile uznamy relikwię za malowidło. Może po prostu płótno albo farby – jeśli takowych użyto – były złej jakości. *A facie Domini contremisce terra a facie Dei Jacob* – dobiegał z dołu łaciński tekst Psalmu 114 – „Drżyj, ziemio, przed obliczem Pana, / przed obliczem Boga Jakuba". *Qui convertit petram in stagna aquarum, et silicem in fontes aquarum.* – Spontanicznie włączyłem się w śpiew psalmu: – „Który zmienia opokę w jezioro, a skałę w źródło wody". Trudno skupić uwagę na tym obrazie. Staram się, ale niewiele z tego wychodzi. *Signore* Mauro wyjmuje ze skarbca relikwie Krzyża Świętego – całe to pomieszczenie wybudowano specjalnie ze względu na te trzy drogocenne relikwie; nic więcej w nim się nie zmieści. Nie wiem, co począć z oczami, co mam podziwiać.

Równie wspaniały jest widok z balkonu. Zakrystian pokazuje mi dwie kolumny ze Świątyni Jerozolimskiej, ustawione po obu stronach *loggii*. Dowiaduję się również, że nad korytarzykiem prowadzącym do skarbca znajdują się trzy dzwony, w które bije się wyłącznie podczas błogosławieństwa przechowywanymi tu relikwiami. Wyjmuję z kieszeni miarkę i sprawdzam wymiary obrazu. *Signore* Mauro pomaga mi, zapisując wartości w moim notesie. Powierzchnia wewnętrzna – złota „sukienka", złożona z wielu elementów, których część wydaje się zniszczona – ma wymiary 32 na 28 centymetrów. Wycięcie na twarz ma 28,1 centymetra wysokości (od czoła do końca brody) i 13,1 centymetra szerokości. Czyżby kanonik Rezza pomylił się, podając w 2000 roku wymiary 25 na 13 centymetrów? Na płótnie nie widać oblicza. „Proszę powiedzieć – pytam zakrystiana, z którego twarzy nie znika uśmiech – dlaczego właściwe nie ma żadnej fotografii Weroniki? Dlaczego nie wolno jej fotografować?". Odpowiadając, *signore* Mauro robi się czerwony jak cegła: „Żeby nie wzbudzać sensacji. Żeby nie dawać nikomu okazji do kpin, że obraz zniknł – albo że wygląda tak, jak wygląda. Żeby nikt się z tego nie śmiał. Przecież sam pan widzi, jak stary i czcigodny to obraz – nawet jeśli przez lata tak bardzo wyblakł". Mauro jest pełen szacunku i czci, jakby mówił o chorym ojcu lub dziadku, którego bólu nie wypada fotografować.

Musimy się pożegnać, zanim na górę wejdą dwaj kanonicy, mający udzielić błogosławieństwa. Schodząc na dół krętymi schodami, staram się liczyć stopnie: sześćdziesiąt dwa dokładnie wyszlifowane marmurowe bloki. Już po dwudziestu krokach czuję chęć, by się odwrócić i szybko wbiec z powrotem na górę, jeszcze raz wszystko od początku dokładnie obejrzeć i zbadać – szczególnie Weronikę. Ile czasu spędziłem w skarbcu? Nie mam pojęcia. Tak bardzo chciałem sfotografować relikwie. Specjalnie naładowałem baterie aparatu. Szkoda – przebiega mi przez myśl, kiedy robię szybko zdjęcie schodów – że nie mogłem sfotografować choćby samego skarbca, włóczni, drzwi, łukowego wejścia, wyłożonej brokatem szafy, zasłon, a przede wszystkim wyhaftowanego wizerunku Chrystusa na brokatowej zasłonie i na adamaszku w ściennej wnęce. Nie żałuję, że nie mogłem sfotografować Weroniki, bo watykańska Weronika to zwykły kawałek płótna.

Na dole wciąż trwają nieszpory. Rozpoczął się *Magnificat*: „Wielbi dusza moja Pana...” – kierownik chóru zapowiedział, że po nieszporach nastąpi błogosławieństwo prastarą „relikwią”. Nie powiedział wprost, że „Weroniką” czy *Volto Santo*, lecz użył ogólnego określenia „relikwia”, mając na myśli obiekt, który niegdyś – jako „Prawdziwe Oblicze Boga” – był magnesem przyciągającym do Rzymu rzesze pielgrzymów. Zabrzmiało to tak, jakby nikt tu już nie wierzył, że obraz jest prawdziwym wizerunkiem Chrystusa. Zacząłem się przeciskać w stronę głównego ołtarza, by mieć lepszy widok na galerię nad kolumną Weroniki, na której przed chwilą stałem. Z filara dobiega dźwięk dzwonów, a po chwili do brzegu *loggii* podchodzi dwóch kanoników, aby uczynić relikwiarzem znak krzyża nad zgromadzoną rzeszą wiernych: w górę, na dół, w prawo i w lewo. Błogosławieństwo trwa trzy, może pięć sekund. Obserwuję galerię przez wizjer aparatu. Stoję za daleko, by zrobić dokładne zdjęcie; teleobiektyw też na niewiele się przyda. Światła Bazyliki Świętego Piotra odbijają się od srebrnej ramy, którą kilka minut temu trzymałem w rękach. Na nic się nie zda lornetka – z dołu widzę tyle, co stojąc bezpośrednio przed obrazem. Kompletnie nic.

Teraz już wiem, że obraz nie pasuje do starych, pustych ram z rozbitymi szybami, które widziałem w muzeum – ani płótno, ani wycięcie w złotym okryciu. W tamtych ramach nie przechowywano obrazu, który widziałem w skarbcu. Płótno jest za duże. Poza tym t e n   o b r a z   nigdy nie był przezroczysty; t e   ramy od początku miały tylko jedną szybę. W wizjerze aparatu widzę natomiast w tle marmurową figurę anioła, przynoszącego z nieba całun z wizerunkiem Chrystusa z otwartymi oczami; dzieło pochodzi ze szkoły Gianlorenza Berniniego. Jeszcze raz odzywają się dzwony – teraz kanonicy ukazują relikwie Krzyża Świętego, udzielając nimi potrójnego błogosławieństwa: najpierw na wprost, potem w lewą, a na koniec w prawą stronę. Chór śpiewa *Vexilla Regis*, hymn z VI wieku, opiewający Krzyż jako „Zwycięski Sztandar Króla". W jednej chwili cichnie szum zgromadzonych wiernych i w świątyni zapada niebywała cisza. Niesłychane. Słyszę bicie własnego serca. Niektórzy z pielgrzymów klękają. Potem znów odzywają się dzwony. Gasną główne światła bazyliki. Obok mnie pojawia się Ellen; niestety zapomniała zabrać notatnik.

Kiedy wychodzimy z bazyliki, na zewnątrz jest jeszcze zupełnie jasno. Pusty Plac Świętego Piotra jest zamknięty dla zwiedzających. Wszyscy czekają na powrót Jana Pawła II z Kliniki Gemelli. Jest niedziela, 13 marca 2005 roku. Na kolumnadzie rzymskie szpaki tańczą na powitanie ciężko chorego papieża. Chmury nad jego oknem przypominają pofałdowany całun. Są jak symfonia form i poruszeń niebiańsko uporządkowanego nieładu pierzastych chorągwi, dywanów i smug. Cudowny widok. Rozpaczliwie przeszukuję kieszenie w poszukiwaniu choćby skrawka papieru, by szybko, na świeżo zapisać najważniejsze wrażenia. Najchętniej sfotografowałbym je, nim ulecą z pamięci. Najbardziej chciałbym sfotografować wizerunek wyhaftowany na środku ciężkiej, brokatowej zasłony w skarbcu. I podobny haft na adamaszku we wnęce. Nie mam wątpliwości, że ukazują one *Volto Santo* z Manoppello z otwartymi oczami; to niemal fotograficzna kopia prawdziwej Weroniki, utrwalona w samym sercu watykańskiego skarbca.

Szybko zapada zmrok. Mozaika Maryi, „Matki Kościoła", lśni łagodnie w świetle lamp. W ostatnich promieniach zachodzącego słońca fotografuję fronton Kaplicy Sykstyńskiej i stojący przed nią obelisk. Nagle słyszę dobiegające z dali dźwięki syren i dostrzegam niebieskie światła błyskające na dachach zbliżających się samochodów. Jadą wzdłuż kolumnady. *Carabinieri* utworzyli z fosforyzujących taśm uliczkę, prowadzącą przez skłębiony tłum ludzi. Rozlegają się chóralne śpiewy i entuzjastyczne okrzyki: *Viva*! Tym razem papież nie wraca do Watykanu swoim *papamobilem*, lecz na przednim siedzeniu małego mikrobusu. Pojazd szybko skręca na pusty Plac Świętego Piotra. Kończy się Niedziela Męki Pańskiej. Papież chce spędzić Wielkanoc w domu. Światła umieszczonych nad kolumnami reflektorów sprawiają, że na placu robi się jasno jak w południe. Nikt jeszcze nie przypuszcza, że jest to ostatni powrót Jana Pawła II do Watykanu.

Powrót i pożegnanie

Złożenie Chrystusa do grobu, miedzioryt, Erfurt 1735

List do Jana Pawła II, podróż z kardynałem Meisnerem
do Manoppello i powrót do katafalku zmarłego papieża.

Dwadzieścia jeden dni później Jan Paweł II odszedł z tego świata. Poszukiwanie Prawdziwego Oblicza Chrystusa od dawna było sensem i treścią jego życia. „O Tobie mówi moje serce: Szukaj Jego oblicza! – brzmi jego silny, melodyjny głos na kasecie, której zwykliśmy słuchać podczas podróży samochodem. – Szukam, o Panie, Twojego oblicza; /swego oblicza nie zakrywaj przede mną" (Ps 27). „Najczcigodniejszy Ojcze Święty – napisałem w liście z 6 sierpnia 2004 roku. – Czuję się w obowiązku donieść Ci o pewnym wizerunku Chrystusa, z którym nie może się równać żaden inny obraz na ziemi". Do koperty włożyłem sześć wielkoformatowych odbitek fotograficznych – ciemną, przezroczystą i cztery z różnymi szczegółami obrazu. „Pieczę nad tym obrazem sprawują kapucyni z Manoppello w Abruzji, w diecezji Chieti, a tamtejsza ludność od czterystu lat czci wizerunek jako *Volto Santo*. Przedtem przez wiele wieków różne źródła wspominały o tym obrazie, nazywając go «Weroniką» lub *Vultus Sancti*; wiele wskazuje na to, że drogocenna relikwia w tajemniczy sposób znikła z Watykanu, gdzie przez wieki była przechowywana w kaplicy świętej Weroniki w starej, konstantyńskiej Bazylice Świętego Piotra. Obraz idealnie pasuje do pustych ram Weroniki, znajdujących się dziś w skarbcu bazyliki". W dalszej części listu opisałem pokrótce kwestie techniczne: techniczną niemożliwość malowania na płótnie, brak śladów farby i pędzla na „obrazie" oraz zgodność wizerunku z Całunem Turyńskim. Napisałem, że według moich obserwacji stworzenie tego wizerunku wykracza poza zakres ludzkich zdolności. „24 marca byłem obecny w *Sala Clementina* – zakończyłem list – gdy Wasza Świątobliwość przedstawił swą wizję Europy, nad którą jaśnieje Oblicze Boga. Dlatego ośmielam się prosić w tych słowach, by Wasza Świątobliwość, wyjeżdżając latem 2005 roku do Kolonii, gdzie ma się spotkać z młodzieżą, ukazał całemu światu «Weronikę z Manoppello»". Przecież za hasło Spotkania Młodych papież obrał słowa Ewangelii Jana, skierowane do Apostołów przez greckich pielgrzymów: „Chcemy ujrzeć Jezusa". „W Weronice ujrzą prawdziwe Oblicze Chrystusa" – napisałem w ostatnim zdaniu. Miesiąc później znalazłem w mojej skrzynce kopertę z papieskim godłem – odpowiedź z Pałacu Apostolskiego.

„Pańska relacja na temat *Volto Santo* z Manoppello spotkała się z wielkim zainteresowaniem – pisał papieski *monsignore* z Sekretariatu Stanu. – Jego Świątobliwość polecił mi złożyć wyrazy głębokiej wdzięczności za Pańskie zaangażowanie w realizację powszechnego urzędu pasterskiego Następcy Świętego Piotra. Przez ręce Matki Bożej z Guadalupe Ojciec Święty Jan Paweł II wyprasza u Serca Bożego opiekę i błogosławieństwo oraz wiele radości w służbie Ewangelii dla Pana i całej Pańskiej rodziny". Dziewięć dni później w „Die Welt" ukazał się mój pierwszy artykuł poświęcony „Świętemu Obliczu" z Manoppello. Przeczytał go między innymi kardynał Meisner z Kolonii, który w styczniu 2005 roku, w czasie naszego przypadkowego spotkania w rzymskim kościele świętego Bartłomieja nad Tybrem, zagadnął mnie na temat Całunu. „Tak – odpowiedziałem. – Ten obraz z pewnością ukazuje Prawdziwe Oblicze Boga". Kilka dni później kardynał zadzwonił do mnie wieczorem i zapytał, czy podtrzymuję swoją propozycję wspólnego wyjazdu do Manoppello. Miał być w Rzymie w kwietniu; na czwartego wziąłem dzień wolny. „Oho, najpopularniejszy niemiecki biskup chce się z tobą wybrać na wycieczkę!" – zaśmiał się mój monachijski przyjaciel, który zadzwonił wkrótce potem.

1 lutego, krótko przed jedenastą wieczorem, zapaliły się światła w oknach na najwyższym piętrze Pałacu Apostolskiego; zazwyczaj o tej porze okna pałacu spowijała ciemność. „Do infekcji grypowej, na którą Ojciec Święty cierpi od trzech dni, dołączyły się komplikacje związane z ostrym zapaleniem tchawicy i zwężeniem krtani – brzmiał lakoniczny komunikat wydany jeszcze tej nocy przez Biuro Prasowe Stolicy Apostolskiej. – Z tego względu została podjęta decyzja o jak najszybszym przewiezieniu papieża do Polikliniki Agostino Gemelli, co nastąpiło 1 lutego o godzinie 22.50". Rozpoczęła się długa, trwająca wiele dni agonia Jana Pawła II. Papież wrócił wprawdzie tryumfalnie do Watykanu, lecz niebawem ponownie musiał czym prędzej wracać do szpitala, gdzie wykonano tracheotomię, zabieg, który sprawił, że przez resztę dni na tej ziemi nie był w stanie wydobyć z siebie głosu. Teraz znów wraca do domu. Do Wielkiej Nocy zostały dwa tygodnie.

Kilka dni po wstrząsających wydarzeniach Wielkiej Niedzieli, kiedy to Jan Paweł II udzielił ze swego okna ostatniego, niemego błogosławieństwa „miastu i światu", kardynał Meisner dzwoni do nas, by potwierdzić termin naszej podróży do Manoppello. 2 kwietnia, w sobotni wieczór, papież umiera w swoim apartamencie. W poniedziałek o siódmej rano kardynał Meisner staje przed naszymi drzwiami. Właściwie mam sporo pracy – muszę napisać relacje z ostatnich wydarzeń; w centrum prasowym ruch jak w ulu. Kiedy jedziemy autostradą do Manoppello, Włochy toną w blasku wiosennego słońcu. Za Tagliacozzo odzywa się komórka kardynała; może przed południem oddać ostatni hołd wystawionemu w *Sala Clementina* ciału zmarłego papieża, które ma być następnie przeniesione do Bazyliki Świętego Piotra. Mocniej przyciskam pedał gazu.

Ojciec Carmine i siostra Blandina oczekują nas w portalu, a na placu dwaj aniołowie pod postaciami młodych mężczyzn w skórzanych kurtkach, rozpoznawszy kardynała, życzą mu sił i Bożego błogosławieństwa podczas zbliżającego się konklawe. Proszą tylko, by zadbał o wybór właściwego następcy zmarłego papieża!

Idziemy główną nawą w kierunku ołtarza. Kardynał przyklęka przed tabernakulum i podnosi oczy ku obrazowi. Wstaje, wchodzi za nami po ukrytych za ołtarzem stopniach i klęka bezpośrednio przed obrazem. Patrzy przez jakiś czas w milczeniu, po czym wzdycha: „Pan mój i Bóg mój!". Schodzę po schodkach, aby otworzyć główne wrota, tak by w świetle Całun stał się przejrzysty. Spoglądam na zegar. Jeszcze nigdy nie miałem tak mało czasu na wizytę w Manoppello. Kiedy zamykam drzwi, ojciec Carmine przynosi klucz, by otworzyć relikwiarz. Boję się, że kardynał może się potknąć, schodząc po schodkach z ciężką, srebrną monstrancją. Ellen, siostra Blandina, ojciec Carmine i ja tworzymy za nim małą procesję. Kardynał idzie z monstrancją do biura ojca Carmine, a potem, na moją prośbę, wychodzi z nią na zewnątrz, gdzie mogę zrobić zdjęcia w naturalnym świetle. Jeszcze nigdy nie byłem tak blisko Całunu i jestem zbyt przejęty, by dostrzec, co się wokół nas dzieje. Drżą mi ręce i prawie wszystkie zdjęcia wychodzą poruszone. „Twarz jest monstrancją serca. W *Volto Santo* ukazuje się serce Boga. *Pax vobis!*" – zapisuje kardynał w księdze gości konwentu, po czym mówi do ojca Carmine: „On nie patrzy nam jedynie w oczy. On patrzy w głębię naszego serca. Nie oczami wodza czy surowego sędziego, lecz oczami brata i przyjaciela. To oczy Dobrego Pasterza. – Potem uśmiecha się: – W Kolonii, dzięki relikwiom Trzech Króli, w pewnym sensie przez cały rok świętujemy Boże Narodzenie. Wy dzięki Całunowi macie tutaj przez cały rok Wielkanoc. Proszę tylko nie tracić wiary, że jest prawdziwy!". Kiedy wracamy ze „Świętym Obliczem", za ołtarzem czekają już dwaj pielgrzymi z Kanady. Biorę monstrancję z rąk kardynała i wstawiam ją do relikwiarza, a następnie ojciec Carmine zamyka drzwiczki. Przynosimy trzy krzesła, zmawiamy cząstkę różańca – tajemnice światła – i wracamy do samochodu, by co sił popędzić do Rzymu, do mar polskiego papieża. Około południa zajeżdżamy przed Plac Świętego Piotra. Gwardziści szwajcarscy salutują.

Tylnymi schodami, które widzę pierwszy raz w życiu, zmierzamy na spotkanie ze zmarłym. Ból zniknął z jego twarzy. Długo napięte mięśnie cierpiącego na chorobę Parkinsona papieża rozluźniły się wreszcie. Nie jest już chory. Wprawdzie nie odmłodniał, ale nie mogę się oprzeć wrażeniu, że w jakiś sposób wypięknał. Wydaje się tylko, że stał się jeszcze poważniejszy niż w środę, kiedy ostatni raz go widziałem. Włosy okrywa mu skromna mitra, a ciało – czerwony ornat. Na stopach czerwone buty – gotowe do drogi. Laska pasterska, z którą tyle razy okrążył ziemię, spoczywa w jego prawej ręce; będzie towarzyszyć mu w ostatniej wędrówce. Patrzę na wyszczuplały nos, duże, kręte uszy. Jeszcze nigdy nie byłem tak blisko Następcy Świętego Piotra, i tak długo. Wokół palców zmarłego wije się różaniec, jakby modlił się na nim po raz ostatni. U wezgłowia płonie paschał. Po przeciwnej stronie, po lewej stronie katafalku jakiś biskup rozpaczliwie próbuje wyłączyć dzwoniącą komórkę. Otacza nas aura głębokiej modlitwy. Obok biskupa klęczy czarnoskóry kardynał Gantin z Beninu. Stary purpurat przyleciał z Afryki specjalnie po to, żeby jeszcze raz skierować na papieża swoje na wpół oślepłe oczy. Moje spojrzenie błądzi po pokrytym wspaniałymi freskami suficie. Tak, to tutaj, w *Sala Clementina*, w ubiegłym roku papież z trudem mówił o swojej wizji, a właściwie swoim testamencie dla Europy. Widok jego cierpienia napełniał wtedy moje serce wielkim bólem. Ojciec Święty mówił o swoim „śnie", który pragnął zawierzyć przyszłym pokoleniom: o „Europie, nad którą jaśnieje Oblicze Boga".

Kiedy po godzinie wstajemy, ostatni raz spoglądam na zmarłego. Na jesieni 1978 roku, kiedy został wybrany, postanowiliśmy, że gdy wiosną narodzi się nasz czwarty syn, nazwiemy go na cześć papieża Polaka; zamiast czwartego syna urodziła się nam jednak pierwsza córka: Maria Magdalena. Godzinę później dzwoni nasza druga córka, Christina. Właśnie widziała w telewizji wywiad z kardynałem Meisnerem. Powiedział między innymi: „Dziś widziałem wielkanocnego Pana!".

„W czasie sporu o obrazy Kościół bronił świętych wizerunków – twierdzi rosyjski archimandryta Zenon. – Dziś obrazy wracają, aby bronić Kościoła". W tych wiosennych dniach 2005 roku nikt już nie ma najmniejszych wątpliwości – nadciąga prawdziwa nawałnica obrazów. Niektórych mogę dotknąć, ucałować, inne przemykają przed moimi oczami jak deszcz spływający z nieba na ziemię. Wędrują do mieszkań i domów na całym świecie albo unoszą się nad Placem Świętego Piotra na stronicach wczorajszych i dzisiejszych gazet, rozwiewanych pod moimi stopami przez wiosenny wiatr.

Trzy dni po naszym pożegnaniu z papieżem, kiedy miliony ludzi cisnęły się do jego mar, znajduję w „Corriere della Sera" wstrząsające zdjęcie niezwykłego pożegnania. Zdjęcie przedstawia biskupa Stanisława Dziwisza, długoletniego osobistego sekretarza i najbardziej zaufanego współpracownika Jana Pawła II, w tej jakże smutnej dla niego chwili. Po lewej stronie prostej, wykonanej z cyprysowego drewna trumny, w której spoczywa odziany w purpurę i biel papież, stoi w biskupim fiolecie mistrz papieskich ceremonii, arcybiskup Piero Marini, po prawej arcybiskup Dziwisz, również w fiolecie, melancholijnie wznosi ramię, dotykając leżącego w trumnie zmarłego: starzec, który stracił ojca. Właśnie oddał swemu świętemu ojcu ostatnią posługę miłości, okrywając jego twarz „całunem" z najdelikatniejszego jedwabiu. Płótno spoczywa już na obliczu zmarłego. Tekst pod zdjęciem głosi, że jest to nieznanego pochodzenia, lecz ponad wszelką wątpliwość bardzo stary obyczaj. W rzeczywistości – jak trzy dni wcześniej podczas konferencji prasowej wyjaśnił arcybiskup Marini – jest to element nowego pontyfikalnego rytu pogrzebowego, wprowadzonego w tajemnicy przez samego Jana Pawła II. „Niech jego oczy, / ukryte przed naszym wzrokiem, / oglądają Twoje piękno" – brzmi towarzysząca temu obrzędowi modlitwa, napisana przez poetę i wizjonera w papieskiej szacie.

Dziesięć dni później słucham kardynała Ratzingera, który na rozpoczęcie konklawe mówi w Kaplicy Sykstyńskiej o tym, że Bóg objawił nam swoje Oblicze. Znad ramion dziekana kolegium kardynalskiego spogląda olbrzymia, marmurowa kopia Weroniki na filarze pod kopułą kaplicy. Kamienna figura trzyma w rękach pofałdowany całun, na którym zostało odbite Oblicze Chrystusa. Spośród stert fotografii wiele redakcji właśnie to zdjęcie wybrało na tytułową stronę wydania z 19 kwietnia 2005 roku.

Przemienione dłonie

Wejście do Grobu Chrystusa w kościele Grobu Pańskiego w Jerozolimie

Cudowna przemiana kardynała Ratzingera w papieża
Benedykta XVI – od obrazu Chrystusa nad jego głową
do godziny prawdy na Sądzie Ostatecznym.

Tego wieczora większość zgromadzonych w Kaplicy Sykstyńskiej kardynałów miała wybrać kardynała Josepha Ratzingera na następcę Jana Pawła II. Nie był to jednak rzecz jasna pierwszy wieczór, kiedy nowy papież, który przyjął imię Benedykt XVI, tak bezpośrednio spotkał się z Obliczem Chrystusa. Sercem wiary chrześcijańskiej – nad którą przez długie lata nowo wybrany papież czuwał jako prefekt Kongregacji Nauki Wiary – jest bowiem przekonanie, że Stwórca nieba i ziemi stał się człowiekiem. Nie indyjską świętą krową, siwą kaczką, górskim pawianem, dębem, drzewem czy innym świętym stworzeniem, lecz człowiekiem. Bóg przyjął konkretne, ludzkie oblicze, podobne jedynie do oblicza Matki. Taka jest wiara chrześcijan. Święty Ambroży powiada, że Chrystus jest obrazem niewidzialnego Boga. Zgoda na tworzenie wizerunków jedynego Boga od samego początku wyróżniała chrześcijaństwo wschodnie i zachodnie spośród innych religii i kultur. W odróżnieniu od wyznawców Jahwe i Allacha, chrześcijanie wierzyli, że mogą ujrzeć Oblicze swego Boga. Wszyscy, od prostego chłopa po potężnego cesarza, od najmądrzejszego z mędrców po najprostszego z prostaczków, mogli ujrzeć Jego Oblicze. Niewielu dzisiejszych uczonych tak długo i wnikliwie kontemplowało Oblicze Chrystusa, jak były prefekt Kongregacji Nauki Wiary. Deklaracja *Dominus Iesus*, w której kilka lat temu raz jeszcze przypomniał zasadnicze treści chrześcijańskiej wiary, ściągnęła na niego potężną falę krytyki, również ze strony innych kardynałów. Od wielu lat wciąż towarzyszy mu Oblicze z Całunu Turyńskiego. U progu nowego tysiąclecia kardynał Ratzinger wygłosił na Papieskim Uniwersytecie Urbaniańskim wykład otwierający międzynarodowy kongres *Oblicze nad obliczami – ukryte i objawione Oblicze Chrystusa*. „W średniowieczu – mówił wówczas – Bóg stał się *beau Dieu*, «Bogiem pięknym», i takie Jego Oblicze rzeźbili twórcy katedralnych portali". Widziałem w moim życiu setki takich wizerunków, jednak myśl o nich zaprzątnęła mnie na dobre dopiero rok temu, kiedy w Berlinie zmarł mój najstarszy brat Karl.

Na pogrzeb przylecieliśmy pierwszym porannym samolotem z Jerozolimy. Nie czułem rozpaczy, ponieważ wiedziałem, że ksiądz Goesche, który towarzyszył mojemu bratu w ten jasny zimowy dzień w ostatniej drodze, towarzyszył mu również kilka tygodni wcześniej w ostatnim etapie podróży do domu wiary – po długiej i pełnej zakrętów drodze przez pięć kontynentów i wiele kultur, w której jednak zawsze miał przy sobie fotografię Oblicza z Całunu Turyńskiego. Ilekroć go odwiedzałem, obrazek zawsze wisiał na ścianie jego pokoju. Dlatego trudno w jego wypadku mówić o prawdziwym nawróceniu. Wygłaszając w kaplicy przy Stadionie Olimpijskim mowę pogrzebową, ksiądz Goesche rzucił na tę sprawę dodatkowe światło, opowiedział bowiem o ostatnich rozmowach z Karlem: „Proszę mi wierzyć – tak powiedział do mnie kilka dni temu Karl – widziałem cały świat: Tadż Mahal w Indiach i piramidy w Egipcie, katedry Szampanii i Złoty Meczet w Jerozolimie. Wszędzie szukałem tego, co najważniejsze i najcenniejsze – poczynając od sufizmu, poprzez różne kultury i religie, aż po mądrość starożytnych Chin. Przeczytałem setki, może nawet tysiące książek. Ale nigdzie, w żadnej księdze – nawet w Biblii – nie znalazłem takiego Oblicza! To jedyne, co chciałbym jeszcze kiedyś ujrzeć". Doktor Goesche uśmiechnął się.

Kilka tygodni później spotkaliśmy się w Rzymie, gdzie zacny kapłan chciał uzyskać wsparcie kardynała Josepha Ratzingera dla inicjatywy stworzenia w neopogańskim Berlinie papieskiego instytutu, mającego się troszczyć o zachowanie dawnej liturgii (którą przecież mimo reformy liturgicznej ojciec Pio sprawował aż do śmierci). Rozmowy przyniosły najwyraźniej zadowalające wyniki i kardynał otworzył przed swym rodakiem wszystkie najważniejsze drzwi w Watykanie. Krótko potem spotkaliśmy się w chińskiej restauracji przy *Santa Maria* w dzielnicy *Trastevere* na Zatybrzu. Jak się okazało, doktor Goesche był swego czasu uczniem ojca Pfeiffera i w czasach studenckich wielokrotnie pielgrzymował do Manoppello. Pewnie dlatego stał się ostrzejszy od leżących na naszych talerzach papryczek *chili*, kiedy nieświadoma niczego Ellen zapytała: „Czy ten wizerunek nie pozostaje w sprzeczności z biblijnym zakazem wykonywania obrazów? Czy Żydzi i muzułmanie nie mają racji w dyskusji z chrześcijanami?". Pod wpływem wzbierającego w nim świętego gniewu nasz towarzysz omal się nie zakrztusił: „Skądże! Bóg żądał tej powściągliwości tylko po to, by tym cudowniej spełnić nasze odwieczne pragnienia. Cudowniej niż ludzie mogli sobie to wyobrazić. W pierwszym i najważniejszym przykazaniu Bóg zakazuje wykonywania swych podobizn, ponieważ sam chciał stworzyć wizerunek nieskończenie doskonalszy od wszelkich dzieł rąk ludzkich. To samo dotyczyło żądania, by Izrael nie wybierał króla. Przecież wszystkie sąsiednie narody miały królów! Dla Izraelitów musiało to być ogromne wyrzeczenie. Dlaczego nie wolno im było wybrać władcy? Z jednego zasadniczego powodu: ponieważ sam Bóg chciał być ich królem! – Ksiądz Goesche napił się odrobinę wody. – To samo dotyczy zakazu wykonywania obrazów Boga, a co za tym idzie – również podobizn ludzi, stworzonych na Jego podobieństwo. Chciał osobiście podarować ludziom swój wizerunek – bardziej niezwykły niż byłby w stanie wykonać największy z artystów".

„Ale przecież żaden z Ewangelistów nie pisze ani słowa o twarzy Jezusa". – Powiedziała Ellen. A ja przyszedłem jej z pomocą, dodając: – „Właśnie, jedyna wzmianka to ta w scenie Przemienienia na górze Tabor".

„To prawda, to jedyny tego rodzaju opis w Ewangeliach. Za to jaki: Mateusz pisze, że Oblicze Jezusa «jaśniało jak słońce», a Łukasz: «Kiedy Jezus się modlił, zmienił się wygląd Jego twarzy». Czy to rzeczywiście opis? Żaden z Ewangelistów nie pisze też ani słowa o tym, jaką Jezus miał sylwetkę, za to jakieś pięćdziesiąt razy jest mowa o Jego spojrzeniu. Kiedy w Nazarecie chciano Go strącić w przepaść, odwrócił się nagle w kierunku swych prześladowców, a ci pod wpływem Jego s p o j r z e n i a rozstąpili się jak Morze Czerwone przed Mojżeszem. Z kolei Marek pisze, jak Jezus, ujrzawszy w synagodze człowieka z uschłą ręką, kazał mu stanąć na środku i zapytał obecnych: «Co wolno w szabat: uczynić coś dobrego czy coś złego? Życie ocalić czy zabić?». Kiedy ci nie odpowiadali, Jezus «s p o j r z a ł wkoło po wszystkich z gniewem, zasmucony z powodu zatwardziałości ich serca, i rzekł do człowieka: Wyciągnij rękę! Wyciągnął, i ręka jego stała się znów zdrowa». Widząc to, faryzeusze wyszli z synagogi i naradziwszy się, postanowili Go zgładzić. To musiało być naprawdę niezwykłe spojrzenie. Marek opisuje również, jak Jezus «s p o j r z a ł z miłością» na młodzieńca, mówiąc mu, by poszedł za Nim. Młodzieniec odszedł jednak zasmucony, ponieważ droższe mu były bogactwa. – Tak, oczy Jezusa były naprawdę niezwykłe".

Widząc się po raz ostatni z Karlem, gorąco mu życzyłem, by mógł jeszcze raz odwiedzić mnie w Rzymie. Teraz pomyślałem, że oto przysłał w zastępstwie księdza Goeschego, który mówiąc o Całunie Turyńskim i Obliczu z Manoppello, wzbudził w nas jakiś wewnętrzny opór. A ponieważ najtrafniejsze odpowiedzi uzyskuje się, stawiając dobitne pytania, postanowiłem sięgnąć po fundamentalny zarzut wobec wizerunku z Abruzji, który kiedyś niezależnie od siebie wyrazili Isolde, żona mojego przyjaciela Petera, oraz Stephan, nasz zięć: „Czy to w ogóle ma jakiekolwiek znaczenie? Przecież mamy Pismo Święte!". „Oczywiście, że tak – odpowiedział natychmiast uczony kapłan. – Gdyby Całun nie istniał albo był falsyfikatem lub kopią, wówczas rzeczywiście nie miałby najmniejszego znaczenia i nie byłoby po co jechać do Manoppello. Lecz jeśli obraz jest prawdziwy, musimy go uznać za dokument najwyższej wagi, zwłaszcza w naszych czasach.

Wcielone Słowo! Czy przedstawiający je obraz może być bez znaczenia? Jeśli Całun jest prawdziwy i rzeczywiście pochodzi z grobu Jezusa w Jerozolimie, to można powiedzieć, że jest on – wraz z Całunem z Turynu – pierwszą kartą Ewangelii! Wówczas nie jest to już tylko najważniejszy z obrazów, lecz również najważniejszy z tekstów – w swoistym opakowaniu semantycznym!".

„W «opakowaniu semantycznym»? Co ksiądz ma na myśli?".

„To znaczy: w całej pełni zawartych w tym obrazie treści. «Jeden obraz znaczy więcej niż tysiąc słów» – zapisał w 1926 roku Kurt Tucholsky[13]. Z czasem twierdzenie to stało się truizmem, jednak dziś możemy tę prawdę dużo łatwiej zrozumieć. Aby dostrzec różnicę pomiędzy tekstem a obrazem, wystarczy użyć komputera. Z jednej strony maszyna traktuje obraz i tekst w dokładnie ten sam sposób: jako zbiór danych. Różnica polega jednak na tym, że jeden plik graficzny zawiera zazwyczaj nieskończenie więcej informacji niż jakikolwiek tekst! Jedna fotografia cyfrowa ma przeciętnie cztery razy więcej bajtów niż cała książka. Mówiąc językiem technicznym: zawiera w sobie cztery razy więcej jednostek informacji. Jeszcze więcej informacji jest zapisanych w zdjęciu holograficznym. A przecież obraz z Manoppello nie jest fotografią ani nawet hologramem. On jest cudem!".

Zamówiliśmy jeszcze jedną butelkę ryżowego wina i zagłębiliśmy się w świat domysłów i spekulacji. Czyż historia

---

[13] Kurt Tucholsky (1890-1935), niemiecki pisarz i publicysta, od 1929 roku na emigracji w Szwecji. W 1933 roku został pozbawiony obywatelstwa, a jego publikacje zostały spalone.

nie potoczyłaby się innym torem, gdyby ludzki duch przez ostatnie czterysta lat skoncentrował się na próbie zgłębienia tajemnicy tego obrazu, tak jak skupiał się na innych zagadkach otaczającego nas świata? Co mogliby z tego wizerunku odczytać tej rangi teologowie co Albert Schweitzer, Dietrich Bonhoeffer, Karl Rahner czy Hans Urs von Balthasar, gdyby tylko pochylili się nad nim z taką uwagą, z jaką badali inne teksty? Albo jaki byłby dziś świat, gdyby Marcin Luter potraktował obraz Wcielonego Słowa tak poważnie, jak traktował słowa Pisma Świętego? Świat wyglądałby zupełnie inaczej, to pewne. Dzieje Europy potoczyłaby się innym torem. Byłaby mniej zideologizowana, mniej rozmiłowana w słowie pisanym, mniej wyobcowana, bardziej ludzka, obrazowa, prostsza, bardziej oczywista. Przecież nie stawiamy na biurku listów, lecz zdjęcia – rodziców, dzieci, żony, męża, ukochanej osoby. Nieważne, jak piękne pisaliby do nas listy. Teraz możemy zrozumieć, w jakim kierunku poszła teologia, zapomniawszy o tym obrazie, „pierwszej stronie Ewangelii". Chrześcijaństwo przekształciło się w teologię bez twarzy, a ostatecznie – w teologię bez Boga. „Tak – powiedziałem wreszcie. – Jeśli uznajemy, że nie tylko pismo, ale i obraz należy rozumieć jako tekst, staje się jasne, że zniknięcie tego obrazu z naszego pola widzenia i refleksji miało fatalne skutki dla dziejów świata. Przecież od czasów Lutra reformacyjna dewiza *Sola Scriptura* stała się zawołaniem całego zachodniego chrześcijaństwa. «Tylko Pismo» ma jakiekolwiek znaczenie dla naszej wiary. Zniknięcie obrazu Chrystusa można porównać do złamania skrzydła, które wraz z tekstami Pisma Świętego miało nas wznieść ku poznaniu Prawdy. Od tej pory chrześcijaństwo jest jak dymiący samolot w korkociągu. Kiedy w dwukółce zablokuje się jedno koło, powóz będzie się kręcił. Czyż nie tego właśnie jesteśmy świadkami – nie od dziś przecież – w teologii i filozofii? Czy nasz powóz nie wkręca się – niczym korkociąg – coraz głębiej w ziemię?".

Ellen spojrzała na mnie, jakbym snując te metafory, sam wyleciał z zakrętu – razem z moim powozem z zablokowanym kołem. Tak czy inaczej, było jednak jasne, że nie mamy prawa taić faktu odkrycia obrazu z Manoppello – a już na pewno nie przed naszym sąsiadem, którego widywaliśmy czasem z okien naszego rzymskiego mieszkania – kardynałem Ratzingerem. Któż, jeśli nie on, powinien w pierwszym rzędzie zobaczyć to cudowne „Pismo"? Czyż nie jest największym uczonym naszych czasów? Przekonałem się o tym kilka miesięcy wcześniej, podczas dyskusji na temat Zmartwychwstania Chrystusa, której miałem szczęście się przysłuchiwać. „Zdaniem większości współczesnych naukowców religia należy do sfery subiektywnej: każdy może odczuwać i przeżywać to, co mu się podoba – mówił wówczas kardynał – podczas gdy świat materii, świat obiektywny, podlega innym prawom i nie ma w nim miejsca dla Boga". Taki Bóg nie byłby jednak prawdziwym Bogiem, lecz jedynie elementem świata naszych przeżyć psychicznych, formą pocieszenia, stwierdził prefekt Kongregacji Nauki Wiary i dodał, że musi tego rodzaju „nowoczesne" poglądy zdecydowanie odrzucić. Musi z całych sił i całą mocą swego urzędu przeciwstawić się tym błędnym zapatrywaniom: „Nie! Świat materii również jest światem Bożym. Jest to prawda tym bardziej centralna, że pozostaje w radykalnej opozycji wobec naszego wysublimowanego gnostycyzmu! – rzekł, po czym zilustrował swoją tezę przykładem z dziejów niemieckiej teologii: – Kiedy, wykładając w Berlinie, Adolf Harnack pojednawczym tonem powiedział do swego bardziej konserwatywnego dyskutanta Adolfa Schlattera, że w zasadzie mają te same poglądy, a dzieli ich jedynie drobna kwestia interpretacji cudów Jezusa, wówczas Schlatter zdecydowanie zaoponował: «Nie! Dzieli nas pytanie o Boga, ponieważ w sporze o cuda chodzi w istocie o to, czy Bóg jest prawdziwym Bogiem, czy też należy do sfery czysto subiektywnej»".

Jeszcze raz przeczytałem to płomienne wystąpienie. Była to żarliwa apologia chrześcijaństwa przed twierdzeniami „teologii śmierci Boga", przed poglądami współczesnych uczonych, głoszących „Boga, którego jedynymi rękami są ludzie". Jeśli jednak według Kościoła – którego nauki kardynał miał strzec – spór o cuda faktycznie oznaczał spór o Boga, to czy również w dyskusji o cudownym wizerunku z Manoppello nie chodziło ostatecznie o pytanie, czy Bóg jest Bogiem i czy rzeczywiście stał się człowiekiem, czego dowód zostawił w postaci przekraczającej wyobraźnię uczonych? Czy ten obraz – prawdziwy cud, którego możemy dotykać i który możemy kontemplować – nie stawia dziś na nowo pytania o Boga? Wiem, że wielu członków Kościoła, także kapłanów i biskupów, również w Rzymie i Watykanie, od dawna już nie wierzy w cuda. Nie od dziś słychać głosy, że cuda należy rozpatrywać na płaszczyźnie magicznej lub naukowo-technicznej. Cuda od dawna już nikogo do niczego nie zobowiązują ani nie zmuszają. Przede wszystkim nie zmuszają do wiary. Ponieważ jednak jestem dziennikarzem, zmuszają mnie, bym o nich pisał.

W czerwcu 2004 roku, trzy miesiące przedtem, zanim wysłałem list do papieża, zapisałem kolekcję najciekawszych zdjęć z Manoppello na płycie CD, aby je pokazać memu czcigodnemu sąsiadowi. Chciałem, by kardynał Ratzinger osobiście wyrobił sobie zdanie na temat obrazu. Zapytałem go — jako jednego z najbliższych współpracowników Jana Pawła II — czy nie lepiej by było, gdyby relikwię odkrył właśnie papież, a nie dziennikarz. Kardynał z uwagą oglądał zdjęcia. Jakże łagodnie patrzył z nich jego *Dominus Iesus*! Z pewnością nigdy jeszcze nie widział tak łagodnego spojrzenia „Króla Żydowskiego", któremu bez reszty poświęcił całe swe życie. Podobnie jak kardynał Meisner, również prefekt Kongregacji Nauki Wiary przeczytał w „Die Welt" mój artykuł poświęcony *Volto Santo* z Abruzji. Któż lepiej od niego mógłby docenić wagę odkrycia morskiego jedwabiu? Tego, że ów „list", który przywędrował do Manoppello z pustego grobu w Jerozolimie, został „napisany" na materiale, na którym nie da się pisać ani malować! Kilka dni później, kiedy w pogodne popołudnie wynosiłem śmieci do kontenera, spotkałem kardynała na *Via del Mascherino*. „Panie Badde" – powitał mnie z daleka swoim śpiewnym, wysokim głosem. Uśmiechnął się do mnie z zakłopotaniem i uścisnął moją dłoń, w której wciąż trzymałem torbę ze śmieciami. Przy całej radości ze spotkania czułem się nieco zażenowany. Kardynał chciał mi tylko jeszcze raz podziękować za przesłany mu tekst. W odpowiedzi wyjąkałem kilka słów, zaczerwieniłem się, a po powrocie do domu napisałem do niego następny list.

Podarowany mi przez Chiarę Vigo mały kłębek surowego, niegręplowanego bisioru przechowywałem niczym skarb w stojącej na biurku małej szkatułce: złoto morza, jedwab miększy od kaszmiru, delikatniejszy od anielskiego włosia, „święta tkanina", której wytwarzania Chiara nauczyła się od swej matki i babki. Teraz wyjąłem swój skarb z pudełka, po raz ostatni obejrzałem cudownie mieniące się w świetle słońca miedzianorude włókna i włożyłem kłębek do koperty, dołączając nieśmiałą prośbę o przekazanie go Ojcu Świętemu. Chciałem, by morski jedwab stał się pocieszeniem w jego ciężkiej chorobie, a zarazem ostatnią zachętą do zobaczenia obrazu. „Czy Eminencja nie mógłby pokazać Jego Świątobliwości, który przez całe swe życie poszukiwał Prawdziwego Oblicza Boga, tych świętych włókien z wielkanocnej szaty «Oblubienicy Baranka»?".

Nie wiem, czy moje życzenie się spełniło. Tak czy inaczej, zanim kardynałowie udali się na konklawe, kardynał-dziekan mówił w homilii, że Chrystus „objawił nam swoje Oblicze". Spojrzałem wtedy na umieszczoną wysoko nad głową kaznodziei ogromną, wyrzeźbioną w 1646 roku przez Francesca Mochiego postać anioła z obrazem Chrystusa. Nie wiem, czy kardynał--dziekan przekazał Janowi Pawłowi II mój ostatni podarunek, jednak kiedy 19 kwietnia kardynał Ratzinger przemienił się w papieża Benedykta XVI, mój maleńki kłębek morskiego jedwabiu – ostatnie włókna Złotego Runa – dotarł do rąk samego Ojca Świętego. Ręce kardynała Josepha Ratzingera w cudowny sposób przemieniły się w ręce Benedykta XVI.

Bezbronne Oblicze

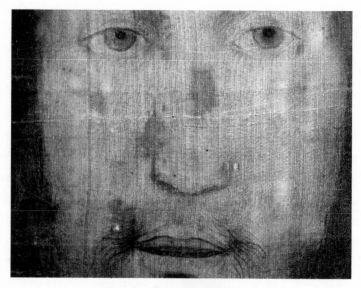

Fragment Całunu z Manoppello

Odkrycie Oblicza Boga pod delikatnym całunem
z morskiego jedwabiu – usta, które mówią wszystkimi
językami świata.

Tego samego lutowego dnia, kiedy zmierzałem *Via della Conciliazione* na wykład ojca Pfeiffera poświęcony „Świętemu Obliczu", podpisałem umowę z pewnym zuryskim wydawnictwem na nową edycję książki towarzyszącej mi już od dziesięciu lat w podróżach po całym świecie. Był to literacki zapis modlitwy Żyda, który za kilka godzin miał zginąć w płonących ruinach warszawskiego getta. Dziełko wyszło spod pióra litewskiego Żyda, Zviego Kolitza, w 1946 roku. Napisanie go zajęło autorowi trzy noce. „Bóg ukrył swoje Oblicze" – brzmi przesłanie tej książki. Trudno inaczej wytłumaczyć otchłań cierpienia i potworności, w którą ludzkość zepchnęła naród żydowski, a wraz z nim – samą siebie. Rozdzierający okrzyk gniewu, a zarazem błagania o pocieszenie kończy się jeszcze bardziej przejmującym, proroczym hymnem.

To zakończenie powstało jako pierwsze – zdradził mi Zvi Kolitz podczas naszego pierwszego spotkania w Nowym Jorku, w styczniu 1993 roku. To ono było punktem wyjścia, z którego rozwinęła się cała opowieść. Brzmi ono w sposób następujący: „Boże Izraela, przybyłem tu, by Ci służyć: aby wypełniać Twoje przykazania i wychwalać Twe Imię. Ty jednak czynisz wszystko, bym utracił wiarę. Jeśli jednak myślisz, że Ci się uda i ucisk ten zawróci mnie z właściwej drogi, poprzysięgam Ci Boże mój i Boże moich ojców: na nic się zda Twoje staranie. Zawsze będę Cię miłował, zawsze, Ciebie jedynego, na przekór Tobie! Umieram, tak jak żyłem: niezachwianie wierząc w Ciebie. Na wieki niech będzie pochwalony Bóg umarłych, Bóg pomsty, Bóg Prawdy i Prawa, który już niebawem odsłoni swe Oblicze przed światem i potężnym swym głosem wstrząśnie jego posadami! «Słuchaj, Izraelu! Pan jest naszym Bogiem, Pan jest jedyny. – W Twoje ręce, o Panie, powierzam ducha mojego»".

To samo doświadczenie stało się moim udziałem. Ja również najpierw usłyszałem zakończenie tej książki – ostatnie jej słowo. Stało się to na jesieni 1999 roku, kiedy u boku naszej córki, Marii Magdaleny, pierwszy raz stanąłem przed obrazem z Manoppello, nie wiedząc jeszcze, co czeka mnie w ciągu najbliższych kilku lat, a z pewnością nie mając pojęcia, że napiszę tę książkę. Mijają trzy lata od śmierci Zviego Kolitza, lecz wciąż słyszę jego głos. Szczególnie, kiedy czytam słowa z jego wielkiego tekstu – prawdziwego „dzieła stulecia" – o tym, że „Bóg niebawem odsłoni swe Oblicze przed światem". Tego wieczora, podpisawszy umowę na wznowienie jego dzieła, moje myśli spontanicznie wróciły do tych proroczych słów. Ojciec Pfeiffer wyświetlał na ekranie niezwykłe zdjęcia Całunu z Manoppello, a moje myśli mieszały się z trzaskiem rzutnika i szumem klimatyzacji. Czy naprawdę – myślałem – muszę pisać tę całą książkę, skoro Bóg już dwa tysiące lat temu objawił chrześcijanom swoje Oblicze?

Już wcześniej wielokrotnie przebiegała mi przez głowę myśl, którą zapewne podziela wielu katolików, zwłaszcza teologów: *Credo* nie wolno traktować zbyt literalnie. Tego wieczora, kiedy patrzyłem na obrazy na ścianie, takie literalne podejście wydawało mi się wręcz niemożliwe. Boże mój, myślałem, przecież nie jestem pisarzem, mam tu w Rzymie do wykonania inną pracę; brakuje mi też sił na pisanie kolejnej książki: latem zostanę dziadkiem. Mój ojciec umarł, mając cztery lata mniej, niż ja mam teraz. Powinienem raczej zadbać o swoje zdrowie. Zamiast wciąż ślęczeć przed ekranem komputera, powinienem chodzić na basen, albo w jakiś inny sposób starać się rozruszać stare kości. Chciałem wreszcie wyjechać gdzieś na urlop, jak inni koledzy – spacerować, pływać, zwiedzić Sycylię lub Grecję... Albo po prostu zacząć regularnie spacerować nad brzegami Tybru. A jednak – myślałem dalej – muszę jeszcze raz, choćby ze względu na mojego przyjaciela Zviego Kolitza, opisać, jak Bóg odsłania swoje Oblicze. Muszę! Choćby z samej wdzięczności wobec niego. Mimo że byłem pewien, iż Zvi widzi już to Oblicze tak, jak nigdy nie ujrzymy go na ziemi.

W czasie, kiedy odkryłem zaginione dzieło Zviego Kolitza i przygotowywałem je do druku, umarł mój najmłodszy brat Klaus. Teraz, przed trzema miesiącami, zmarł najstarszy – Karl Joseph. Ledwie poznałem siostrę Blandinę, zmarł kolejny z moich braci, Wolfgang; ostatni raz zadzwonił do mnie, gdy byłem w Manoppello. Czułem, że mój czas dobiega końca. Otaczało mnie coraz więcej cieni moich zmarłych. Czułem, że muszę jak najszybciej spisać wszystko, czego się z tej historii dowiedziałem: że po śmierci jest nowe życie w Niebiańskim Królestwie miłosiernego Sędziego, który ukazał nam swoje łagodne Oblicze. Może tak jak Zvi Kolitz powinienem sobie wyobrazić – nawet jeśli sam tej chwili nie doczekam – że kiedy świat nie będzie już potrafił znaleźć drogi wyjścia z udręki, w którą sam siebie wpędza, pośród ogarniającej go ciemności i głębokiej trwogi papież przybędzie do Manoppello i wyjąwszy obraz Chrystusa z relikwiarza, poniesie go do Turynu, gdzie na wzór Marii Magdaleny położy płótno na obliczu Zabitego. Że będzie nowym Leonem Wielkim, który w czasie wędrówki ludów wyszedł z wizerunkiem Chrystusa w dłoniach naprzeciw stojących u bram Rzymu Hunów, skłaniając ich tym gestem do nawrócenia. Że dwa obrazy, których nie namalowała ludzka ręka, spotkają się raz jeszcze – pierwszy raz od czasu, gdy Jan ujrzał w grobie „płótna oraz chustę (...) leżącą nie razem z płótnami, ale oddzielnie zwiniętą na jednym miejscu". Ale czy wówczas znajdzie się jeszcze na ziemi ktoś, kto uwierzy, że Bóg odsłonił przed ludźmi swoje Oblicze? Że Stwórca nieba i ziemi stał się człowiekiem? Że ukrzyżowany przez ludzi powstał z martwych? Czy nie zatrzęsą się wtedy posady ziemi, których drżenie mój brat Zvi poczuł już w 1946 roku? A może zatrzęsą się wcześniej, kiedy wokół Świętego Miasta Jeruzalem rozpęta się ostatnia, straszliwa wojna? Znów usłyszałem łacińskie słowa psalmu: *A facie Domini contremisce terra*! – „Przed obliczem Pana zadrży ziemia!". Czy to właśnie o tym trzęsieniu ziemi mówił ojciec Pfeiffer?

Może jednak byłem zbyt przejęty doniosłością odkrycia? Może moje przewidywania nigdy się nie spełnią, bo przecież to wszystko już się wydarzyło. On już tu jest. Zaginione Oblicze nigdy nie zaginęło. Nie ma na ziemi obrazu, który mógłby się równać z tym utkanym z pereł Całunem, z obrazem Wcielonego Słowa. Jest on obok Całunu Turyńskiego najstarszym, starszym nawet niż Ewangelie, a przede wszystkim absolutnie bezbłędnym słowem Boga, zapisanym na tkaninie delikatniejszej od najdelikatniejszego papirusu. Droższym od najdroższego pergaminu. Nie ma innego obrazu, który tak dokładnie odpowiadałby przekazowi starożytnych źródeł, od dwóch tysięcy lat wspominających o tajemniczym, „nie namalowanym ludzką ręką", prawdziwym wizerunku Chrystusa. Jakże jest on mały – i jak rzadko „czytany"! Jakże delikatny i zależny od ludzkiej woli – zupełnie bezbronny za kruchą szybą relikwiarza. Nie skrywany w stalowym sejfie, jak Całun z Turynu albo z Genui, lecz wystawiony na widok publiczny. Czymże jest ów relikwiarz w porównaniu z potężnym skarbcem we wnętrzu filaru Weroniki w Rzymie? Strzegą go jedynie trzej nieustraszeni kapucyni – ojciec Carmine, ojciec Emilio i ojciec Lino – wspierani przez Oswalda, zakrystiana w trampkach z piszczącymi podeszwami, i przez Archanioła Michała.

„Prawdziwa Weronika, prawdziwy Całun, jest jak Hostia – powiedział ojciec Ignazio, który darzył ten wizerunek żarliwą miłości. – Prawdziwe Oblicze Boga odnajdziesz tylko w obliczu drugiego człowieka". Dziś na betonowej pokrywie grobu zakonnika, na cmentarzu obok konwentu, migocze płomyk znicza, obok wazonu z dawno przekwitłymi alpejskimi fiołkami. Okrągła, śnieżnobiała Hostia z cieniutieńkiego opłatka jest „najwspanialszym obrazem Boga, jaki człowiek mógł odkryć" – powiedział kiedyś ojciec Pfeiffer. Hostia jest „chlebowym całunem", za którym ukrywa się sam Bóg, jak stwierdził w średniowieczu

Tomasz z Akwinu, zwany przez współczesnych i potomnych „doktorem anielskim".

Tę samą Hostię adorujemy co piątek w naszym rzymskim kościele *Sant'Anna* – odkąd Jan Paweł II zrealizował ostatnie wielkie dzieło swego pontyfikatu, ogłaszając obchody Roku Eucharystii. Siadamy w ławce i kontemplujemy biały, lśniący kawałek chleba: na ołtarzu stoi wielka, zabytkowa monstrancja, po prawej i po lewej stronie zapalone lampy oliwne. W powietrzu unosi się zapach kadzidła. Niewiele osób przychodzi do tego parafialnego kościoła Watykanu, by po adoracji przyjąć udzielane przez kapłana błogosławieństwo Najświętszym Sakramentem. Czasem w świątyni jest zaledwie garstka kobiet i mężczyzn. Od dwóch tygodni zakrystian oprócz zwykłych bukietów ustawia przed monstrancją dodatkową kompozycję z kłosów zbóż. „Spójrz! *Manipulus*, snop zboża! – szepcze Ellen, trącając mnie łokciem. – Musisz o tym napisać w książce!". Z kieszeni koszuli wyjmuję notatnik i długopis. Rzeczywiście, przygotowana przez zakrystiana ozdoba, która miała wskazywać na pochodzenie świętego Chleba, bardzo przypomina snop zboża umieszczony w godle abruzyjskiego miasteczka.

Jeszcze raz opieram czoło o szybę relikwiarza w Manoppello. Nie próbuję już patrzeć w te oczy. Już nie szukam odpowiedzi. Teraz to On patrzy na mnie. Ustaje wreszcie kołowrót myśli w mojej głowie. To On patrzy na nas, nie my na Niego. Słyszę piknięcie mojej komórki; znów zapomniałem ją wyłączyć. Blandina przysyła SMS-a: „Piękniejsze od wina są Twoje oczy, bielsze od mleka Twe zęby! – Kiedy przesuwam kolejne wersy wiadomości, mam wrażenie, jakbym słyszał jej dźwięczny śmiech: – Tymi słowami patriarcha Jakub z *Księgi Rodzaju* błogosławił swego syna Judę i jego potomstwo. To dlatego na obrazie widać zęby Jezusa! Muszą być widoczne, byśmy wiedzieli, że słowa Pisma są nieomylne. Do kogóż miałyby się odnosić, jeśli nie do Niego, potomka Judy?". Wyłączam telefon i spoglądam w górę, ku Temu, który wciąż patrzy na nas. Patrzę na zęby. Trudno powiedzieć, żeby były bielsze od mleka, ale to bardzo piękna metafora. Źrenice są ciemne jak wino – to się zgadza. Nos, czoło, mały kosmyk włosów. „Wszystko przemija – poza obliczem Boga" – głosi dwudziesta ósma sura Koranu z Mekki. „Tylko bezbronne oblicze – powiedział kiedyś w Paryżu żydowski filozof Emmanuel Lévinas – potrafi rozbroić drugiego człowieka". Moim oczom ukazuje się żywe Oblicze Boga żyjących, bezbronne, widzialne i niewidzialne zarazem. Pan świata widzialnego i niewidzialnego. „Twoje oblicze jest naszą ojczyzną!" – napisała pod koniec XIX wieku święta Teresa z Lisieux, mała wielka święta, która przecież nigdy nie widziała Całunu. „To Pan" – powiedział Jan do Piotra w łodzi, kiedy ujrzał twarz klęczącego na brzegu przy rozżarzonych węglach człowieka, otuloną wstydliwie welonem porannej mgły. „Pan mój i Bóg mój!" – zawołał Tomasz, kiedy dziesięć dni po ukrzyżowaniu ujrzał przed sobą Jezusa – nie jako ducha, lecz żywe ciało z wciąż otwartą raną po włóczni. Ale rana już nie krwawiła. Większość świadków w pierwszej chwili nie rozpoznawała Zmartwychwstałego. Jego postać była ulotna jak Całun z morskiego jedwabiu.

Nie wiem, czy Całun z Manoppello leżał w grobie wraz z Całunami z Turynu i Oviedo oraz „czepkiem" z Cahors.

Wystarczy mi, że jest to całkiem prawdopodobne. Wierzę w to, choć nie mogę być tego pewny. Nikt nie może być pewny. Nawet siostra Blandina Paschalis: siostra od „Świętego Oblicza", która złożyła śluby milczenia, jednak tego, co odkryje, nie potrafi zatrzymać dla siebie. Nawet ojciec Pfeiffer, który jest przecież przekonany, że „odkrycie tego obrazu wywołałoby rewolucję". To całkiem możliwe. Ale droga, jaką ten wizerunek przebył na przestrzeni wieków, zanim trafił do Manoppello, pozostanie zagadką. Nie da się już rozstrzygnąć, czy zrabowano go z Rzymu w roku 1608, czy też może 1527, podczas *Sacco di Roma*. Wiele pytań na zawsze pozostanie bez odpowiedzi. Nikt nie wie, kiedy i jak obraz trafił do Abruzji – choć w 2006 roku mają się odbyć uroczyste obchody pięćsetlecia obecności *Volto Santo* w Manoppello. Mam nadzieję, że będzie to rok, kiedy obraz na nowo wkroczy w historię świata. Sprzeczności, na które dziś napotykamy, pewnego dnia zostaną wyjaśnione. Trzeba będzie od nowa postawić tysiące pytań. Jednak w morzu wątpliwości istnieje jedna prawda niezaprzeczalna: obecność tego niezwykłego obrazu.

Nie ma najmniejszych wątpliwości, że jest to najcenniejszy kawałek płótna na świecie. Prawdziwy obraz nie kryje się w mądrych księgach czy uczonym procesie dowodzenia, lecz na tej oto tkaninie. Żadna księga nie jest w stanie oddać zawartej w nim pełni. Dlatego w zamęcie dyskusji wokół tego niezwykłego wizerunku decydujący głos nie należy do mistyków, wizjonerów, profesorów, legend czy łacińskich i greckich źródeł, ale do Człowieka, którego Oblicze widnieje na tym obrazie. On oddycha, tchnie na nas, na każdego z osobna. Na tym polega potężna siła wypowiedzi tego dokumentu. Ten głos i to spojrzenie przekonują, że obraz mógł powstać tylko w jednym jedynym momencie życia Jezusa. Nie wtedy, gdy umywszy twarz, wytarł ją w ręcznik podany przez wysłannika króla Abgara. Nie podczas biczowania, ani Przemienienia na górze Tabor. Nie podczas modlitwy w ogrodzie Getsemani, gdy krwawy pot wystąpił na Jego czoło. I nie podczas wspinaczki na górę Kalwarię, gdy – być może – jakaś kobieta otarła Mu twarz z potu, krwi i plwocin oprawców. Na tym Obliczu widnieje tysiąc ran, lecz wszystkie zdążyły się już zagoić. To nie jest już „głowa pokryta krwią i ranami". Rany się zasklepiły. Złamany nos zdążył się wyprostować. Znikła nawet straszliwa rana pod okiem, widoczna na Całunie Turyńskim. To twarz Uzdrowionego. Znikły krew i łzy. Jest to relikwia Zmartwychwstania! Niczym pozdrowienie z drugiej strony życia: z Królestwa Zbawionych.

Wszystkie dawne imiona tej relikwii wiodły zatem na manowce. Nie jest to Weronika, w każdym razie nie tylko; nie jest to Mandylion, w każdym razie – nie tylko; nie „Obraz Abgara", jak głosi legenda; nie jest to też *Sudarium* czy Całun; to nie jest Obraz z Edessy, ani Kamuliana, o których mówią legendy. Możliwe, że wizerunek znajdował się przez jakiś czas w Memfis w Egipcie, gdzie starożytny pielgrzym z Piacenzy widział podobną tkaninę. Jednak wszystkie te imiona i legendy były jedynie próbami wyjaśnienia, zrozumienia tajemnicy tego niezwykłego świadectwa. Całun z morskiego jedwabiu nie jest obrazem. Jest drogocenną perłą z dna morza. Ale nawet gdyby był to kawałek zwykłego lnianego płótna, szorstki jak worek na kartofle, a nie delikatny jak skrzydła motyla – zawsze byłby Słowem, które lśni jak słońce. Słowem, które nie pozwoli, by je źle zrozumiano. Które kryje się za wszystkimi pojęciami i zaciętymi sporami. Oto cień Mesjasza, Świętego Izraela. Całun z morskiego jedwabiu jest dziełem Świętego Ducha. Przemawia do każdego w jego ojczystym języku. To Duch Święty sprawia, że Syn Człowieczy staje się widzialny jako Wcielony Syn Ojca. Jego oczy są cząstką wieczności. Oto podnosi powieki. Oto otwiera usta, by wypowiedzieć pierwsze słowo. Mówi w swoim ojczystym języku: „*Abba*! Ojcze!".

Postscriptum:
„Boska Komedia"

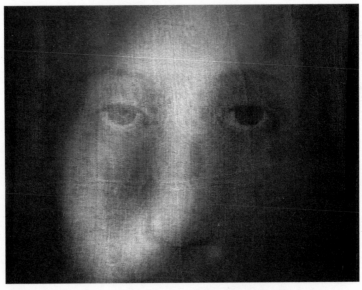

Sensacyjne odkrycie zaginionej relikwii?

Przed wybuchem wojny o karykatury: papież,
Raj i przeniknięta Światłością „Miłość,
co wprawia w ruch słońce i gwiazdy".

Ponad górami mieni się wielobarwny łuk tęczy. W grudniowym świetle pędzę autostradą Rzym–Pescara w kierunku tunelu, który po piętnastu minutach opuszczam po wschodniej stronie pasma Apeninów. Tęcza wciąż jaśnieje na niebie. Igrając z kłębowiskiem chmur, rozszczepia się, tworząc podwójny łuk. Rozpościera się dokładnie ponad kościołem „Świętego Oblicza" w Manoppello, który mijam, zmierzając krętą drogą w góry.

Zanim odwiedzimy kościółek, chcę pokazać Wolfgangowi morze. „Widzisz?" – mówię, wskazując połyskujące na wschodzie fale. Jest cichy zimowy poranek. Podróż z wybrzeża Morza Tyrreńskiego do Adriatyckiego trwała niecałe dwie godziny. Dla Wolfganga Büschera, który cztery lata wcześniej przebył szlak z Berlina do Moskwy, a rok temu pieszo, pociągiem i autobusem przemierzył całe Niemcy, te dwie godziny były jak mgnienie oka. Od czasu, kiedy go poznałem, stał się prawdziwym poetą wśród dziennikarzy. Dla mnie jednak wciąż pozostał przede wszystkim przyjacielem. Jest nowoczesnym *homo viator*, pielgrzymem, który poszukuje skarbów, tajemnic, Boga i samego siebie, a o swych odkryciach potrafi opowiadać ciekawiej od samego Bruce'a Chatwina[14]. Jeszcze kilka lat temu pisaliśmy dla tej samej gazety – on w Berlinie, ja w Jerozolimie i Rzymie. Zawsze chciał mnie odwiedzić, ale wciąż coś stawało mu na przeszkodzie. Teraz przyjechał na polecenie swojego nowego szefa. Tego, co miał za chwilę ujrzeć, nie widział ani w Kijowie, ani w Moskwie, ani nawet w Himalajach. Pokażę mu najstarszą ikonę Chrystusa. Wizerunek Mesjasza odbity na delikatnej tkaninie z morskiego jedwabiu, lśniącej jak pajęczyna w porannej rosie. Mówiłem mu o nim już dwa lata temu.

„Słuchaj! – ekscytowałem się przez telefon. – Odkryłem niesamowitą historię. Może dałoby się ją opublikować w wielkanocnym wydaniu? W skrócie sprawa wygląda tak: Po pierwsze – istnieje prawdziwy wizerunek Boga. Po drugie – przez długi czas był on w posiadaniu Watykanu. Po trzecie – mniej więcej czterysta lat temu obraz został skradziony. Po czwarte – tylko nie spadnij z krzesła – znalazłem ten obraz. Zrobiłem parę fotografii. Jesteś tam jeszcze?".

Cisza. „Poczekaj – powiedział w końcu. – Muszę zamknąć drzwi". Usłyszałem kroki, trzask zamykanych drzwi i wreszcie jego głos. „Wiesz co, Paul? Muszę cię chyba chronić przed tobą samym". Następnego dnia rano miało się odbyć kolegium redakcyjne i doskonale rozumiałem opór mojego przyjaciela, który nie miał ochoty przedstawiać mojej niezwykłej propozycji. Ale nie mogłem dać za wygraną. Przecież w tej historii leżał klucz do odpowiedzi, dlaczego chrześcijanom, w odróżnieniu od muzułmanów i Żydów, wolno wykony-

---

[14] Bruce Chatwin (1940-1989), brytyjski pisarz, dziennikarz i podróżnik, autor powieści i relacji z podróży (m.in. do Patagonii i Australii).

wać obrazy Boga. Tylko chrześcijanie są w posiadaniu prawdziwego wizerunku Boga. Tylko dla nich „Słowo stało się ciałem". Dlatego chrześcijaństwo w Etiopii mogło aż do IX wieku rozwijać się, nie dysponując Pismem Świętym, a jedynie opierając się na ikonach i obrazach! Wiedziałem, że prędzej czy później moja godzina wybije.

Historia jest naprawdę zdumiewająca. Oto w zapomnianym zakątku Abruzji, w klasztorze kapucynów położonym na pagórku za miasteczkiem Manoppello, od czterystu lat przechowywane jest zagadkowe płótno, cieńsze od najdelikatniejszego nylonu. Nie jest to ani len, ani jedwab. Ale jeszcze bardziej tajemniczy od tkaniny jest utrwalony na niej wizerunek Chrystusa, niepodobny do żadnego innego, a może raczej: do którego podobne są niemal wszystkie pozostałe obrazy Jezusa – jak synowie do matki; chociaż żaden z nich nie osiąga doskonałości i pełni oryginału. Chrystus z Manoppello ma wąski nos i półotwarte usta. I oczy, których wyrazu nie można zapomnieć. Cienie są tak subtelne, że subtelniejszych nie potrafiłby wyczarować nawet Leonardo da Vinci. Obraz przypomina fotografię, choć tęczówka prawego oka przesunięta jest nieco w górę, co przecież na zdjęciu byłoby niemożliwe. Obraz nie może też być hologramem, mimo że sprawia takie wrażenie, gdy z tyłu pada nań delikatne światło słońca. Czterechsetletni hologram w Abruzji? To przypuszczenie byłoby jeszcze bardziej absurdalne od uznania tajemniczego płótna za nylon.

Tkaninę przecinają cztery wyraźne zagięcia, tak jakby płótno było przez długi czas złożone: raz wzdłuż i dwa razy wszerz. Wizerunek mieni się niczym tęcza. Kolor

Volto Santo – jak Włosi nazywają „Święte Oblicze" – oscyluje pomiędzy brązem, czerwienią i złotem. Obraz sprawia wrażenie, jakby go namalowano światłem (gr. *photos*); nawet pod mikroskopem nie widać na płótnie śladów farby. Oglądana pod światło, tkanina staje się przezroczysta jak szkło; znikają nawet ślady zagięć.

Coś takiego można zaobserwować tylko na morskim jedwabiu, najdroższej tkaninie starożytnego świata. Już to wystarczy, by uznać obraz za wielką sensację, ponieważ najstarsze zachowane do naszych czasów fragmenty tego drogocennego płótna pochodzą z IV wieku po Chrystusie. Są one jednak o wiele mniejsze i w dużo gorszym stanie. Tak duży kawałek tkaniny – i to z zachowanym na nim wizerunkiem – to absolutny unikat. Na morskim jedwabiu nie da się malować. Jest to technicznie niemożliwe. Różnicę pomiędzy Całunem a zwykłym jedwabiem dostrzeże nawet laik, tym łatwiej że w prawym i lewym górnym rogu brakuje kawałków oryginalnej tkaniny, które uzupełniono kawałkami najdelikatniejszego jedwabiu. Płótna różnią się jak dzień i noc. Podczas gdy Całun – oglądany pod światło – staje się przejrzysty, łatki pozostają szare.

Obraz w zagadkowy sposób łączy więc w sobie niemożliwe do pogodzenia cechy fotografii, hologramu, malowidła i rysunku. Wszystko, co wiąże się z „Boskim Obliczem", okrywa nimb tajemnicy. Pewne jest jedynie to, że relikwia od wieków otaczana jest wielką czcią, porównywalną z czcią wobec jednego tylko eksponatu z wielkiej galerii obrazów ostatniego tysiąclecia: Chustą Weroniki, która aż do początków epoki nowożytnej inspirowała niezliczone rzesze malarzy.

Volto Santo z Manoppello musi być tym właśnie Welonem Weroniki. Zbyt wiele ma on cech wspólnych z Chustą, przedstawianą na całym szeregu średniowiecznych obrazów. W Rzymie, w grotach pod Bazyliką Świętego Piotra, w dwóch małych kaplicach znajduje się pięć fresków, na których utrwalono owo stare *cyborium*, wzniesione w 705 roku na polecenie papieża Jana VII dla „Najświętszego Całunu". Otoczony kolumnami ołtarz był najważniejszym obok grobu Piotra relikwiarzem w pochodzącej z IV wieku starej, konstantyńskiej bazylice. Budowa nowej świątyni – a wraz z nią nowego skarbca dla „najcenniejszej relikwii chrześcijaństwa" – rozpoczęła się w 1506 roku. Pierwsza z potężnych kolumn podtrzymujących kopułę bazyliki była pomyślana jako skarbiec dla delikatnego płótna z wizerunkiem Chrystusa. Miało ono zostać umieszczone w skarbcu po zburzeniu starego relikwiarza, co nastąpiło w 1608 roku. To stąd właśnie płótno zniknęło na początku XVII wieku. Jednak Chusta wciąż jest obecna w Rzymie na niezliczonych kopiach, od obrazu w zakrystii Panteonu począwszy, na trzech freskach w Bazylice *San Silvestro* skończywszy. Tylko oryginał jest ukryty przed oczami wiernych.

Fakt ów do tego stopnia utrudnił poszukiwanie „Prawdziwego Obrazu Chrystusa", że w ostatnich dziesięcioleciach mało kto zdobywał się na ten wysiłek. O wiele łatwiej było analizować teksty starych ksiąg, bo opierając się na nich, można prześledzić dzieje obrazu do czasu, kiedy pojawił się w Rzymie. Tego rodzaju badania nie wymagały długich poszukiwań – choć z drugiej strony często kończyły się one dość niejasnymi wynikami. Dokumenty wspominają o tajemniczym wizerunku Chrystusa przechowywanym w Edessie, gdzie miał przeczekać niespokojne czasy zamurowany w jednej z bram miejskich. Później obraz z pewnością pojawił się w Konstantynopolu. Do dziś można podziwiać mozaikę Chrystusa na kopule kościoła *Hagia Sophia*, do złudzenia przypominającą „Boskie Oblicze" z Manoppello. Na początku VI wieku zaistniał na Wschodzie cały szereg świadectw na temat obrazu Chrystusa „z czterema zagięciami", tak zwanego „Obrazu Abgara" lub „Mandylionu". Istnieje zresztą więcej tego rodzaju zagadkowych „imion". Na przestrzeni wieków obraz, niczym łupiny cebuli, okryły niezliczone nazwy i legendy. Kiedy usuniemy zbędne warstwy, dotrzemy do centrum – greckiego słowa *acheiropoietos*. Tak zapewne brzmi najstarsza nazwa obrazu z Manoppello, a zarazem aluzja do niezwykłego pochodzenia Całunu.

Siedemnaście wieków temu ludzie musieli patrzeć na ten obraz z taką samą bezradnością, z jaką teraz my patrzymy. Jeśli my nie potrafimy go pojąć, tym bardziej nie byli w stanie go pojąć nasi ojcowie. „Co to jest?" – musieli pytać. Wygląda na to, że ostatecznie przestali rozważać tę kwestię, zastępując ją klasycznym pytaniem inspektorów *Scotland Yardu*: *Who dunnit?* – „Czyje to dzieło?". „Nie wiemy – odpowiedzieli. – Może sam Bóg albo anioł namalował ten obraz? Wiemy tylko, że człowiek, przy całym swoim artystycznym kunszcie, nie byłby w stanie tego dokonać. Tego obrazu «nie namalowała ludzka ręka» – po grecku: *acheiropoietos*". Do dziś nie pojawiło się określenie, które precyzyjniej odpowiadałoby na tę prastarą zagadkę.

Na tym jednak nie kończy się nasza odyseja w poszukiwaniu początków tajemniczego Całunu z morskiego jedwabiu. Pozostaje pytanie: skąd pochodzi ten obraz? Z Nieba? Oblicze z portretu w najmniejszym stopniu nie przypomina „typowego Marsjanina". Przeciwnie, tajemnicza twarz – niczym odbicie w lustrze – jest obca i znajoma zarazem. Jaśnieje niczym punkt odniesienia dla obu płci: mężczyzny i kobiety. Najbardziej jednak przypomina oblicze Człowieka, którego owinięto w Całun z Turynu. Całun z morskiego jedwabiu jest równie majestatyczny i tajemniczy jak zagadkowe płótno z Turynu, drugi, dużo większy wizerunek, który od niepamiętnych czasów określano jako *acheiropoietos*. Podobieństwo jest wręcz uderzające.

Wśród wszystkich rodzajów tkanin trudno znaleźć dwie bardziej do siebie niepodobne: z jednej strony len, z drugiej morski jedwab. Różnią się one grubością, strukturą, gęstością i rodzajem ściegu. Mają też różną rozciągliwość. Niedokładność pomiaru jest niemal wpleciona w tę organiczną tkaninę. Ktoś, kto próbowałby dokładnie zmierzyć te dwa płótna, natychmiast spostrzegłby, że nie da się na nich przeprowadzić matematycznego dowodu.

Tym bardziej jednak zdumiewa zgodność tych dwóch wizerunków. Wszystkie wykonane dotąd pomiary i porównania każą stwierdzić, że na obu Całunach znajduje się odbicie tego samego Człowieka. Przy wszystkich istniejących między nimi różnicach, płótna odwzorowują tę samą twarz. Tylko one są oryginalnymi portretami – wszystkie pozostałe obrazy to kopie.

To dla nich Wolfgang Büscher odbył podróż z Berlina do Rzymu. Dwa miesiące wcześniej ukazała się książka, w której zebrałem wszystkie poszlaki i przeprowadziłem proces dowodowy, a teraz powinienem otworzyć go na nowo. Pierwszy egzemplarz *Całunu z morskiego jedwabiu* wysłałem Benedyktowi XVI. Któż bardziej od niego mógłby się zainteresować tą sprawą? Już pontyfikat jego poprzednika przebiegał pod hasłem „oczyszczenia pamięci" Kościoła. Czyż więc również nowy papież nie powinien się zainteresować sprawą obrazów z Watykanu i Manoppello? Całun z Turynu zna dobrze. „To tajemnica – powiedział w jednym z wywiadów – która wciąż jeszcze nie znalazła przekonującego wyjaśnienia, choć wiele przemawia za autentycznością relikwii". Jeśli wizerunek na Całunie z Manoppello jest prawdziwy, należy przyjąć, że powstał w noc Paschy, w jerozolimskim grobie Jezusa, jako pierwsze świadectwo Jego Zmartwychwstania. Joseph Ratzinger przyszedł na świat 16 kwietnia 1927 roku, w Wielką Sobotę, i jeszcze tego samego dnia został ochrzczony. Przez całe życie towarzyszyła mu świadomość tego niezwykłego, osobistego związku ze świętami Wielkiej Nocy. Czy zatem nie powinien wzbudzić jego zainteresowania fakt, że oto odnaleziono „obydwa" płótna z grobu Chrystusa, o których Ewangelista Jan wspomina w swojej lakonicznej relacji wielkanocnej?

W VI wieku, podczas zwycięskich wojen z Persami, wodzowie bizantyjscy używali tego „drugiego" Całunu jako sztandaru. Tak jak starożytni Izraelici, którzy zabierali na kampanie filistyńskie Arkę Przymierza, „najświętszy ze świętych" relikwiarz z Tablicami Przymierza, otrzymanymi przez Mojżesza na Synaju. Również Arka Przymierza zaginęła i w przedziwny sposób została odnaleziona, by następnie znowu zniknąć, tym razem już na dobre. Czy odnalezienie prawdziwego wizerunku Chrystusa nie napełniłoby chrześcijan taką radością, jak Żydów odnalezienie Arki Przymierza? Prawdziwe Oblicze Chrystusa! Oczy, które spoglądały z krzyża na zbolałą Matkę, wargi, którym zawdzięczamy „Kazanie na górze": „Błogosławieni ubodzy! Błogosławieni, którzy się smucą! Błogosławieni cisi! Błogosławieni, którzy łakną i pragną sprawiedliwości! Błogosławieni miłosierni! Błogosławieni czystego serca! Błogosławieni, którzy wprowadzają pokój! Błogosławieni, którzy cierpią prześladowanie dla sprawiedliwości!". Te słowa są najpiękniejszym objawieniem Bożego Oblicza.

Przed laty kardynał Ratzinger dowodził, że właśnie w konfrontacji z „Obliczem Boga" zrodziło się pojęcie „osoby" – w takim rozumieniu, w jakim funkcjonuje ono w dzisiejszym świecie Zachodu. Starożytni Grecy nie znali tego pojęcia. „Osoba" to dar chrześcijaństwa dla świata, choć jeszcze nie wszyscy ten dar przyjęli. „Czyż nie powinniśmy z tego powodu tym bardziej wołać do Boga, by nam ukazał swoje oblicze? – pytał kardynał, po czym zakończył swe wystąpienie płomienną konkluzją: – Nowość religii biblijnej polegała i polega na tym, że «Bóg», którego wizerunku nie można wykonać, ma swoją twarz i swoje imię, jest osobą. Zbawienie nie polega na rozpłynięciu się w czymś bezimiennym, lecz na «nasyceniu się Jego obliczem» w chwili, gdy się zbudzimy ze snu".

Zanim się jednak przebudzimy, przed naszymi oczami – w każdym razie przed moimi – przesuwają się senne marze-

nia. W bożonarodzeniowym wydaniu tygodnika „Die Zeit"
ukazał się reportaż Wolfganga Büschera na temat „Boskiego
Oblicza" z Manoppello; Wolfgang opisał dzieje obrazu tak
pięknie, jakby przez całą drogę do Berlina towarzyszyła mu
tęcza, którą widzieliśmy nad Abruzją. Miłosierne spojrzenie
„Świętego Oblicza" na pierwszej stronie wystawionej w kio-
skach, supermarketach i stacjach benzynowych gazety poru-
szyło serca przechodniów. Numer dosłownie zniknął ze stoisk.
Wcześniej, w październiku, Alexander Smoltczyk opublikował
w „Spieglu" świetny artykuł na temat „Podwójnej Weroniki".
Już sam fakt, że flagowy tytuł niemieckiej liberalnej lewicy
w takim zakresie – i po raz pierwszy bez odcienia cynizmu
czy ironii – pisał w ojczyźnie reformacji o relikwiach, śmiało
można uznać za cud. Może wraz z początkiem pontyfikatu
niemieckiego papieża nastała nowa epoka?

Wkrótce mimo zimy zaczęły nad Adriatyk przyjeżdżać
autokary z pielgrzymami znad dalekiego Bałtyku, z Sankt
Petersburga. Do Manoppello przyjechał Gerhard Wolf, jeden
z wybitnych niemieckich historyków sztuki; kiedy stanął
przed „Żywym Obliczem", ogarnęło go głębokie wzruszenie.
O Całunie z morskiego jedwabiu zaczął mówić prawosławny
biskup Aten. Niezależnie od wszystkich badań i ekspertyz,
23 grudnia 2005 roku arcybiskup Bruno Forte, pasterz
diecezji Chieti, ogłosił rok 2006 rokiem Wielkiego Jubileuszu Świątyni w Manoppello, chcąc w ten sposób upamiętnić
owo „niedzielne popołudnie" roku 1506, kiedy to „anioł"
przyniósł Welon do miasta. Nie bacząc na mroźną noc,
zewsząd, z daleka i z bliska, przybywali pielgrzymi, by wziąć
udział w procesji z pochodniami, rozpoczynającej obchody

wielkiego jubileuszu. Z Watykanu dotarło pismo kardynała Jamesa Francisa Stafforda, wielki penitencjarz Kurii Rzymskiej obiecuje w nim „odpust zupełny" wszystkim, którzy w trakcie tego „roku świętego" z należytym usposobieniem i odpowiednią intencją odbędą pielgrzymkę do „Świętego Oblicza". Rok 2005 zakończył się nocną procesją światła, wiodącą na szczyt wzgórza, gdzie w świątyni „Świętego Oblicza" została odprawiona uroczysta msza święta. Jeszcze raz przyjechaliśmy z Rzymu, by wziąć udział w uroczystości. 31 grudnia rano ojciec Emilio dał mi w kościelnym chórze pochodzący z V wieku tekst Leona Wielkiego. „Narodziny Pana są narodzinami pokoju – czytałem. – On jest naszym pokojem; On, który z dwóch narodów uczynił jeden, złożony z Żydów i pogan". Nagle poczułem uderzenie gorąca i spojrzałem ponad balustradą chóru na twarz Chrystusa.

J e d e n Człowiek uczynił z dwóch narodów jeden lud? Coś takiego dokonało się w jednym tylko miejscu na świecie – w Meksyku, gdzie w 1531 roku, po objawieniu Matki Bożej, Aztekowie i Hiszpanie, będący dotąd śmiertelnymi wrogami, stali się nagle jednym narodem meksykańskim. Niepojęte pojednanie nie było jednak wynikiem samego objawienia, lecz owocem zagadkowego o b r a z u, który Madonna pozostawiła na płaszczu Indianina Juana Diego! „Obraz" Dziewicy z Guadalupe, utrwalony na tanim płótnie z włókien agawy, zmienił bieg historii. „Czegoś takiego Bóg nie dokonał wobec żadnego innego narodu!" – wołał papież Benedykt XIV w 1754 roku, oficjalnie, w imieniu Kościoła, uznając prawdziwość objawienia. Tak przynajmniej twierdzą Meksykanie. Obraz Maryi do dziś można oglądać na obrzeżach wielomilionowej metropolii. Widziałem go na własne oczy. Również w tym wypadku nikt nie potrafi wyjaśnić, jak powstał tajemniczy wizerunek Madonny.

„Zrozumiałe więc, że obraz Jej Syna – jeśli rzeczywiście pochodzi z pustego grobu w Jerozolimie – mógł i musiał odegrać podobną rolę w równie niepojętym dziele pojednania Żydów i pogan po Zmartwychwstaniu Chrystusa, kiedy powstał nowy lud chrześcijański, o czym z takim podziwem pisze Apostoł Paweł w *Liście do Efezjan*" – powiedziałem do Ellen, kiedy siedzieliśmy w barze przy kościele kapucynów w Manoppello. Obraz ten od samego początku musiał odgrywać niesłychaną rolę w życiu pierwszej wspólnoty Żydów i pogan, przyczyniając się do błyskawicznego rozszerzenia się wieści o Zmartwychwstaniu Chrystusa. Ewangelista Jan pisze, że Piotr ujrzał w pustym grobie „płótna i chusty". Potem również sam Ewangelista wszedł do środka „i uwierzył". Co takiego ujrzał, że tak błyskawicznie „uwierzył"? Dlaczego nie uwierzył już wcześniej, u wejścia do pustego grobu? Kilka tygodni później garstka uczniów zgromadzona wokół Apostołów stała się kilkutysięczną społecznością. Czy dzieło to nie jest owocem tego obrazu, bardziej niż jakiejkolwiek księgi czy mów Piotra? Jeszcze przez wiele pokoleń chrześcijanie nie mieli nowych – poza Biblią żydowską – ksiąg świętych.

„Powinieneś to opisać w swojej książce" – powiedziała Ellen. „Za późno" – odpowiedziałem, zamawiając jeszcze dwie filiżanki *cappuccino*.

Przez ostatnie lata, odkrywając niesłychane dzieje praikony Chrystusa – czytałem te dzieje niczym powieść w odcinkach

– zrozumiałem, jak wielkie Pan Bóg ma poczucie humoru. Moja opowieść właściwie jeszcze się na dobre nie zaczęła. Byłem pewien, że czeka nas jeszcze wiele, wiele niespodzianek. Wystarczy rzucić okiem na listę miejsc i osób, które już się pojawiły w naszym „kościelnym thrillerze": Potężny skarbiec, z którego znika cieniusieńka jak mgiełka relikwia. Ogarnięty szalonym podejrzeniem barokowy papież, próbujący wydobyć się z niespodziewanego kłopotu. Trapistka, która złożywszy ślub milczenia, śpiewa jak słowik. Osamotniony historyk sztuki, zewsząd krytykowany za swoje niebywałe hipotezy. Niepojęte pomieszanie pojęć, owijających wizerunek Chrystusa niczym bandaże egipską mumię. Fałszerstwo sprzed kilku stuleci, które staje się dowodem w procesie identyfikacji oryginału. Marcin Luter, który przez swe pełne sceptycyzmu opisy i obserwacje po pięciuset latach staje się świadkiem koronnym, wskazującym prawdziwą Weronikę. Niemieccy profesorowie, którzy prowadząc swe skomplikowane ekspertyzy, schodzą na manowce. Uśmiechnięci kanonicy, sprzysiężeni w zmowie milczenia. Groteskowe pomyłki wiodące do właściwych wniosków. Druzgocące ekspertyzy na temat obiektu, którego żaden z „ekspertów" nigdy nie widział. Święci, którzy rzekomo nigdy nie istnieli, a którzy pomagają – nawet moim protestanckim przyjaciołom. Muszle małż podczas kolacji przy grobie Apostoła Tomasza i niebywałe tej kolacji konsekwencje. Purpurat, który opuszcza kongregację kardynałów, by udać się do Manoppello. I wreszcie dziennikarz, którego koledzy z troską myślą o jego zdrowiu psychicznym. Nie mam prawa się uskarżać – zwłaszcza, że oto mogę do tej historii dodać dwie różne rocznice, których nie byłby w stanie wymyślić najlepszy nawet reżyser czy scenarzysta. Oto w Niedzielę Wielkanocną *Anno Domini* 2006 Benedykt XVI będzie obchodził swoje kolejne urodziny – po raz pierwszy jednak jako papież. Dwa dni później w Watykanie odbędą się uroczystości związane z pięćsetną rocznicą położenia kamienia węgielnego pod nową Bazylikę Świętego Piotra. W tym samym czasie – tyle że przez cały rok – Manoppello będzie świętować rocznicę przybycia do miasta „Świętego Oblicza".

Ludzie, którzy wierzyli, że obraz został przyniesiony przez anioła, przez całe stulecia ofiarnie strzegli drogocennego skarbu. Ich wiara wystarczyła. Ukryty w małym kościółku obraz przetrwał zawieruchę ostatnich stuleci, jak kilka wieków wcześniej w kamiennej kryjówce w bramie Edessy. Jednak oto wystarczyło kilka lat, by kilkoro niespokojnych duchów z Niemiec dostrzegło ukrytą za tym obrazem starą rzymską Weronikę. Z jakichś niezrozumiałych powodów duchy te nie przestawały pytać: Kim był tajemniczy anioł? Skąd przybył? Co przyniósł w swym zawiniątku? Gdzie jego skarb był wcześniej przechowywany?

Dlaczego Niemcy? Może dlatego, że to właśnie w ich ojczyźnie doszło do ostatniego wielkiego sporu o święte obrazy. A może dlatego, że to w Niemczech – choć pędzlem Rosjanina, Kandinsky'ego[15] – powstał przed stu laty pierwszy w dziejach malarstwa obraz abstrakcyjny, mający uwolnić obrazy od więzów realnego świata? A może dlatego, że niemieccy katolicy wraz z protestantami, agnostykami i atei-

---

[15] Wassily Kandinsky (1866-1944), rosyjski malarz, grafik i teoretyk sztuki, jeden z najważniejszych przedstawicieli abstrakcjonizmu.

stami tak długo byli zanurzeni w ługowej kąpieli reformacji, oświecenia i nowoczesnej egzegezy biblijnej, że po prostu m u s z ą wszystko na nowo weryfikować i podawać w wątpliwość? Pewnie wszystkie te powody mają swoje znaczenie.

Teraz jednak zaczęli pytać mieszkańcy Manoppello: Czy papież przyjedzie? A jeśli tak, to kiedy? Mieszkańcom Abruzji nie mogło ujść uwagi, że bawarski następca świętego Piotra coraz częściej mówi o „Świętym Obliczu". 11 stycznia zakończył audiencję generalną stwierdzeniem, że „dla chrześcijan Bóg przyjął kochające oblicze Chrystusa". 18 stycznia w dzienniku „Il Tempo" pojawiła się informacja na temat „plotek, jakoby papież miał wiosną przybyć do Manoppello". 23 stycznia sekretarz papieża potwierdził w rozmowie ze mną tę informację: Tak, papież zapowiedział już biskupowi Chieti swoją wizytę i obiecał, że przybędzie w maju!

Tego samego dnia Benedykt XVI ogłosił w Rzymie swoją pierwszą encyklikę. W okolicznościowym przemówieniu papież wyjaśnił, że do napisania tekstu zainspirowała go *Boska komedia* Dantego, relacjonująca „kosmiczną podróż" do Raju, do najgłębszego światła Miłości, „co wprawia w ruch słońce i gwiazdy". W głębi, na samym dnie tej niedostępnej Światłości nie kryje się jednak jakaś rozżarzona pochodnia czy rozświetlona lampa, lecz delikatne Oblicze, które wychodzi naprzeciw człowieka u kresu jego poszukiwań. Jest to „coś zupełnie nowego". Oblicze Jezusa Chrystusa, które Dante dostrzegł w głębinach Boskiej tajemnicy, jest „o wiele bardziej poruszające od objawienia Boga w postaci potrójnego kręgu poznania i miłości. Bóg, który jest Światłością nieskończoną, (...) ma ludzkie oblicze". Przeczytałem przemówienie trzy razy, po czym wyjąłem z regału egzemplarz *Divina Commedia*, by poszukać odpowiedniego fragmentu.

W mojej niemiecko-włoskiej edycji tekst był dość niejasny. W przekładzie Augusta Vezina wiersze od 130 do 132 Pieśni XXXIII *Raju* brzmiały bardziej zawile od przepowiedni delfickich. Spojrzałem na włoski oryginał: *Dentro da sé, del suo colore stesso, / mi parve pinta de la nostra effige; / per che 'l mio viso in lei tutto era messo*. Przetłumaczyłem wersy dosłownie, a następnie je nieco „wygładziłem": „Głęboko we wnętrzu, namalowany tym samym odcieniem światła, / ukazał mi się nasz obraz, / na dnie którego odkryłem swoje własne oblicze". W kolejnych wersach poeta opisuje tę twarz jako ostateczny punkt odniesienia, centrum i miarę dawnego świata chrześcijan. Zawołałem Ellen.

Z pewnością nie udało mi się dokładnie przetłumaczyć tekstu, ale było dla mnie jasne, że Dante pisze o *Volto Santo*: „Świętym Obliczu" w centrum Boskiej Światłości! Wersy z 1320 roku były dokładne niczym rysopis z listu gończego. Niezrównana barwa tego „obrazu", namalowanego „tym samym odcieniem światła", wizja pędzla zanurzonego w naczyniu ze światłem, lustrzane podobieństwo do każdego, kto nań patrzy. Te trzy wersy świadczą, że Dante musiał na własne oczy widzieć obraz z Manoppello – i to z najbliższej odległości. Kilka stron wcześniej, w Pieśni XXXI, wprost wspomina Weronikę. Zaniemówiłem. Pokolenia romanistów i teologów interpretowały tekst Dantego przez pryzmat wizji z pierwszego rozdziału *Księgi Ezechiela*, gdzie jest mowa o „czymś", co „miało wygląd szafiru, a miało kształt tronu, a na nim jakby zarys postaci człowieka. (...) Ku górze od tego, co wyglądało jak biodra, i w dół od tego, co wyglądało jak biodra, (...) coś, co wyglądało jak ogień, a wokół niego promieniował blask. Jak pojawienie się tęczy na obłokach w dzień deszczowy, tak przedstawiał się ów blask dokoła. Taki był wygląd tego, co było podobne do chwały Pańskiej" (Ez 1,26-28). Nie ulega dla mnie wątpliwości, że próba powiązania tekstu Dantego z wizją Ezechiela jest dość karkołomnym przedsięwzięciem. Błędna interpretacja wynikała z faktu, że chrześcijanie utracili coś, co wcześniej mogli oglądać na własne oczy – rzymską Weronikę.

Dla mojej książki odkrycie to stało się jednym z najważniejszych śladów. Odnalezienie Prawdziwego Oblicza Chrystusa w sercu literatury chrześcijańskiej, na szczytach włoskiej poezji, było czymś dalece bardziej spektakularnym niż otwarcie ostatniego skarbca Watykanu. Jeszcze bardziej niewiarygodne było to, że odkrycia tego dokonał sam papież. Wysłałem mu przecież fotografie Całunu z Manoppello. Nie widząc osobiście „Świętego Oblicza", odkrył je w samym centrum *Boskiej komedii*, w *Raju*! „Jezus jaśnieje" – powiedział wiele lat temu jego przyjaciel, Hans Urs von Balthasar. Tu Jezus jaśnieje bardziej niż dotąd – z samego centrum przenikniętej Światłością Miłości, „co wprawia w ruch słońce i gwiazdy". Zaprawdę, żaden skarbiec na ziemi nie kryje takiego klejnotu!

Kilka dni później w Kopenhadze, Paryżu i Berlinie wybuchła wojna ze światem islamu – wojna na obrazy i karykatury. Pisarze i rysownicy, którzy dawno już zapomnieli, gdzie się narodziła nasza wolność i swoboda w posługiwaniu się obrazami, rozpętali pożar niczym turyści, którzy chcąc się ogrzać, rozpalają ognisko w lesie. Nagle świat zachodni zdał sobie sprawę, że obrazy – nawet rysunki – mogą być bardziej niebezpieczne niż bomby, zwłaszcza w czasach, kiedy spotykają się zachodni świat elektronicznych środków przekazu i wciąż na wpół starożytny świat islamu. Rozpoczęła się nowa epoka – z rozbrzmiewającymi w tle grzmotami prastarego sporu o obrazy, po tylekroć już przetaczającego się przez chrześcijaństwo. Nieprędko wrócą czasy pokoju. Fala zamieszek, której byłem świadkiem, oglądając telewizyjne serwisy informacyjne, uświadomiła mi, że moja książka, wydana zaledwie na jesieni ubiegłego roku, już wiosną roku bieżącego wymaga dopisania nowego rozdziału. Z literackiego punktu widzenia było to zadanie równie ważne, jak ostatnia poprawka przy budowie Bazyliki Świętego Piotra, odgrywającej tak istotną rolę w dziejach zaginięcia i odnalezienia Boskiego Oblicza.

Odkąd 16 kwietnia 1506 roku położono kamień węgielny nowej bazyliki – dokładnie pod kolumną Weroniki – budowla wielokrotnie zmieniała swój kształt. Były to czasy Machiavellego, wielkiego nauczyciela przebiegłości, którego dzieło znalazło odzwierciedlenie również w niektórych rozdziałach przedstawionej powyżej historii. Potem w budowę świątyni zaangażowali się tacy geniusze, jak Donato Bramante, Rafael Santi czy Michał Anioł – a każdy tworzył wedle własnych planów. Bazylika była właściwie gotowa, kiedy po kolejnych stu latach Carlo Maderno ozdobił ją nowym portalem i barokową fasadą. Pięćdziesiąt lat później ostateczny kształt całemu kompleksowi – wraz z Placem Świętego Piotra – nadał Gianlorenzo Bernini. To na tym placu rozpoczyna się i kończy moja opowieść. To samo – tyle że bez tej iskry geniuszu i o wiele szybciej – stało się z moim *opus vitae*. Świat niepowstrzymanie prze naprzód, coraz szybciej i szybciej. Nie muszę na nowo opowiadać mojej historii, lecz wiem, że powinienem był do niej dopisać ten rozdział – niczym monumentalną bramę, za którą rozpoczyna się niezwykła opowieść, tkana od dwóch tysięcy lat.

Wybrana literatura

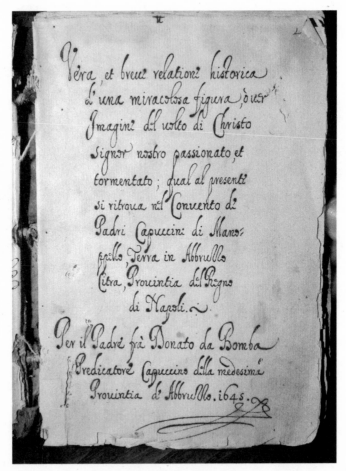

Pierwsza strona *Relatione historica* Donata da Bomby,
Manoppello 1645

Almenar, Jorge-Manuel Rodríguez, *El Sudario de Oviedo*, Walencja 2000

Antonelli, Luciano, *Festa Santissimo Volto Santo di S. Anna*, Toronto 1987

Bacile, Rosario, *Il Volto Santo di Gesù e Fra Innocenzo. Storia, Tradizione, Devozione*, Chiusa Sclafani 1993

Balthasar, Hans Urs von, *Neue Klarstellungen*, Einsiedeln 1979

Belting, Hans, *Bild und Kult. Eine Geschichte des Bildes vor dem Zeitalter der Kunst*, Monachium 1990

Bennett, Janice, *Sacred Blood, Sacred Image, The Sudarium of Oviedo*, Littleton (Colorado) 2001

Berger, Klaus, *Ist Gott Person?*, Gütersloh 2004

Berger, Klaus, *Jesus*, Monachium 2004

Bini, Antonio – Ruscitti, Giovanna, *Il Volto Santo di Manoppello, Storia, Fede e Leggenda*, Pescara 2004 (dzieło niepublikowane)

Bisso Marino – Fili d'oro dal fondo del mare – Muschelseide – Goldene Fäden vom Meeresgrund, Katalog wystawy pod tymże tytułem w Muzeum Historii Naturalnej w Bazylei, wyd.: Felicitas Maeder, Ambros Hänggi, Dominik Wunderlin, Hamburg 2004

Bomba, Donato da, *Vera et breve relatione historica d'una miracolosa figura, o vero Immagine del volto di Cristo signor nostro passionato, et tormantato; qual al presenti si ritrova nel Convento di Padri Cappuccini di Manoppello, Terra in Abbruzzo Citra, Provincia del Regno di Napoli. Per il Padre fra Donato da Bomba Predicatore Cappuccino della medesima Provincia d'Abruzzo*, Manoppello 1645

Bulst, Werner – Pfeiffer, Heinrich, *Das Turiner Grabtuch und das Christusbild*, t. I-II, Frankfurt nad Menem 1987-1991

Corsignani, Pietro Antonio, *Reggia Marsican ovvero Memorie Topografiche storiche di varie colonie e siti antichi e moderni delle province dei Marsi e di Valeria*, Neapol 1738

Cozzi, Luigi, *Un fiore della Marsica – Padre Domenico da Cese*, Pescara 2005

Dante Alighieri, *Boska komedia*, przekład Edward Porębowicz, wyd. II, Warszawa 1990

Dobschütz, Ernst von, *Christusbilder. Untersuchungen zur christlichen Legende (Die Gruppe des Bildes von Kamuliana)*, w: Gebhardt, Oscar von – Harnack, Adolf, *Texte und Untersuchungen zur Geschichte der Altchristlichen Literatur*, t. III, Lipsk 1899

Emmerick, Anna Katharina, *Der Gotteskreis*, spisane przez Clemensa Brentano, Monachium 1966

Felmy, Karl Heinz, *Das Buch der Christus-Ikonen*, Fryburg – Bazylea – Wiedeń 2004

Fernández, Enrique López, *El Santo Sudario de Oviedo*, Granda-Siero 2004

Le Fort, Gertrud von, *Das Schweißtuch der Veronika*, cz. I: *Der römische Brunnen*, Monachium 1948

Frugoni, Arsenio, *Pellegrini a Roma nel 1300 – Cronache del primo Giubileo*, Casale Monferrato 1999

Gaeta, Severio, *Il Volto del Risorto*, Rzym – Mediolan – Bergamo 2005

Gerster, Georg, *Kirchen im Fels – Entdeckungen in Äthiopien*, Zurych 1968

Le Goff, Jacques, *Der Gott des Mittelalters*, Fryburg – Bazylea – Wiedeń 2005

Guardini, Romano, *Bóg: nasz Pan Jezus Chrystus, osoba i życie*, Warszawa 1999

Henrich, Matthias, *Rede des Erzdiakons Gregorios zur Übertragung des Abdruckbildes Christi von Edessa nach Konstantinopel im 10. Jahrhundert*, przekład i opracowanie na podstawie Cod. Vat. Graec 511, fol. 143-150V, X wiek; druk prywatny oprawiony, brw, bmw

Hesemann, Michael, *Die stummen Zeugen von Golgatha. Die faszinierende Geschichte der Passionsreliquien Christi*, Monachium 2000

Hinz, Paulus, *Deus homo – Das Christusbild von seinen Ursprüngen bis zur Gegenwart*, t. I-II, Berlin 1973-1981

Janvier, Abbé, *Die Verehrung des heiligen Antlitzes zu St. Peter im Vatikan und an anderen berühmten Orten*, Tours 1889

Jan Paweł II, *Tryptyk rzymski*, Kraków 2003

Jan Paweł II, *Novo millennio ineunte*, Poznań 2001

Kemper, Max Eugen, *Das Mandylion von Edessa*, Watykan 2000

Kolitz, Zvi, *Jossel Rakovers Wendung zu Gott*, Zurych 2004

Link, Dorothea, *Ein Mysterium enthüllt sein wahres Antlitz – Der Schleier von Manoppello (Volto Santo)*, t. I-II, druk prywatny, Enkirch 2005

Luther, Martin, *Wider das Papstthum zu Rom vom Teufel gestiftet*, w: Luthers Werke, Weimar 1928

Manoppello, Eugenio da, *Preziosa Memoria, Narrativa della Venuta del Volto Santo in Manoppello*, Manoppello 1865

Martini, Carlo Maria, *La transformatione di Cristo e del cristiano alla luce del Tabor*, Mediolan 2004

Morello, Giovanni – Wolf, Gerhard (wyd.), *Il Volto di Cristo*, Katalog wystawy w Pałacu Wystawowym *Biblioteca Apostolica Vaticana*, Rzym – Mediolan 2000

Montichhio, Bernhardino Lucantonio, *Monografia Della Prodigiosa Immagine Del Volto Santo Di N.S.G.C.*, Manoppello 1910

Müller, Manfred, *Die biblischen Heiligtümer von Kornelimünster*, druk prywatny, Kornelimünster 1986

Persili, Antonio, *Sulle Tracce del Cristo Risorto (con Pietro e Giovanni Testimoni oculari)*, Tivoli 1988

Placentinus, Anonymus, *Itinera Hierosolymitana*, CSEL 39, nec Paulus Geyer, Wiedeń 1898

Rezza, Dario, *Segnor mio Gesù Cristo, Dio verace, or fu sì fatta la sembianza vostra?*, w: „30 Giorni", nr 3/2000

Ratzinger, Joseph, *Jungfrauengeburt und leeres Grab*, w: „Deutsche Tagespost" z 11 listopada 2004

Ratzinger, Joseph, *Droga krzyżowa*, Watykan 2005

Ratzinger, Joseph, *Il volto di Cristo*, Watykan 2005

Resch, Andreas, *Das Antlitz Christi*, Innsbruck 2005

Sammaciccia, Bruno, *Il Volto Santo di Gesù a Manoppello*, Pescara 1978

Sammaciccia, Bruno, *P. Domenico Del Volto Santo Cappuccino*, Pescara 1979

Scannerini, Silvano – Savarino, Piero (wyd.), *The Turin Shroud – past, present and future*, International Scientific Symposium, Torino 2.--5. March, Turyn 2000

Schlömer, Blandina Paschalis OCSO, *Der Schleier von Manoppello und das Grabtuch von Turin*, Innsbruck 1999

Schmidt, Josef, *Das Gewand der Engel*, Bonn 1999

Seewald, Peter, *Gott und die Welt*, Stuttgart – Monachium 2000

Serramonacesca, Antonio da, *Il Volto Santo di Manoppello e Il Santuario*, Pescara 1966

Tussio, Filippo da, *Del Volto Santo – Memorie Storiche Raccolte Intorno Alla Prodigiosa Immagine del Passionato Volto di Gesù Cristo Signor Nostro che si venera nella Chiesa de PP. Cappuccini di Manoppello negli Abruzzi in Diocesi di Chieti*, Aquila 1875

Valtorta, Maria, *L'Evangelo come mi è stato rivelato*, t. X, Isola del Liri 1998

Weber, Francis J., *The Veil of Veronica – A personal Memoir*, Mission Hills (California) 2004

Wilson, Ian, *Holy Faces, Secred Places*, Londyn 1991

Wolf, Gerhard, *Schleier und Spiegel. Traditionen des Christusbildes und die Bildkonzepte der Renaissance*, Monachium 2002

Wiele fotografii, wskazówek, materiałów, map, adresów i linków do stron poświęconych *Volto Santo* można znaleźć również na stronie: http://www.voltosanto.com

Słowem zakończenia

Zaraz po pamiętnym konklawe z października 1978 roku wielki Prymas Polski, kardynał Stefan Wyszyński, wypowiedział sławne zdanie, iż Jan Paweł II otrzymał od Chrystusa zadanie doprowadzenia Kościoła do Roku Wielkiego Jubileuszu Chrześcijaństwa i wprowadzenia go w nowe tysiąclecie. Jak wszyscy dobrze wiemy, dzięki łasce Bożej Ojciec Święty wspaniale wypełnił powierzone sobie zadanie. Był jak Mojżesz, pewną ręką wiodąc Lud Boży przez pustynię czasów aż do Wielkiego Jubileuszu – i dalej. Kiedy zakończyły się obchody Roku Jubileuszowego, Jan Paweł II skierował do nas list apostolski *Novo millennio ineunte*, w którym wskazał Kościołowi kurs na nowy wiek i nowe tysiąclecie. Drugi rozdział tego listu nosi tytuł: „Oblicze do kontemplacji". Ojciec Święty pisze w nim: „«Chcemy ujrzeć Jezusa» (J 12,21). Duchowe echo tej prośby, skierowanej do apostoła Filipa przez kilku Greków, którzy przybyli do Jerozolimy z pielgrzymką paschalną, rozbrzmiewało w naszych uszach także w minionym Roku Jubileuszowym. Podobnie jak tamci pielgrzymi sprzed dwóch tysięcy lat, także ludzie naszych czasów, choć może nie zawsze świadomie, proszą dzisiejszych chrześcijan, aby nie tylko «mówili» o Chrystusie, ale w pewnym sensie pozwolili im Go «zobaczyć». A czyż zadanie Kościoła nie polega właśnie na tym, że ma on odzwierciedlać świat-łość Chrystusa we wszystkich epokach dziejów i sprawiać, aby blask Jego oblicza zajaśniał także pokoleniom nowego tysiąclecia? Nasze świadectwo byłoby jednak niedopuszczalnie ubogie, gdybyśmy my sami jako pierwsi nie byli tymi, którzy kontemplują oblicze Chrystusa. Wielki Jubileusz z pewnością dopomógł nam stać się nimi w głębszym sensie. Gdy po zakończeniu Jubileuszu powracamy na zwyczajną drogę, niosąc w sercu całe bogactwo doświadczeń, jakich zaznaliśmy w tym niezwykłym okresie, bardziej niż kiedykolwiek wpatrujemy się w oblicze Pana" (NMI 16).

Czyż to nie znak Bożej Opatrzności, że właśnie dziś niemiecki dziennikarz, Paul Badde, odnalazł i ukazał całemu światu prawdopodobnie najstarszy wizerunek Oblicza Jezusa? W swej książce Autor przedstawia, w jaki sposób ta drogocenna relikwia zaginęła w czasie budowy nowej Bazyliki Świętego Piotra i jak dziś została odnaleziona w Manoppello, maleńkiej miejscowości w górach Abruzji. Największą sensacją tego odkrycia jest fakt, iż Całun z Manoppello dokładnie odpowiada Całunowi z Turynu, to znaczy, że Oblicze z Manoppello i Oblicze z Turynu jest obliczem tego samego Człowieka. O ile jednak na Całunie z Turynu znajduje się Oblicze Chrystusa umęczonego, o tyle na Całunie z Manoppello widnieje Oblicze Wielkanocnego Pana.

W Jezusie Chrystusie Bóg stał się człowiekiem. Przyjął ludzkie oblicze, które dziś możemy ujrzeć na własne oczy. Na Całunie Turyńskim jest to Oblicze pokryte ranami i krwią, na Całunie z Manoppello – Oblicze Zmartwychwstałego Pana, kryjące wprawdzie pod wielkanocnym blaskiem znaki Męki, lecz zarazem promieniujące ową przemianą, która dokonała się w Noc Zmartwychwstania.

W Jezusie Chrystusie Bóg przyjął ludzkie oblicze. Ktoś mądry powiedział kiedyś, że kiedy patrzymy na Boga, stajemy się do Niego podobni aż do przemiany naszego oblicza. Patrzenie przeniknięte modlitwą nazywamy kontemplacją. Kontemplacja nie jest zaś biernym procesem, ale czynnym działaniem. Nasze oblicze upodabnia się do obrazu, na który w modlitwie zwracamy swe oczy. W Manoppello otrzymaliśmy najwspanialszy obraz Chrystusa, który naprawdę stał się człowiekiem. Swojej ludzkiej natury nie otrzymał jednak – jak inni ludzie – w połowie od Ojca, w połowie od Matki. On swoją ludzką naturę otrzymał wyłącznie od Maryi. Dlatego tak bardzo przypomina swą Matkę. W Obliczu Chrystusa z pewnością ujrzymy również oblicze Maryi, tak jak w twarzach dzieci odbijają się twarze rodziców.

To zaprawdę wielka łaska Boga, że dziś, w szóstym roku nowego tysiąclecia, otrzymujemy w darze prawdziwe Oblicze Chrystusa, zapewne najstarszą relikwię chrześcijaństwa. Że możemy dziś kontemplować Oblicze Chrystusa, tak by potem mogli je na naszych twarzach odkryć nasi bliźni. Nikt z nas nigdy nie widział własnego oblicza – widzimy jedynie jego odbicie w lustrze. Nasze prawdziwe oblicze widzą ludzie, z którymi mieszkamy, pracujemy, z którymi wspólnie się modlimy. Dlatego podczas porannej toalety powinniśmy zadbać nie tylko o to, by doprowadzić do porządku nasze włosy, lecz również naszą twarz, która jest przecież oknem naszego serca. Ponieważ jesteśmy stworzeni na podobieństwo Boga, posiadamy zdolność odwzorowania Oblicza Chrystusa, tak by objawiło się ono na naszej twarzy.

Podczas ostatniego konsystorza, który odbył się w Watykanie w marcu tego roku, jeden z emerytowanych kardynałów powiedział: „Gdyby Jezus Chrystus dożył siedemdziesiątego dziewiątego roku życia, z pewnością wyglądałby jak nasz papież Benedykt XVI". Myślę, że w słowach tych kardynał trafnie ujął tajemnicę nie tylko tego, lecz również poprzedniego papieża, Jana Pawła II. Nie jedynie twarz, ale i cała osobowość Benedykta XVI i Jana Pawła II były i są odbiciem pełnego dobroci Oblicza Chrystusa.

Niczym w pasjonującym „kryminale sakralnym", Paul Badde opisuje dzieje odkrycia Świętego Całunu, na którym widnieje prawdziwy wizerunek Jezusa. Wszyscy jesteśmy mu za to nad wyraz wdzięczni. W swej książce zabiera nas bowiem w niezwykłą podróż, pozwalając, byśmy wraz z nim stali się szczęśliwymi odkrywcami Boga, którzy u kresu wędrówki powiedzą: „Widzieliśmy Jego Chwałę" (J 1,14).

+ Joachim Kardynał Meisner
Arcybiskup Kolonii

Kolonia, maj 2006